浙江省高校重大人文社科攻关计划项目"红船精神的深刻内涵、历史地位与新时代意义研究"（2018GH031）成果

浙江省高校思政课名师工作室（主持人：彭冰冰）教研成果

浙江省普通高校"十三五"新形态教材

红船精神与时代价值

The Red Boat
Spirit
and
Its Value of
Times

黄文秀　彭冰冰　主编

ZHEJIANG UNIVERSITY PRESS
浙江大学出版社

序

习近平总书记提出,"我们要结合时代特点大力弘扬'红船精神'"。他鲜明地指出,事业发展永无止境,共产党人的初心永远不能改变。唯有不忘初心,方可告慰历史、告慰先辈,方可赢得民心、赢得时代,方可善作善成、一往无前。①

红船精神集中体现了中国共产党的建党精神,展现了中国共产党人坚定的政治品格、崇高的理想信念和无私的奉献精神。新时代,在青年大学生中传承与弘扬红船精神具有重大的育人价值和教育意义,在高校开展红船精神教育,有利于青年大学生确立正确的世界观、人生观、价值观,有利于青年大学生形成高尚的情操和健全的人格。我们要紧紧围绕立德树人的根本任务,从新时代特点和高校实际出发,充分发挥红船精神的育人价值和教育意义,不断提高当代青年大学生的思想水平、政治觉悟、道德品质、文化素养,努力培养新时代社会主义接班人。

嘉兴学院作为办在党的诞生地之一和红船精神发源地的一所大学,始终赓续红色基因,传承红色文化,把在立德树人过程中弘扬红船精神作为一种重要的责任与使命。十多年来,学校始终坚持人才培养的中心地位,深入挖掘红船精神的丰富内涵和育人价值,探索以红船精神为核心的红色文化育人模式,出台了《关于大力弘扬红船精神的实施意见》,把红船精神融入人才培养主渠道和人才培养全过程,引导教育学生坚定理想信念,担当社会责任,形成了鲜明的办学

---

① 习近平.习近平谈治国理政(第三卷)[M].北京:外文出版社,2020:498.

特色和育人品牌。多年来,嘉兴学院依托教育部人文社科重点研究基地——中国共产党革命精神与文化资源研究中心、浙江省人文社科重点研究基地——中国共产党创建史研究中心和浙江省红色文化研究与传承协同创新中心等平台,致力红船精神和红色文化研究,形成了许多重要的科研成果,同时将研究成果直接运用于学校人才培养和教学改革实践,组织编写了《红船精神领航中国梦》《中国共产党革命精神系列读本:红船精神》等读本。在前期研究的基础上,嘉兴学院又组织教师编写了《红船精神与时代价值》这本教材。本教材具有以下几个鲜明的特点:

一是系统性强,全面深入地阐释了红船精神。本教材对"红船精神凝练概括的过程""红船精神形成的历史背景、文化根基和实践基础""红船精神的三个方面的深刻内涵""红船精神的历史地位""红船精神的时代价值"等问题作了深入阐述。通过阅读本教材,读者能够从历史的维度、理论的高度和实践的角度对红船精神有全面整体的认识。

二是可读性强,把讲道理和讲故事结合起来。本教材每一章都选用了大量案例,既讲清道理,又讲好故事,帮助读者更加全面深刻地认识红船精神的历史、现在与未来。通过阅读这些"红船人物"与"红船故事",读者可以切身地感受到早期中国共产党人的理想信念与道德情操。本教材还嵌入了"红船精神与时代价值"在线课程的部分授课视频二维码,能够帮助读者更深刻地理解本书内容。

三是针对性强,是高校学生极有价值的教材。本教材是作者运用多年在教育战线工作的经验,专门为高等院校在校学生及青年读者编写的,特别是本教材第六章探讨了红船精神对青年大学生成才成长的当代价值,推动高等院校用红船精神教育引导大学生向革命先辈学习,坚定共产主义远大理想,志存高远,脚踏实地,在实现中国梦的生动实践中放飞青春梦想,在为人民利益的不懈奋斗中书写人生华章。

　　总之,弘扬红船精神既是一个重大的理论问题,也是一个重大的实践问题,红船精神所蕴含的首创精神、奋斗精神、奉献精神,所彰显的理论来源、理论基础、理论创新,所展现的革命实践、建设实践、改革实践,意义重大而又极其深远,是新时代促进大学生健康成长成才的重要教育资源。相信本教材的出版,会在发挥红船精神的育人价值和教育作用上迈出坚实的一步。

胡　坚

浙江省中国特色社会主义理论体系研究中心顾问

嘉兴学院红船精神研究中心特聘专家

目　录

绪论　习近平同志的红船情怀

　　2005 年 6 月 21 日,时任浙江省委书记习近平在《光明日报》发表署名文章《弘扬"红船精神" 走在时代前列》,首次概括了红船精神的深刻内涵,揭示了红船精神的历史地位与当代价值。2017 年 10 月 31 日,习近平总书记带领中共中央政治局常委瞻仰上海中共一大会址和嘉兴南湖红船,他再次阐述了以"开天辟地、敢为人先的首创精神,坚定理想、百折不挠的奋斗精神,立党为公、忠诚为民的奉献精神"[1]为内涵的红船精神,并要求全党要结合时代特点,大力弘扬红船精神。

一、不忘初心　情系红船

　　红船精神是中国共产党在创建时期孕育形成的革命精神,集中体现了中国共产党的建党精神。1921 年 7 月 30 日,正在上海召开的中国共产党第一次全国代表大会因遭到法租界巡捕袭扰,参会代表于 8 月 3 日[2]由上海转移到嘉兴南湖,在一条小船上完成了建党最重要的议程,通过了《中国共产党党纲》《关于当前实际工作的决议》,选举了党的领导机构,正式宣告了中国共产党的诞生。这条小船见证了中国革命史上开天辟地的大事变,成为中国共产党梦想起航的地方,也因此在中国共产党的历史上具有特殊的、重要的地位。

---

　　[1]　习近平.弘扬"红船精神"　走在时代前列[N].光明日报,2005-06-21(A3).
　　[2]　关于中共一大嘉兴南湖会议的召开日期,有 1921 年 7 月 31 日、8 月 1 日、8 月 2 日、8 月 3 日、8 月 4 日、8 月 5 日六种说法,本书采用《中共一大嘉兴南湖会议研究》的 8 月 3 日说,参见本书课题组:《中共一大嘉兴南湖会议研究》,中共党史出版社 2018 年版,第 37—40页。

中华人民共和国成立后,为宣传党的历史,保护管理中共一大南湖会址,文化部拨专款在嘉兴成立了南湖革命纪念馆,并仿制中共一大南湖会议纪念船,于 1959 年 10 月 1 日起正式对外展出。中共一大南湖会议纪念船,是一条单夹弄丝网船,船身全长约 16 米,宽 3 米,设有前舱、中舱、房舱和后舱。前舱搭有凉棚;中舱放一方桌,桌上摆设茶具,周围放着椅凳;房舱设有床榻;后舱置有橱灶等物。船艄系一小拖梢船,为当时船主进城购物、接人等所用。人民群众把这条纪念船亲切地称为"红船"。之后,红船就一直停泊在南湖烟雨楼前湖心岛东南岸边的水面上,向人们展示着当年中国共产党诞生时的生动历史场景,接受着人们特别是共产党人的瞻仰。

1964 年 4 月 5 日,无产阶级革命家、中共一大代表董必武,再次回到嘉兴南湖视察。这天正值清明节,细雨纷纷,董必武登上停靠在南湖湖心岛旁的中共一大纪念船,回忆起当年代表们在游船内秘密开会,庄严宣告中国共产党成立的情景,心潮起伏,久久不能平静。他挥笔题诗一首《清明节游嘉兴南湖烟雨楼》:"革命声传画舫中,诞生共党庆工农;重来正值清明节,烟雨迷濛访旧踪。"①

改革开放以来,邓小平、江泽民、胡锦涛等党和国家领导人,亲切关怀党的诞生地,或瞻仰红船,或亲笔题词,或郑重勉励。2001 年,建党 80 周年之际,嘉兴南湖作为党的诞生地之一的历史地位被正式确立。同年 6 月,嘉兴南湖中共一大会址被国务院列入全国重点文物保护单位。2002 年 10 月,刚调任浙江工作时,习近平同志就怀着无限崇敬的心情,专程到嘉兴南湖瞻仰红船,他指出,如果我们的党员同志能够来到南湖看一次展览,听一次党课,学一次党章,观一次专题片,瞻仰一次红船,重温一次入党誓词,有助于"精神传承、思想升华"。②

南湖红船成为党的诞生地的重要标识,这是历史沉淀的结果。正如习近平同志所指出:"红船劈波行,精神聚人心。红船所代表和昭示的是时代高度,是发展方向,是奋进明灯,是铸就在中华儿女心中的永不褪色

---

① 《董必武年谱》编纂组.董必武年谱[M].北京:中央文献出版社,2007:515.
② 习近平.弘扬"红船精神" 走在时代前列[N].光明日报,2005-06-21(A3).

的精神丰碑。"①人们对红船的崇敬之情使得对红船精神的理论提炼越来越
成为时代发展的需要。

　　红船精神是在保持共产党员先进性教育活动的背景下提炼概括的。
2004年11月7日,中共中央发出《关于在全党开展以实践"三个代表"重要
思想为主要内容的保持共产党员先进性教育活动的意见》,决定从2005年
1月开始,用一年半左右的时间,在全党开展以实践"三个代表"重要思想为
主要内容的保持共产党员先进性教育活动。2005年1月至6月,红船的所
在地浙江省嘉兴市秀城区(现南湖区),按照中央部署开展保持共产党员先
进性教育活动。为了发挥党的诞生地、南湖红船起航地这一独特的政治资
源优势,更好地开展保持共产党员先进性教育活动,秀城区委研究部署了以
红船为载体,在全区党员中开展"红船精神"内涵以及如何弘扬"红船精神"
的大讨论,同时面向社会征集有关"红船精神"的表述语。短短半个月,共征
集到表述语663条,秀城区委对这些来稿进行汇总、梳理、归纳,评出了"开
天辟地、坚定信念、劈波斩浪、扬帆引航"等表述语。

　　2005年2月,春节后的第一个工作日,习近平同志率浙江省委理论学
习中心组成员到南湖瞻仰红船,举行保持共产党员先进性教育活动专题学
习会。当他获悉秀城区(现南湖区)正在开展红船精神大讨论后,给予了高
度重视和充分肯定,并表示,提炼红船精神,不光是秀城区的事,也是浙江省
乃至全国的事,要集思广益、立足全局、认真提炼,要放到全国大背景中去思
考、去研究、去把握。习近平同志专程派人到秀城区进行调研。在深入调研
的基础上,习近平同志集群众的智慧,对红船精神的深刻内涵进行了提炼。
2005年6月21日,他在《光明日报》上发表文章《弘扬"红船精神"　走在时
代前列》,首次阐述了红船精神的深刻内涵、历史地位和当代价值。

红船精神论述是习近平同志关于党的建设的理论成果

---

① 习近平.弘扬"红船精神"　走在时代前列[N].光明日报,2005-06-21(A3).

二、深刻总结　精辟概括

在激荡的中国近代历史进程中,诞生了伟大的中国共产党,同时孕育和形成了伟大的红船精神。习近平同志指出:"开天辟地、敢为人先的首创精神,坚定理想、百折不挠的奋斗精神,立党为公、忠诚为民的奉献精神,是中国革命精神之源,也是'红船精神'的深刻内涵。"①以"首创、奋斗和奉献"为内涵的红船精神集中概括了建党前后中国共产党人开展革命活动所体现出来的精神风貌,恰当地表征了中国共产党建党的意义、目标和宗旨。习近平同志指出:"红船正是走在时代前列的象征,'红船精神'就充分体现了走在时代前列的精神,这也就集中体现了党的先进性,是党的先进性之源。"②红船精神就是走在时代前列的精神。

开天辟地、敢为人先的首创精神是红船精神的核心,是党始终站在历史和时代发展的前列,保持先进性和纯洁性的关键。中国共产党的成立是开天辟地的大事变,具有伟大的历史意义。习近平同志指出:"一个大党诞生于一条小船。从此,中国共产党引领革命的航船,劈波斩浪,开天辟地,使中国革命的面貌焕然一新。"③首创精神实质上就是马克思主义的革命精神,敢于担起对历史、对时代的责任,勇于创新、锐意进取的精神。中国共产党是一个具有强烈创新意识的政党。马克思主义与时俱进的理论品质赋予了中国共产党寻求创新的强大动力。中国共产党的历史就是在革命、建设和改革各个历史时期,把马克思主义基本原理与各个历史时期的具体实践相结合的过程,是一个理论与实践不断发展、不断创新、不断飞跃的过程,是不断推进马克思主义中国化的过程。中国共产党能不能适应新形势新情况,关键在于理论是否先进。只有顺应时代发展,自觉地推进理论创新,科学地回答时代所提出的重大课题,满足实践发展的需要,马克思主义政党才能始终走在时代前列。党的十八大以来,以习近平同志为核心的党中央立足于中国特色社会主义进入新时代的现实,深入回答了"坚持和发展什么样的中国特色社会主义,如何坚持和发展中国特色社会主义"这一重大时代课题,

---

①②③　习近平.弘扬"红船精神"　走在时代前列[N].光明日报,2005-06-21(A3).

创立了习近平新时代中国特色社会主义思想。习近平新时代中国特色社会主义思想,是新时代中国共产党的思想旗帜,是国家政治生活和社会生活的根本指针,是当代中国的马克思主义、21世纪的马克思主义。

坚定理想、百折不挠的奋斗精神是红船精神的支柱,是党始终站在历史和时代发展的前列,保持先进性和纯洁性的根本保证。"坚定理想"就是坚守共产党人的精神追求,坚定对马克思主义的信仰,坚定对社会主义和共产主义的信念。"百折不挠"就是为了实现共产主义理想勇于实践,不论经受多少挫折,决不屈服退缩的坚强品格。面对艰难险阻、风险和挑战,只有坚持不懈地奋斗,才能把理想蓝图变成美好现实,才能落实走在前列的要求。毛泽东同志指出,"艰苦奋斗是我们的政治本色"。[①] 任何理想的实现都需要不断地奋斗。习近平总书记指出:"共产主义绝不是'土豆烧牛肉'那么简单。"[②]"如果大家都觉得这是看不见摸不着的东西,没有必要为之奋斗和牺牲,那共产主义就真的永远实现不了了。我们现在坚持和发展中国特色社会主义,就是向着最高理想所进行的实实在在努力。"[③]共产主义远大理想与中国特色社会主义的共同理想是统一的。近代以来的历史证明,只有社会主义才能救中国,只有中国特色社会主义才能发展中国。虽然经过长期努力,我们进入了中国特色社会主义新时代,社会主要矛盾发生了变化,但是我们必须清醒地认识到,我国仍处于并将长期处于社会主义初级阶段的基本国情没有变,中国作为世界上最大的发展中国家的国际地位没有变。这种国情从根本上决定了共产党人必须坚定理想信念,坚持艰苦奋斗的精神。

立党为公、忠诚为民的奉献精神是红船精神的本质,是党始终站在历史和时代发展的前列,保持先进性和纯洁性的价值体现。"立党为公"彰显了马克思主义政党的性质和宗旨,它表明中国共产党的成立不是为了少数人的私利,而是代表中国最广大人民的根本利益,是为了国家富强、民族振兴、人民幸福。"忠诚为民"彰显了共产党人的价值追求。共产党人必须把为最广大人民的根本利益而奋斗作为自己的基本价值准则。立党为公、忠诚为

① 毛泽东文集(第七卷)[M].北京:人民出版社,1999:162.
② 习近平.习近平谈治国理政(第二卷)[M].北京:外文出版社,2017:142.
③ 习近平.习近平谈治国理政(第二卷)[M].北京:外文出版社,2017:143.

民的奉献精神实质上就是为共产主义的崇高事业和最广大人民的根本利益而不懈努力,是敢于牺牲、为民服务的精神。习近平总书记指出:"人民立场是中国共产党的根本政治立场,是马克思主义政党区别于其他政党的显著标志。"①中国共产党只有在为人民群众谋利益的过程中才能实现自身的价值,否则就会失去自身的先进性,失去自身存在的价值。使人民过上幸福美好的生活,是无数共产党人始终不渝为之奋斗的事业。党的事业、人民的事业,是靠千千万万党员的忠诚奉献而不断铸就的。党的十八大以来,以习近平同志为核心的党中央把坚持以人民为中心贯穿到治国理政的方方面面,不断把为人民造福事业推向前进。

习近平同志指出:"'红船精神'正是中国革命精神之源,中国共产党历史上形成的优良传统和革命精神,无不与之有着直接的渊源关系。"②红船精神是中国共产党革命精神的奠基与开篇,它孕育了中国共产党革命精神的成长基因,蕴含着敢于革命的精神、崇高的理想信念、全心全意为人民服务的根本宗旨等革命精神的核心价值。在不同的历史时期孕育形成的革命精神,虽然各具特色,但它们都继承和发展了红船精神的核心内涵。红船精神是历史的、具体的,在不同的历史时期发展了新的内容,焕发着新的活力,与其他革命精神共同组成了中国共产党革命精神的有机整体。习近平同志指出:"'红船精神'同井冈山精神、长征精神、延安精神、西柏坡精神等一道,伴随中国革命的光辉历程,共同构成我们党在前进道路上战胜各种困难和风险、不断夺取新胜利的强大精神力量和宝贵精神财富。"③这些革命精神穿越时空,始终鼓舞、激励着中国人民顽强拼搏、奋斗不息。

红船精神是中国共产党建党伟业中形成的革命精神

---

① 习近平.在庆祝中国共产党成立95周年大会上的讲话[M].北京:人民出版社,2016:18.

②③ 习近平.弘扬"红船精神" 走在时代前列[N].光明日报,2005-06-21(A3).

三、重温初心　坚定信念

党的十八大以来,习近平总书记高度重视学习历史,特别是学习党的历史,他指出,"历史是最好的教科书""中国革命历史是最好的营养剂"①。我们党要继续前进,就是要有一颗赤子之心,也就是要不忘初心,不忘历史,要保持建党时的主张和理想,要坚持和发扬党的优良传统和优良作风。

2016年7月1日,在庆祝中国共产党成立95周年大会上,习近平总书记全面总结了我们党团结带领中国人民不懈奋斗的光辉历程、伟大贡献和历史启示,深刻阐述了"不忘初心、继续前进"必须牢牢把握的八个方面的要求,他指出:"我们要永远保持建党时中国共产党人的奋斗精神,永远保持对人民的赤子之心。一切向前走,都不能忘记走过的路;走得再远、走到再光辉的未来,也不能忘记走过的过去,不能忘记为什么出发。面向未来,面对挑战,全党同志一定要不忘初心、继续前进。"②中国共产党人不忘初心、继续前进,就是不忘对马克思主义真理的信仰之心;不忘对共产主义远大理想和中国特色社会主义共同理想的坚定之心;不忘对为实现中华民族伟大复兴而不懈奋斗的使命之心;不忘对人民群众的赤子之心。

2017年10月18日,中国共产党第十九次全国代表大会在北京人民大会堂隆重开幕。在十九大报告中,习近平总书记指出:"不忘初心,方得始终。中国共产党人的初心和使命,就是为中国人民谋幸福,为中华民族谋复兴。这个初心和使命是激励中国共产党人不断前进的根本动力。全党同志一定要永远与人民同呼吸、共命运、心连心,永远把人民对美好生活的向往作为奋斗目标,以永不懈怠的精神状态和一往无前的奋斗姿态,继续朝着实现中华民族伟大复兴的宏伟目标奋勇前进。"③

2017年10月31日,党的十九大胜利闭幕一周之际,习近平总书记带

① 习近平.论中国共产党历史[M].北京:中央文献出版社,2021:24.
② 习近平.在庆祝中国共产党成立95周年大会上的讲话[M].北京:人民出版社,2016:7-8.
③ 习近平.决胜全面建成小康社会 夺取新时代中国特色社会主义伟大胜利——在中国共产党第十九次全国代表大会上的报告[M].北京:人民出版社,2017:1.

领中共中央政治局常委专程赶赴上海和浙江嘉兴,在上海瞻仰了一大会址,重温了入党誓词;在浙江嘉兴瞻仰了南湖红船,并在南湖革命纪念馆发表重要讲话,再次阐释了红船精神的内涵,提出要结合时代特点大力弘扬红船精神。他指出:"事业发展永无止境,共产党人的初心永远不能改变。唯有不忘初心,方可告慰历史、告慰先辈,方可赢得民心、赢得时代,方可善作善成、一往无前。"①"只有不忘初心、牢记使命、永远奋斗,才能让中国共产党永远年轻。"②

不忘初心就是要坚持革命精神。从俄国十月革命的火光中,早期先进分子找到了能够指引中国人民摆脱苦难、走向光明与幸福的马克思主义。在马克思主义的指引下,他们以大无畏的革命精神向反动政府宣战。革命精神是中国共产党发展壮大的红色基因。不管是在革命年代,还是在建设和改革过程中,都要坚持这种革命精神。习近平总书记强调,不忘初心,牢记使命,就不要忘记我们是共产党人,我们是革命者,不要丧失了革命精神。③ 如果丧失了革命精神,满足于现状,中国共产党的先进性也将丧失。过去为夺取政权而进行的斗争是革命,今天为实现伟大梦想而进行的斗争也是革命,所不同的只是革命的具体形式与斗争策略,不变的则是共产党人的革命精神。要实现党和国家兴旺发达、长治久安,全党同志必须始终保持革命精神、革命斗志。

不忘初心就是要坚定理想信念。对马克思主义、社会主义和共产主义的信念,是共产党人的政治灵魂,是我们的安身立命之本。习近平同志指出:"党的'一大'会议在白色恐怖中召开,由上海转至嘉兴,在南湖红船上完成缔造中国共产党的使命,靠的是坚定的理想信念和百折不挠的革命精神。"④党的十八大以来,习近平总书记高度重视理想信念教育,多次强调要切实解决好"总开关"问题。他指出:"崇高信仰始终是我们党的强大精神支柱,人民群众始终是我们党的坚实执政基础。只要我们永不动摇信仰、永不

① 习近平.习近平谈治国理政(第三卷)[M].北京:外文出版社,2020:498.
② 习近平.习近平谈治国理政(第三卷)[M].北京:外文出版社,2020:497.
③ 习近平.习近平谈治国理政(第三卷)[M].北京:外文出版社,2020:70.
④ 习近平.弘扬"红船精神" 走在时代前列[N].光明日报,2005-06-21(A3).

脱离群众,我们就能无往而不胜。"①只要我们坚定共产主义信仰和中国特色社会主义共同理想,补好精神之"钙",身体上就不会得"软骨病",行动上就不会"摇摆不定",就能够在民族复兴的史册上,写下我们这一代人的光荣与梦想。

不忘初心就是要永葆奋斗精神。空谈误国,实干兴邦。马克思主义认为,实践是发挥主观能动性的主要途径。勇于实践、艰苦奋斗是实现理想的根本途径。脱离"实干",国家富强、民族振兴、人民幸福只能是空话。历史从来不是空洞的言说,民族复兴也从来不是一个抽象的概念。习近平总书记指出:"事实是真理的依据,实干是成就事业的必由之路。这也是'空谈误国,实干兴邦'的真谛。"②中华民族伟大复兴,绝不是轻轻松松、敲锣打鼓就能实现的。所以,"全党一定要保持艰苦奋斗、戒骄戒躁的作风,以时不我待、只争朝夕的精神,奋力走好新时代的长征路"③。只有在全社会大力弘扬艰苦奋斗精神,才能实现"两个一百年"的奋斗目标和中华民族伟大复兴的中国梦。

不忘初心就是要恪守为民宗旨。全心全意为人民服务是中国共产党的根本宗旨。红船之所以能够从南湖驶向全中国,勇立潮头、破浪飞舟、扬帆远航,始终得到人民群众的信任和支持,最根本的原因就在于我们党坚持把人民群众的利益放在首位。习近平总书记指出:"衡量一名共产党员、一名领导干部是否具有共产主义远大理想,是有客观标准的,那就要看他能否坚持全心全意为人民服务的根本宗旨,能否吃苦在前、享受在后,能否勤奋工作、廉洁奉公,能否为理想而奋不顾身去拼搏、去奋斗、去献出自己的全部精力乃至生命。"④我们党自诞生之日起就把人民放在心中最高位置,努力为人民群众创造幸福生活和美好未来。在新时代,人民的美好生活需要日

---

① 习近平.全面贯彻落实党的十八大精神要突出抓好六个方面工作[J].求是,2013(1):3-7.

② 习近平.在纪念邓小平同志诞辰110周年座谈会上的讲话[M].北京:人民出版社,2014:14.

③ 习近平.决胜全面建成小康社会　夺取新时代中国特色社会主义伟大胜利——在中国共产党第十九次全国代表大会上的报告[M].北京:人民出版社,2017:69-70.

④ 习近平.习近平谈治国理政(第一卷)[M].北京:外文出版社,2018:23-24.

益广泛,不仅对物质文化生活提出了更高要求,而且在民主、法治、公平、正义、安全、环境等方面也提出了高要求。我们要把解决发展不平衡问题与解决发展不充分问题有机统一起来,不断提高社会生产力水平,更好地满足人民的美好生活需要。

习近平总书记多次强调要坚持不忘初心,目的就是要告诉全党和全国人民:只有不忘本来,才能开辟未来。不论我们走多远,都不能忘记我们党的奋斗历史,不能忘记中国共产党成立时对人民的承诺。不论时代怎样发展,都要坚持马克思主义和共产主义的远大理想,永葆建党时中国共产党人的革命精神和奋斗精神,永远坚持全心全意为人民服务这个最根本的宗旨,坚持立党为公、忠诚为民的奉献精神,坚持发展为了人民、发展依靠人民、发展成果和人民共享的发展理念和人民立场。只有这样,我们党才能战胜一切困难,突破一切挑战,永远立于不败之地。

红船精神昭示中国共产党人的初心和使命

第一章　红船精神的形成依据

红船精神不是凭空产生的,而是有着深刻的历史背景、理论来源、文化根基和实践基础。近代中国救亡图存、民族复兴的历史任务是红船精神形成的历史背景;马克思主义是红船精神形成的理论来源;中华优秀传统文化是红船精神形成的文化根基;中国共产党的创建是红船精神形成的实践基础。

第一节　红船精神形成的历史背景

伴随着中国共产党诞生而形成的红船精神是特定历史条件下的必然产物。近代中国救亡图存、民族复兴的历史任务是红船精神形成的历史背景。

一、民族复兴的时代重任

在两千多年的封建社会里,中国经历了大大小小数百位皇帝,每逢新帝登基,新人新年号,看似新气象,实则换汤不换药。明朝中后期,中国的封建君主专制达到顶峰。地主阶级对人民群众的剥削之残酷可谓无所不用其极。在政治上,封建王朝统治体制日益完善。明朝的东厂、西厂、内厂和锦衣卫,共同服务于皇帝,负责对文武官员的侦察和审讯工作。在经济上,地主阶级不断加强对人民群众的剥削,贪污成风,腐败横行。在思想文化上,明、清大兴文字狱,无数进步人士被残杀,进步思想被禁锢。中国封建社会逐渐进入衰败的轨道。正值清朝的鼎盛时期,曹雪芹就预感到,大清王朝不久将面临"天倾西北,地陷东南"的悲惨局面,并发出了"无才可去补苍天"的感叹。

与中国两千多年封建王朝的形而上学循环不同,欧洲社会经历了更为复杂的历史演化过程。公元 529 年,查士丁尼大帝正式下令关闭雅典学园,标志着古希腊文明的终结。哲学成了神学的"婢女",理性匍匐在宗教信仰脚下。然而,由于欧洲地理的独特性,无论是教权还是皇权,在欧洲都难以形成中国这种一统天下、高度集权的管理模式,客观上为种种新思想的萌芽提供了条件。13 世纪末,在地中海之滨商业交通要道的意大利,文艺复兴最先兴起,之后扩展到西欧各国,带来一段科学与艺术革命时期,揭开了近代欧洲历史的序幕。18 世纪 60 年代到 80 年代,瓦特吸收前人的成果,不断研究,制造出世界上第一台具有真正实用价值的蒸汽机,将欧洲社会正式推入工业文明时代。从此,欧洲社会生产力遥遥领先于世界其他文明社会。

长期以来,中国与世界其他国家交往并不频繁,鲜少与外界接触。河西走廊作为中华文明与西方文明交往最重要的通道,"路阻且长"。中华大地的富饶物产,也给了中国的统治者以莫名的优越感,他们以东方大国、世界中心的高昂姿态,看待来自边荒蛮夷的贡物或朝拜。郑和下西洋,不远万里,开创了人类的航海历史。然而,当欧洲出现资本主义曙光的时候,中国仍然沉睡在封建主义的漫漫长夜里。随着资本主义生产方式的兴起和近代工业革命脚步的加快,中国很快落伍了。从 1840 年第一次鸦片战争开始,西方列强的坚船利炮一次又一次地敲开了中国的大门。一系列的侵略战争接踵而至,导致一系列的不平等条约被迫签订。中国逐步沦为半殖民地半封建社会。中华民族内忧外患、灾难深重,中国人民饥寒交迫、民不聊生。

二、多种救国方案的尝试

鸦片战争一声炮响,敲碎了中国人的"天朝上国"的迷梦,也激发了中国人的"民族复兴之梦"。为了反对外国的侵略压迫,实现中华民族伟大复兴,中国的各种阶级力量和政治派别先后接受过诸多"主义""思想",尝试过多种救国救民道路。

第一次鸦片战争后,中国人逐渐意识到自身的落后。魏源提出"变古愈尽,便民愈甚"的变法主张,倡导学习西方先进的科学技术。1842 年,魏源编成了《海国图志》,书中提出"师夷长技以制夷"的主张,开启了了解世界、向西方学习的新潮流,这是中国思想从传统转向近代的重要标志。但是,魏源这一主张的历史局限性也是十分明显的。在林则徐、魏源的思想中,中国之所以比西方落后,主要是因为"器不如人",因此,清朝向西方学习的重点只是技术层面的造枪造炮而已。与魏源同时期的冯桂芬,在《校邠庐抗议》中主张"以中国之伦常名教为原本,辅以诸国富强之术"。因此,魏源"师夷长技以制夷"的主张,自然而然地成了后来洋务运动前期的思想根据。

洋务运动,又称自救运动、自强运动,代表人物有李鸿章、张之洞、曾国藩、左宗棠等人,它是19世纪60年代到90年代晚清洋务派所进行的一场引进西方军事装备、机器生产和科学技术以挽救清朝统治的自救运动。洋务运动进行了30多年,引进了西方先进的科学技术,使中国出现了第一批近代企业,在客观上为中国民族资本主义的产生和发展起到了促进作用。但是,1894年爆发的中日甲午战争,将大清王朝几十年向西方学习的成果打得灰飞烟灭。与此同时,大清统治者心中希望的通过将西方技能嫁接到中国封建制度上,从而复兴王朝的梦想也被无情碾碎。

于是一部分先进的人士,开始了社会改良的梦想。资产阶级维新派认为,西方政治制度比中国封建君主专制制度优越,中国积弱的根源就在于君主专制政体,中国的富强有赖于根本的改造,但这种改造不必采取暴力革命的手段。他们希望学习日本,在不损害清王朝封建统治根本制度的前提下,进行一定程度的社会改良,从而实现王朝中兴。在康有为的领导和光绪皇帝的支持下,中国两千多年以来第一次试图打破传统政治制度的改革轰轰烈烈地开展起来。戊戌变法改革的内容从政治、经济、军事、文化、教育到街道整顿、西法种田,等等,一系列的改革措施的确使清政府呈现了前所未有的新气象,但由于以慈禧太后为首的顽固派的粗暴干涉,改革只持续了百余天就悲壮地谢幕了。

戊戌变法的失败,使得以孙中山为代表的资产阶级革命派彻底认清了封建王朝的真面目,坚定了他们开展革命、推翻清朝腐朽统治的决心。1912年2月12日清帝退位,以孙中山为代表的革命党人在经历了多次失败之后,终于把中国几千年的封建王朝送进了历史的垃圾堆里。辛亥革命,虽然从"破"的意义上,是一次伟大的革命,但是从"立"的角度来说,却并不成功。辛亥革命之后,中国陷入更加无序混乱的局面。中央政府孱弱,军阀割据,战争频仍,内忧外患,民不聊生。中国与西方国家,甚至日本等亚洲国家相比,差距越拉越大,国力日益悬殊。中国人民陷入了极度的苦闷和彷徨之中,自卑自弃,无可奈何,虚无主义、悲观主义、消极厌世主义思想在许多人的头脑里萦绕不休。历史表明,农民政权、资产阶级改良主义、旧式资产阶级共和国的道路在中国都是行不通的,必须探索救国救民的新道路。

三、历史呼唤无产阶级政党

虽然资产阶级的探索失败了,但他们挽救危亡、发展国家的爱国主义精神流传了下来,鼓舞着中国各族人民前赴后继地进行爱国救亡斗争,成为支撑中华民族走向独立、解放的精神支柱。正是这种爱国主义精神汇成的力量,使得一批先进分子选择了马克思主义作为自己的信仰。

中国共产党的早期党员并非天生的马克思主义者。相反,那时的大多数知识分子对改良主义充满了希望。然而,辛亥革命的失败,俄国十月革命的成功,巴黎和会的耻辱,在中国的大地上,汇成了五四运动的巨大历史洪流。特别是列宁领导的俄国十月革命的胜利,使李大钊、毛泽东等人对于"社会主义"有了全新的认识,他们对于中国革命有了新的道路选择。1920年12月1日,在给好友蔡和森等人的信中,毛泽东说:"我看俄国式的革命,是无论如何的山穷水尽诸路皆走不通了的一个变计,并不是有更好的方法弃而不采,单要采这个恐怖的方法。"[①]

巴黎和会上中国外交的失败,引发了大多数国人的愤怒。从1919年5月4日开始,发生了一场以青年学生为主,广大群众、市民、工商人士等阶层共同参与的,通过示威游行、请愿、罢工、暴力对抗政府等多种形式进行的爱国运动,这是中国人民彻底的反对帝国主义、封建主义的爱国运动。五四运动为中国共产党的成立做了准备。五四运动中,中国工人阶级以巨大的声势参加了反帝反封建的爱国斗争。工人阶级特有的组织性和斗争的坚定性,在运动中发挥着主力军的作用。从此以后,中国工人阶级开始作为一支独立的政治力量登上历史舞台。

---

① 中共中央文献研究室.毛泽东书信选集[M].北京:中央文献出版社,2003:4.

革命不能仅仅依靠热情。幼年时期的中国工人阶级，虽然不乏革命的勇气，但是缺乏革命理论和革命组织。五四运动中，涌现了一大批追求民族独立和国家富强而积极探求救国救民真理的具有初步共产主义思想的知识分子。他们开始深入工人、群众中去。马克思说："批判的武器当然不能代替武器的批判，物质力量只能用物质力量来摧毁；但是理论一经掌握，群众也会变成物质力量。"①五四运动虽然取得了巨大的成就，但是其局限性也十分明显。五四运动并没有牢牢抓住中国革命的方向并将中国革命推向深入。因此，五四运动的精神和事业必须有人继承并发扬光大。五四运动的伟大精神呼唤着中国共产党的诞生。五四运动的发生，引起列宁和共产国际对中国革命的重视，并直接促使共产国际派维经斯基等人到中国了解情况，大大加速了中国共产党建立的历史进程。中国共产党的创建，是近代以来中国社会进步和革命发展的客观需要，是近代中国历史选择的必然结果，也是中国人民选择的必然结果。

第二节　红船精神形成的理论来源

红船精神的孕育和形成离不开马克思主义的指导。早期中国共产党人正是确立了马克思主义的信仰，在马克思主义世界观的指导下，走上革命的道路，创建了中国共产党。

一、向西方学习各种新思想

习近平总书记指出，"近代中国由盛到衰的一个重要原因，就是封建统治者夜郎自大、因循守旧、畏惧变革、抱残守缺，跟不上世界发展潮流。'穷则变，变则通，通则久'"。②1840年鸦片战争之后，为摆脱亡国灭种的悲惨命运，中国的有识之士开始了对民族复兴道路的思考和探索。作为最早"睁

---

① 马克思恩格斯全集(第三卷)[M].北京：人民出版社，2002：207.
② 习近平.在纪念中国人民抗日战争暨世界反法西斯战争胜利69周年座谈会上的讲话[M].北京：人民出版社，2014：17-18.

眼看世界"的中国人,林则徐和魏源把中国的落后原因归结为器不如人,开创了洋务运动的思想先河。但是洋务运动向西方学习的主要是技术而不是政治制度,更不是思想文化。1859年,洪仁玕撰写的《资政新篇》,可以说是近代中国的先进人士提出最早的发展资本主义的纲领,它集中反映了当时先进的中国人向西方寻找真理和探索救国救民道路的迫切愿望。但由于农民阶级自身的局限性,加之太平天国的过早失败,《资政新篇》在中国并没有产生太大的影响。

19世纪末20世纪初,主要资本主义国家相继进入帝国主义阶段,西方列强趁机掀起侵略中国的狂潮,偌大的中国被分割成了一块块列强的"势力范围",整个国家已呈豆剖瓜分之势。甲午战争的惨败使中国的形势更加危急。1895年4月,日本逼签《马关条约》的消息传到北京,在康有为、梁启超等人的组织发动下,在北京应试的1300多名举人联名上书光绪皇帝,倡导学习西方,特别是学习日本的政治体制。维新派提倡科学文化,改革政治、教育制度,发展农、工、商业等的资产阶级改良运动。1898年6月11日,光绪皇帝颁布了《定国是诏》,戊戌变法正式开始。1898年9月21日,慈禧太后将光绪皇帝囚禁,戊戌变法宣告失败。

戊戌变法的失败,使得一部分中国人清醒地认识到,改良主义思想在中国行不通。在内忧外患的刺激下,一些知识分子日益倾向革命。1905年前后,以孙中山为代表的资产阶级先进分子开始倾向在中国建立起西方化的、彻底的资产阶级民主共和国。1906—1907年,资产阶级革命派以《民报》为主要阵地,同以康有为、梁启超为代表的资产阶级改良派在思想理论战线上展开了一场革命与改良的大辩论。辩论的焦点是推翻清政府,创立民主共和国,还是实行君主立宪制,维护清政府的封建统治。通过这次论战,孙中山的三民主义思想得到了广泛的传播,促进了革命力量的壮大,为辛亥革命作了重要的思想和舆论准备。

辛亥革命是中国近代史上一次伟大的资产阶级民主革命,给中华民族的思想发展带来了重大的影响。辛亥革命推翻了清朝统治,结束了两千多年的封建君主专制制度,建立起了资产阶级共和国,传播了民主共和的理念。同时,辛亥革命极大地刺激了民族资本主义的发展。辛亥革命以后,国内实业集团纷纷成立。民族资本主义的经济力量在短短几年内有了显著的增长,民族资产阶级数量不断增加。更为重要的是,国内无产阶级队伍也迅速壮大起来。但是,辛亥革命毕竟不是一次完全成功的政治革命。辛亥革命既没有意愿、也没有能力彻底地击垮封建主义思想的余孽。因此,从文化思想存在的社会土壤来说,辛亥革命后,中国同时存在着地主阶级—农民阶级、资产阶级—无产阶级等复杂的阶级关系,同时为封建主义、资本主义、社会主义的思想提供一个生存和斗争的大舞台。

二、各种社会思潮风起云涌

辛亥革命的失败,让思想界的人士意识到"革命尚未成功,同志仍需努力"。经过五四运动,中国人民有了新的觉醒。一部分先进知识分子在否定封建主义的同时,也开始怀疑资产阶级提出的救国方案。五四运动前后,社会发展风云激荡,各种新思潮层出不穷,人们的思想经历着空前的解放和变革。与此同时,各种政党粉墨登场,都在探索中华民族独立的道路。一些青年知识分子纷纷撰写文章,创办刊物,或者成立社团,探讨新的民族复兴道路。五四运动后,鼓吹新思潮的刊物,先后出现了 400 多种。这些刊物绝大多数都以改造社会为己任,有的作者还在文章中提出了一些具体的社会改造方案。新文化运动时期主要思想流派见表 2-1。

表 2-1　新文化运动时期主要思想流派[1]

名　　称	主　　张
三民主义	以"民族""民权""民生"三大主义为指导,建立资产阶级共和国
实用主义	认为"有用即真理""真理就是工具"
基尔特（行会）社会主义	恢复中世纪的基尔特精神和方法,和平地用社会主义代替资本主义
无政府（安那其）主义	个人绝对自由,反对一切强权和国家,反对无产阶级专政,建立无政府共产主义社会,绝对平均主义
复古主义	尊孔复古,复辟帝制,对抗新思想、新文化,阻止新制度的建立

---

[1]　吕延勤,赵金飞.红船精神[M].北京:中共党史出版社,2017:12-13.

续表

名　　称	主　　张
国家主义	打着"国家至上""民族至上"的旗号,对内实行高压统治,强调秩序,对外鼓动民族独立
教育救国	教育是救国的根本方法,应培养资产阶级共和国合格的"新型国民"和一大批科技人才
科学救国	科学是改天换地的至上法宝,是强国富民的灵丹妙药,应培养高级科学人才
实业救国	视实业救国为重要手段,力主经济立法,发展金融,发达国家资本,保护民族工业,引进外资
工团主义	认为工人阶级不必建立自己的政党,工会(或工团)是团结和领导工人的唯一组织形式。鼓吹工会高于一切和管理一切,各地工会在经济上联合起来代替国家机构,否认无产阶级革命和无产阶级专政的必要性
社会民主主义	主张阶级合作和议会道路,放弃以暴力革命方式建立社会主义社会,提倡按照现行的政治秩序实现从资本主义到社会主义的和平而渐进的转变
新村主义	提倡人的生活以协力与自由、互助与独立为根本,各人先尽人生必要的劳动义务,再将其余时间做个人的事
空想社会主义	主张对全社会进行根本改造,立即解放全人类,建立一个理性和永恒正义的王国,反对政治斗争和暴力革命,幻想和平地过渡到理想社会
马克思主义	以辩证唯物主义和历史唯物主义为理论基础,通过无产阶级革命,建立社会主义制度,逐步过渡到共产主义社会

新思潮给中国人民带来了巨大的思想解放。但是这些思潮十分庞杂,既有马克思主义的科学社会主义,也有各种各样的资产阶级和小资产阶级思想,还有一些打着"社会主义"旗号的小资产阶级思想流派。这些思想泥沙俱下,灌入了中国进步青年的头脑。在总体上欢迎这些思想的同时,绝大多数进步青年对于这些思想还不是十分了解,因而也十分苦恼。对于社会主义,他们有着一种朦胧的向往,但是对于种种真真假假的社会主义,他们如同"隔着纱窗看晓雾"[①],并不是十分清晰。当时,对于共产党的实践探索,不仅仅只有李大钊、陈独秀等人酝酿组建的共产党组织。仅在1921年前后,中国就出现了好几个自称"共产党"的不同政治组织。但是这些所谓

---

① 瞿秋白文集(文学编第1卷)[M].北京:人民文学出版社,1985:26.

的"共产党",没有以真正的马克思主义作为自己的指导思想,也没有把列宁主义的建党原则贯彻到自己的组织中去,注定逃脱不了昙花一现的命运。

三、马克思主义的广泛传播

1899 年春,英国传教士李提摩太与《万国公报》的华文主笔蔡尔康合作,将英国社会哲学家本杰明·颉德的著作《社会进化论》翻译为中文,并将其中的前三章以《大同学》为名,在《万国公报》第 121 至 124 册上发表。其中提到了马克思的名字:"德国讲求养民学者,有名人焉。一曰马克思,一曰恩格斯。"[①]之后,马克思、恩格斯及其思想逐渐出现在各种中文译作之中。

辛亥革命以后,大量中国知识分子东渡日本,寻求救国救民的真理,其中就包括陈独秀、李大钊、李汉俊等人。中国的留日学生,初步接触到了马克思主义,特别是李大钊和李汉俊。俄国十月革命以前,中国知识分子学习马克思主义,主要途径就是来自日文的翻译和转译作品。1915 年 9 月,陈独秀主编的《新青年》在上海出版,共学社等进步团体纷纷涌现,李汉俊、俞秀松、陈望道等马克思主义者积极传播革命新思想。随着五四运动的发展,马克思主义在中国得到更广泛的传播,并和中国工人运动结合起来,为中国共产党的建立作了思想和干部上的准备。

1917 年俄国十月革命的胜利,使社会主义第一次从理论变为现实,这次革命开辟了人类历史新纪元,为殖民地半殖民地的民族解放运动展示了广阔的前景。同时,使徘徊的先进知识分子看到了世界文明的新曙光和民族解放的新出路,他们自发地聚集在马克思主义旗帜下宣传这一新学说。正如毛泽东所说的那样:"十月革命一声炮响,给我们送来了马克思列宁主义。"[②]

俄国十月革命后,以李大钊为代表的中国先进知识分子,认识到马克思主义的巨大价值,开始大力传播马克思主义。1918 年 7 月 1 日,李大钊发表了《法俄革命之比较观》的文章,向中国人介绍了俄国十月革命与法国革命的本质区别。1919 年 10 月,李大钊又发表了《我的马克思主义观》的文

---

① 林代昭,潘国华.马克思主义在中国:从影响的传入到传播(上)[M].北京:清华大学出版社,1983:55.

② 毛泽东选集(第四卷)[M].北京:人民出版社,1991:1471.

章,系统地介绍了马克思主义的三个组成部分——唯物史观、政治经济学和科学社会主义的基本原理。此外,李达、杨匏安、李汉俊等人也对马克思主义的传播发挥了重要作用。

1919年,苏俄宣布废除沙皇政府同中国签订的不平等条约,受此影响,马克思主义在中国的传播更加迅速。《新青年》《每周评论》《民国日报》等一批进步报刊纷纷发布宣传马克思主义的文章。到1919年年底,公开发表的介绍马克思主义的文章达200多篇。在此过程中,中国形成了两个马克思主义的研究和宣传中心,分别是北京和上海。1920年3月,李大钊在北京发起并成立了马克思主义学说研究会,标志着马克思主义在中国的传播进入了新的阶段。同年5月,陈独秀在上海发起成立了马克思主义研究会。随后,湖北、湖南、山东等地纷纷成立了马克思主义的研究团体,马克思主义在中国开始广泛传播,为中国共产党的创建奠定了充分的思想基础。

中国的先进分子之所以选择马克思主义,首先是因为马克思主义具有以实践为基础的科学性和革命性相统一的鲜明特征。实践的观点是马克思主义认识论的基本观点,实践性是马克思主义理论区别于其他理论的显著特征。马克思主义不是书斋里的学问,而是为了改变人民历史命运而创立的,是在人民求解放的实践中形成的,也是在人民求解放的实践中丰富和发展的,为人民认识世界、改造世界提供了强大的精神力量。马克思创立了唯物史观和剩余价值学说,揭示了人类社会发展的一般规律,揭示了资本主义运行的特殊规律,为人类指明了从必然王国向自由王国飞跃的途径,为人民指明了实现自由和解放的道路。

中国的先进分子之所以选择马克思主义,最根本的原因是指导中国革命的现实需要。马克思说:"理论在一个国家实现的程度,总是决定于理论满足这个国家的需要的程度。"[①]在旧式的农民战争走到尽头,不触动封建根基的自强运动和改良主义屡屡碰壁,资产阶级革命派领导的革命和西方资本主义的其他种种方案纷纷破产的情况下,十月革命一声炮响,为中国送来了马克思列宁主义,给苦苦探寻救亡图存出路的中国人民指明了前进方向、提供了全新选择。正如毛泽东所说:"马克思列宁主义来到中国之所以

---

① 马克思恩格斯全集(第三卷)[M].北京:人民出版社,2002:209.

发生这样大的作用,是因为中国的社会条件有了这种需要。"①

第三节　红船精神形成的文化根基

红船精神的形成,不仅是因为中国共产党有马克思主义的科学理论作为指导思想,而且有着十分深厚的中华优秀传统文化根基。

一、为国为民的高尚情怀

自古以来,爱国主义精神流淌在先进知识分子的血液里。中共一大代表虽然出身不尽相同,但他们都是知识分子。"天下兴亡,匹夫有责",以天下兴亡为己任,这是中国知识分子为国为民的悠久文化基因。作为儒家的最重要经典之一,《礼记·大学》认为读书人应该:"物格而后知至,知至而后意诚,意诚而后心正,心正而后身修,身修而后家齐,家齐而后国治,国治而后天下平。"可见,"平天下"是儒家思想对知识分子的最高价值追求。《中庸》认为,君子应该"动而世为天下道,行而世为天下法,言而世为天下则",说的是君子的言行处世榜样。宋朝张载提出,"为天地立心,为生民立命,为往圣继绝学,为万世开太平",表现出读书人伟大的志向抱负。这些"平天下"的理想抱负,激励了无数后人的家国情怀、天下情怀,更凝铸为中国人的价值信念与思维方式。

唐代诗人李白受到排挤离开长安,仍然在诗中写道"总为浮云能蔽日,长安不见使人愁",表达了自己对国家政治的关心。宋代范仲淹在庆历新政失败后,贬居邓州,在其名篇《岳阳楼记》中写道:"先天下之忧而忧,后天下之乐而乐。"范仲淹认为,作为一名士人,要"不以物喜,不以己悲",应该以天下兴亡为自己的奋斗目标,"居庙堂之高则忧其民,处江湖之远则忧其君"。陆游被罢官后,虽然当时已年迈,但爱国情怀丝毫未减,日夜思念报效祖国,在一个"风雨大作"的夜里,触景生情,由情生思,写下了名句:"僵卧孤村不自哀,尚思为国戍轮台。夜阑卧

---

① 毛泽东选集(第四卷)[M].北京:人民出版社,1991:1515.

听风吹雨,铁马冰河入梦来。"南宋著名抗金将领岳飞,目睹同胞惨遭金人杀戮,心中愤慨,意欲投军,又担忧老母年迈,妻儿力弱,其母姚氏积极勉励岳飞"从戎报国",还在岳飞后背刺上"精忠报国"四字为训。明朝东林党领袖顾宪成曾撰一副对联——"风声雨声读书声声声入耳,家事国事天下事事事关心"。

这种爱国主义精神深刻影响了早期的先进分子。1915年8月,李大钊在《厌世心与自觉心》一文中,号召国人不应像其他亡国之国民那样自暴自弃,像草木鸟兽之无知和麻木,而应奋起"求一可爱之国家而爱之,不宜因其国家之不足爱,遂致断念于国家而不爱。更不宜以吾民从未享有可爱之国家,遂乃自暴自弃,以侪于无国之民,自居为无建可爱之国之能力者也"①。他认为自己应该敢于担负起救国的历史责任。"天下兴亡,匹夫有责"的思想也深深打动了青年时期的毛泽东,他为自己起名为"子任",把救国救民作为自己的责任和抱负。在湖南第一师范读书期间,他立下宏伟的志向,为了国家与民族的未来发奋读书,表示愿意结交"能刻苦耐劳、意志坚定、随时准备为国捐躯的青年"②。他劝同学们不要做金玉其外、不学无术,专为个人私利打算的小人,而要立大志、重践行,做救国建国的"奇杰",要为救国图存、建设国家的未来而"修学储能"。他号召民众联合起来担负起解放自己、改造社会的伟大责任。他说:"天下者我们的天下。国家者我们的国家。社会者我们的社会。我们不说,谁说?我们不干,谁干?"③

二、艰苦奋斗的优秀品格

新生力量,作为新生事物,既是弱小的,又是强大的。从掌握的社会资源来说,新生的社会力量与保守力量相比,一开始都是弱小的。但是新生力量代表了社会发展的方向,因而又充满了生命力。弱小与强大的辩证法,决定了新生力量追求梦想道路之崎岖和艰难。习近平总书记指出:"我们取得

---

① 李大钊全集(第一卷)[M].北京:人民出版社,2013:250.
② 中共中央文献研究室.毛泽东年谱(1893—1949)(上卷)[M].北京:中央文献出版社,1993:20.
③ 中共中央文献研究室、中共湖南省委《毛泽东早期文稿》编辑组.毛泽东早期文稿(一九一二年六月——一九二〇年十一月)[M].长沙:湖南出版社,1990:390.

的一切成就,是一代又一代中国共产党人同中国人民接续奋斗的结果。"①艰苦奋斗是我们党的政治本色。在百年的历程中,中国革命、建设和改革之所以能够取得胜利,很重要的一个原因就在于中国共产党人一直保持着艰苦奋斗的精神。

艰苦奋斗是中国共产党人的本色,也是中华民族的优良传统。"忧劳可以兴国,逸豫可以亡身",这是历代无数仁人志士的座右铭。《尚书》记载:早在夏朝,开国君主夏启死后,他的儿子太康继承了王位,太康贪图享受,荒淫无度,整日沉湎于酒色,不修政事,百姓怨声载道。后来,太康到洛水边打猎,久久不归,政事废弛,在此情况下,东夷族有穷氏的首领后羿乘机起兵,攻占了夏朝的都城,并在洛水岸边严阵以待,阻挠太康回朝。太康的五位弟弟与他们的母亲,在洛水的下游等待太康,境遇落魄,他们不禁想起了祖父禹的教导,便作了《五子之歌》倾诉目下的凄凉悲哀之情,其中第二首是:"训有之,内作色荒,外作禽荒。甘酒嗜音,峻宇雕墙。有一于此,未或不亡。"意思是说,祖先曾经这样教育我们,迷恋女色荒淫无度,骑射嬉戏不理朝政,嗜爱美酒和沉迷靡靡之音,爱建高大雄峻的宫殿和雕刻精美的楼墙。这些恶习,只要有其中一条,国家没有不灭亡的。

"历览前贤国与家,成由勤俭破由奢。"中华文明是全世界四大文明古国中唯一没有中断的文明。中华文明之所以能够延续五千年而不中断,并且不断凤凰涅槃,浴火重生,展现出顽强的韧性,一个重要的原因就在于华夏民族具有百折不挠、艰苦奋斗的精神。在西方基督教文化里,整个世界,包括人本身都是上帝创造的,人类应该完全听任上帝的安排。到了文艺复兴时期,人性才逐渐超出神性的阴影。与之不同的是,中华文化自古以来就有重视人的传统,强调发挥人的主观能动性,从而改造世界。夸父追日、精卫填海、铁杵磨针、愚公移山等古代寓言,无一不表达着中华民族不怕鬼神、艰苦奋斗的大无畏精神。荀子认为"人定胜天",人类通过努力,可以掌握自然的运行规律、法则,从而"制天命而用之",改变自身的命运。万里长城、京杭大运河、都江堰等巨大工程都是中国人民艰苦奋斗改变自然的历史见证。

---

① 习近平.在庆祝中国共产党成立 95 周年大会上的讲话[M].北京:人民出版社,2016:5.

三、舍生取义的崇高境界

在儒家看来,当生与义发生冲突时,应当舍生取义,这样的生命才具有积极的意义。孔子说:"志士仁人,无求生以害仁,有杀身以成仁。"孟子说:"生,我所欲也;义,亦我所欲也。二者不可得兼,舍生而取义者也。"为了国家民族利益,个人生命可以置之度外。中国历史文化中舍生取义的优秀传统文化,激励着一代又一代仁人志士不惜冒着生命危险为中华民族伟大复兴贡献青春。

戊戌变法失败后,谭嗣同放弃了出走海外的机会,决心以死来殉变法事业。他对劝他离开的人说:"各国变法无不从流血而成,今中国未闻有因变法而流血者,此国之所以不昌也。有之,请自嗣同始。"对于谭嗣同之死,后人虽然觉得十分惋惜,但是对于其舍生取义的英勇行为,人们无不十分尊重和景仰。汉朝苏武被扣于匈奴后,始终大义凛然,宁死不屈。匈奴贵族无计可施,便"徙武北海上无人处"。苏武则"掘野鼠,去草实而食之"。在如此艰难的环境下,他仍拄着汉朝的旄节,不辱使命。他出使时正值壮年,待其归汉之时,已是须发皆白。他成为我国历史上坚持民族气节的著名人物。南宋文天祥本来是状元出身,蒙古军队进攻临安,他在接到诏书之后,便把自己所有的家产都捐了出来,立马召集近万人组成民兵军队,前往临安城勤王。后来兵败被俘,途中路过零丁洋,写下著名的诗句"人生自古谁无死,留取丹心照汗青",表明他视死如归的精神,传诵至今。

中国早期的马克思主义者认为,为了改造旧社会,为了人民群众的根本利益而奋斗,生命才是有价值的。中共一大的 13 位代表,其中 4 位倒在敌人的枪口下。他们以自己的实际行动,践行了立党为公、忠诚为民的奉献精神。何叔衡,中共一大代表中年龄最大的一位。红军主力长征后,年近六旬的何叔衡留在根据地坚持斗争。1935 年 2 月 24 日,从江西转移福建途中,在长汀突围战斗中坠崖,头破血流。两个国民党士兵搜其身,何叔衡突然苏醒,抱住敌人的腿欲搏斗,结果连中两枪致死,时年 59 岁。1939 年 9 月,陈潭秋奉命从苏联回国,任中共中央驻新疆代表和八路军驻新疆办事处负责人,同新疆军阀盛世才进行了灵活巧妙的斗争。1943 年 2 月,陈潭秋被捕入狱,敌人对他施以酷刑,逼迫他"脱党",陈潭秋宁死不屈。1943年9月27日,陈潭秋被秘密杀害于狱中,时年47岁。1929年1月19日,因叛徒告密,邓恩铭在济南被捕,面对敌人的酷刑,邓恩铭坚贞不屈。1931年4月5日,邓恩铭被国民党山东当局枪杀于济南纬八路刑场,时年30岁。李汉俊,中共一大后脱党,身虽脱党,但是心仍向党。1923年2月7日,京汉铁路总工会组织了大罢工,李汉俊是这次罢工的实际组织者之一。1927年12月17日,李汉俊等人被国民党逮捕,旋即被枪杀。1952年,党中央为李汉俊家属发了烈士证书,特别写上:"李汉俊同志在革命斗争中光荣牺牲,丰功伟绩永垂不朽!"

正是这种崇高的精神境界,使得革命先辈在敌人的严刑拷打下坚贞不屈,对敌人的各种引诱严词拒绝,用鲜血和生命完美地诠释了舍生取义、敢于牺牲的奉献精神。李大钊、瞿秋白、蔡和森、方志敏、夏明翰等无数革命先辈在捍卫国家和民族利益之时,临难不惧,慷慨赴难,以实际行动谱写出中华民族的浩然正气。

四、天下大同的价值理念

马克思主义之所以能够被中国人迅速接受,除了因为当时各种救国方案的失败,知识分子必须转而寻求新的政治学说这一因素以外,共产主义思想与中国传统文化中大同社会的价值理念高度契合,也是马克思主义能在当时的中国流行的重要因素之一。

"大同"是中国古代对理想社会的一种幻想。大同社会的思想源远流长。周朝时期,《诗经》中的《硕鼠》就幻想着"适彼乐国"的理想。这是迄今为止中国最早的关于理想社会的呼声。《道德经》中也提出了自己的理想社会模型,"小国寡民,民至老死不相往来"。但是对中国古代影响最大的还是儒家的大同社会理想。

《礼记·礼运》说:"大道之行也,天下为公,选贤与能,讲信修睦,故人不独亲其亲,不独子其子,使老有所终,壮有所用,幼有所长,鳏寡孤独废疾者,皆有所养。男有分,女有归。货恶其弃于地也,不必藏于己;力恶其不出于身也,不必为己。是故谋闭而不兴,盗窃乱贼而不作,故外户而不闭,是谓大同。"意思就是说,在大道施行的时候,天下是人们所共有的,把有贤德、有才能的人选出来给大家办事,人人讲求诚信,崇尚和睦。因此,人们不单要奉养自己的父母,抚育自己的子女,也要使老年人能终其天年,中年人能为社会效力,幼童能顺利地成长,使老而无妻的人、老而无夫的人、幼年丧父的孩子、老而无子的人、残疾人都能得到供养。男子要有职业,女子要及时婚配。人们憎恶财货被抛弃在地上的现象而要去收贮它,却不是为了独自享用;也憎恶那种在共同劳动中不肯尽力的行为,总要不为私利而劳动。这样一来,就不会有人搞阴谋,不会有人盗窃财物和兴兵作乱,家家户户都不用关大门了,这就叫作大同社会。这是中国古代第一次明确地提出大同社会的学说。

晋代陶渊明在他所写的《桃花源记》中,给读者绘声绘色地描绘了安宁和乐、自由平等的桃花源,成为中国人千古以来梦想中幸福家园的代名词。戊戌变法中,康有为在《大同书》中也提出"人人相亲,人人平等,天下为公"的大同社会模型。在数千年的思想史上,在中国不同的学术流派和阶级之间,大同社会理想也不尽相同,甚至差别很大。阶级斗争中失意的人,往往把大同社会描述成消极无为的道家类型;而崇尚"天行健,君子以自强不息"的儒家,则把大同理想奠基于百折不挠的奋斗精神上,希望通过建设,建立起和平安宁、繁荣富强、稳定和谐的世俗社会。

辛亥革命中,孙中山在中国古代大同社会理想的基础上提出自己对中华民国未来社会的美好理想,其中包括:土地国有,对大企业进行国营;生产力高度发展,人们生活普遍改善;国家举办教育、文化、医疗保健等公共福利事业,供公民享用等。但是,孙中山在提出这些理想的同时,也认为仍然要实行生产资料私有制,资本家和雇佣劳动者两个阶级存在不可避免。由此可见,作为资产阶级革命派的代表,孙中山的大同理想,实际上是夹杂着中国传统大同思想"乌托邦"与现代资本主义的混合物,在半殖民地半封建的中国并不具有实施的社会基础,而真正继承中国古代大同理想,并将其发展到新的历史阶段的,只能是建立在马克思主义指导思想基础上的中国共产党。

1922年7月,中共二大宣言中指出:"中国共产党是中国无产阶级政党。他的目的是要组织无产阶级,用阶级斗争的手段,建立劳农专政的政治,铲除私有财产制度,渐次达到一个共产主义的社会。"①宣言同时还制定了"中国共产党为工人和贫民的目前利益"而奋斗的七条目标,其中包括推翻剥削与压迫,实现民族独立、国家统一的民主共和国,改善工人待遇、废除苛捐杂税、男女平等、实行教育普及、民主自由等内容。这些内容是中国共产党"立党为公"的最直接体现。

第四节　红船精神形成的实践基础

红船精神形成的实践基础在于早期先进分子创建中国共产党的奋斗历程,具体表现在中国共产党早期组织的建立、中共一大上海会议和嘉兴南湖会议的召开、成立中国共产党的实践历程。从此,中国共产党引领革命的航船从南湖扬帆起航,劈波斩浪,开天辟地,奋勇向前,使中国革命的面貌焕然一新。

一、各地共产党早期组织成立

最早酝酿在中国成立共产党的是陈独秀和李大钊。1914 年以前,陈独秀和李大钊在日本留学时就已经接触到了马克思主义的思想和理论。1917年俄国十月革命的成功,给了他们极大的鼓励。1919 年,五四运动的爆发,又让他们越来越感受到,在中国建立共产党的条件已经日益成熟。1919年,全国工人队伍已有 200 万人。中国工人阶级受到帝国主义、封建主义和官僚资本主义的三重压迫和剥削,因此,具有最坚决、最彻底的革命性。虽然人数不多,但中国工人阶级大多集中在沿海城市,便于团结。此外,由于中国产业工人大都来源于破产的农民和手工业者,与农民有着天然的密切关系,便于结成联盟。这些特点决定了中国工人阶级必然成为中国革命中最有觉悟、最具战斗力的阶级,是旧制度的掘墓人。

1919 年 6 月,陈独秀在五四运动中散发传单遭到北京反动当局逮捕。

---

① 中共中央文献研究,中央档案馆.建党以来重要文献选编(一九二一——一九四九)(第一册)[M].北京:中央文献出版社,2011:133.

慑于舆论压力,当局于 9 月 16 日释放了陈独秀。1920 年 2 月,李大钊在护送陈独秀离开北京的途中,两人商讨了创建共产党组织的事。从此,两人一南一北,独立筹备建党事宜。1920 年 3 月,李大钊在北京大学成立马克思主义学说研究会。同月,受共产国际指派,俄共(布)远东局海参崴分局外国处派全权代表维经斯基等 3 人来华,他们先到北京,结识了李大钊。在李大钊的建议下,他们又赴上海,会见《新青年》主编陈独秀等人,向他们介绍十月革命和苏维埃的情况,帮助创立中国共产党。在维经斯基的帮助下,陈独秀和李大钊加快了建党工作的步伐。

1920 年 8 月,中国共产党上海早期组织在上海法租界老渔阳里 2 号《新青年》编辑部正式成立,当时取名为"中国共产党"。这是中国的第一个共产党组织,由陈独秀担任书记,并草拟了以劳农专政和生产合作为革命手段的《党纲》。上海共产党早期组织先后由李汉俊、李达代理书记,成员先后有李汉俊、沈玄庐、陈望道、俞秀松、施存统、李达、杨明斋、周佛海、邵力子、袁振英、沈雁冰、林伯渠、李启汉、李中、沈泽民等人。

中国共产党在北方建立的第一个共产党组织是北京共产党早期组织。1920 年 10 月,经李大钊的筹划,北京共产党早期组织在北京大学图书馆李大钊的办公室正式成立,其名为"共产党小组",最初成员为李大钊、张申府、张国焘。1920 年年底,吸收新成员后的北京共产党早期组织开会决定成立"共产党北京支部",李大钊任书记,张国焘负责组织工作,罗章龙负责宣传工作。到 1921 年 7 月,参加北京共产党早期组织的成员有李大钊、张国焘、邓中夏、罗章龙、刘仁静、高君宇、缪伯英、何孟雄、范鸿劼、张太雷、李梅羹、朱务善、宋介、江浩、吴雨铭、陈德荣等人。

1920 年 8 月,在李汉俊的指导下,刘伯垂、董必武等人在武汉成立了"共产党武汉支部"。1920 年初冬,在李大钊、陈独秀的影响下,毛泽东、何叔衡等人在长沙成立了"长沙共产党"早期组织。1920 年 12 月,陈独秀应陈炯明之邀离开上海前往广州,任广东省教育委员会委员长。到广州后,他立即找到谭平山、陈公博等人,经过努力,于 1921 年春成立了"广州共产党"。同样,在上海、北京党组织特别是在李大钊的影响下,1921 年春,王尽美、邓恩铭在济南成立了共产党早期组织。此外,1920 年秋,在陈独秀的指导下,旅日华人施存统、周佛海等在日本东京建立了共产党早期组织,施存统为负责人。1921年,旅法华人中的先进分子,也建立了中国共产党的早期组织。这样,到1921年上半年,中国共产党早期组织已经有8个。这些组织,虽然都是共产党的早期组织,但是名称并不一致,还不是一个统一的组织。不过,从性质和特征看,它们又都是马克思主义政党的雏形,因此,从中国革命的历史发展进程来看,中国共产党的成立就是一个水到渠成的过程了。

【延伸阅读】

南陈北李,相约建党

中国工人阶级先锋组织的创建有一个艰辛的历程。最早提出"中国共产党"这一名称的是蔡和森,他在1920年8月13日和9月16日给毛泽东写的两封信中提出"我以为先要组织党——共产党,因为他是革命运动的发动者、宣传者、先锋队、作战部"①,并在对西欧各国共产党特别是俄国共产党考察的基础上提出了具体的建党步骤,"明目张胆正式成立一个中国共产党"②。毛泽东在回信中表示:"你这一封信见地极当,我没有一个字不赞成。"③中共早期杰出理论家李汉俊也萌发了在中国建党的思想,对于在我国建立俄国布尔什维克式的革命党一事"我们应该在这一点有切实的打算"④,上海共产党早期组织的发起人之一邵力子在《劳动团体与政党》一文中也呼吁:"劳动团体应当自己起来做个大政党。"⑤可见,在中国先进分子看来,组建一个无产阶级政党已是时代不可逆转的潮流。然而,在所有这些参与建党的中国早期马克思主义者中,陈独秀、李大钊的影响最大,在中国共产党的创建过程中起到了巨擘作用。

1920年2月,陈独秀为躲避反动军阀政府的迫害,从北京秘密转往上海。李大钊决定亲自护送陈独秀到天津。他们扮作商人,坐一辆骡车,先到河北省乐亭县李大钊的家乡大黑坨村。在大黑坨村住几天,然后起程

① 蔡和森文集(上)[M].北京:人民出版社,2013:57.
② 蔡和森文集(上)[M].北京:人民出版社,2013:75.
③ 中共中央文献研究室.毛泽东书信选集[M].北京:中央文献出版社,2003:11.
④ 李汉俊.《世界思潮之方向》译文后记[N].民国日报,1919-09-07.
⑤ 邵维正.日出东方——中国共产党创建纪实[M].北京:人民出版社,2011:172.

去天津。一路上他们两人商讨了在中国建立共产党组织的事宜,并相约在北京和上海分别负责党的筹建工作,史称"南陈北李,相约建党"。敢为天下先的担当精神在陈独秀和李大钊这两位中国共产党主要创始人身上得到了充分彰显。"北大红楼两巨人,纷传北李与南陈,孤松独秀如椽笔,日月双悬照古今。北李南陈,两大星辰;茫茫黑夜,吾辈仰辰。"①这是北大青年学生中曾经流传的一首诗。在诗中陈独秀和李大钊一起被比拟为"悬照古今"、受人仰承的"日月星辰",不愧为以首创精神勇立时代潮头的早期共产党人的光辉典范。

二、中共一大上海会议的召开

1921 年 6 月初,共产国际代表马林和共产国际远东书记处代表尼克尔斯基先后到达上海,并与上海的共产党早期组织成员李达、李汉俊建立了联系。经过几次交谈,他们一致认为应尽快召开全国代表大会,正式成立中国共产党。李达、李汉俊同当时在广州的陈独秀、在北京的李大钊通过书信商议,决定在上海召开中国共产党第一次全国代表大会。随即,他们写信通知北京、武汉、长沙、济南、广州和旅日的党组织,各派两名代表到上海出席会议。当时参加会议筹备的人员中,除了上海的党员以外,还有一个人,她就是李达的夫人——王会悟,嘉兴桐乡人。李达让王会悟帮忙安排会场和代表们的食宿。

1921 年 7 月中下旬,来自各地的代表陆续汇聚上海。他们是:上海的李达、李汉俊,武汉的董必武、陈潭秋,长沙的毛泽东、何叔衡,济南的王尽美、邓恩铭,北京的张国焘、刘仁静,广州的陈公博,旅日的周佛海以及由陈独秀指定的代表包惠僧,共 13 人,他们代表全国 58 名党员②。共产国际代表马林和尼克尔斯基出席了大会。当时,陈独秀任广东政府教育委员会委员长,正在筹款办学。李大钊除任北京大学图书馆主任、教授以外,还兼任

---

① 邵维正.日出东方——中国共产党创建纪实[M].北京:人民出版社,2011:186.

② 关于中国共产党早期组织成员,有 53 人说、56 人说、57 人说、58 人说等多种说法,本书采 58 人说,参见中共嘉兴市委宣传部、嘉兴市社会科学界联合会、嘉兴学院红船精神研究中心编:《中国共产党早期组织及其成员研究》,中共党史出版社 2013 年版。

北京国立大专院校教职员代表联席会议主席。两人均因事务繁忙,未出席会议。开会的地点,王会悟找了好几个地方,都不太理想。后来她想到了在李汉俊家里开会。李汉俊的住宅,确切地说,是他的哥哥李书城的家。李书城是国民党的元老,是中华人民共和国成立后的第一任农业部部长。恰好当时李书城不在家,于是王会悟提议在李书城家里开会。

1921年7月23日晚上,中国共产党第一次全国代表大会在上海法租界望志路106号(现兴业路76号)李汉俊之兄李书城的住宅内召开。会议原预定由陈独秀主持,由于他未出席会议,遂临时推选北京代表并参与中共一大筹备工作的张国焘主持。毛泽东、周佛海担任会议记录。7月23日,第一次会议,首先由张国焘向大会报告了会议的筹备经过,说明了召开这次代表大会的重要意义,提出大会的主要议题,还宣读了陈独秀委托陈公博带来的信。接着共产国际代表马林致辞,对中国共产党成立表示祝贺。他介绍了共产国际的概况,并建议把会议的进程及时报告给共产国际远东书记处。随后,代表们具体商讨了大会的任务和议程。

7月24日,第二次会议,各地代表向大会报告本地区党、团组织的情况。7月25日和26日,休会两天,由张国焘、李达、董必武起草供会议讨论的党纲和今后实际工作计划。7月27日、28日和29日,连续三天举行三次会议,对党的纲领和决议作了较为详尽的讨论。

7月30日晚,举行了第六次会议,原定议题是由共产国际代表对讨论的各项问题发表意见,然后讨论并通过党的纲领和决议。会议开始不久,一个穿灰布长衫的中年男子突然闯入会场,朝室内东张西望,代表们问他干什么,他含糊其辞地回答:"找各界联合会王会长。"又说,"对不起,我找错地方了。"然后转身就走了。作为职业革命家,马林是一位极富斗争经验的共产国际战士,他1921年4月在奥地利维也纳领取前往中国签证时就曾被捕,获释后被西方列强的警方列为注视目标。6月3日,马林到上海后,在荷兰总领事馆登记过,因此,密探们很快就掌握了他的行踪。正是这些原因,马林比其他参会人员更加警惕。马林问代表们是否认识此人?各地代表都说不认识。富有秘密工作经验的马林从座位上一跃而起,说:"我建议会议立即停止,所有人分途离开。"①说完,代表们匆匆收拾起桌上的文件,从前门离开了会场。屋子里只留下了李汉俊和陈公博两人留守。

代表离开不到15分钟,法租界巡捕房就开来两辆警车,派来1个法国总巡、2个法国侦探、2个中国侦探、1个法国兵、3个翻译,共9人,迅速包围了李公馆,翻箱倒柜,严密搜查了一个多小时,仔细盘问了李汉俊和陈公博,最后因为没有搜查到有价值的东西,只好怏怏而去。就这样,这天的会议由于受到法租界巡捕的侵扰而被迫中断。当晚,李达、张国焘、董必武、周佛海等代表聚在李达家,"决定第二天停会,并通知各代表等找到妥当开会地点后再行复会"②。第二天,法租界当局发布了一个《取缔集会条例》。条例规定,自8月1日起,凡集会须于48小时前取得法租界警察局局长许可,秘密集会或不申明集会目的者,一旦探知,即加以处罚。显然,代表们的活动已经受到监视,会议无法继续在上海举行。

为了使代表大会继续召开,部分代表聚集在陈独秀的寓所(李达夫妇住处)一起商量。当时考虑续会的地点:一是必须保证安全,不能到一个人生地不熟的地方去;二是交通要方便,从上海出发可以用一天时间来回。李达提出换一个地方开会,最好是离开上海,躲开法国巡捕。代表们都赞同李达的意见,在场的李达夫人王会悟提议,会议可以转移到嘉兴的南湖继续召开。她说:"我想到我家乡嘉兴的南湖,游人少,好隐蔽,就建议到南湖去包一个画舫,在湖中开会。"③王会悟是浙江桐乡人,早年她在嘉兴读过书,熟悉嘉兴的情况,也有一定的人际关系,即便出了问题,也能找人帮助解决。最后,李达与代表们商量,大家都同意了这个意见,中共一大转移会址就这样定了下来。而王会悟就作为具体安排事务的工作人员,成为南湖游船上中共一大会议召开时唯一一位非代表成员。

---

① 中国社会科学院现代史研究所."一大"前后——中国共产党第一次代表大会前后资料选编(二)[M].北京:人民出版社,1980:179.

② 中国社会科学院现代史研究所."一大"前后——中国共产党第一次代表大会前后资料选编(二)[M].北京:人民出版社,1980:180.

③ 中共浙江省委党史资料征集研究委员会等.中共"一大"南湖会议[M].杭州:浙江大学出版社,1989:183.

三、一条小船诞生了一个大党

嘉兴是中国历史文化名城。早在七千年前,先民就在这片土地上渔猎耕作,繁衍生息,孕育了马家浜文化,成为中国江南文化的发源地。市境于秦代实行郡县制时建由拳、海盐两县,三国吴时由拳始名嘉兴。唐、五代境内大规模开发水土,农业在全国居于举足轻重的地位,留下"嘉禾一穰,江淮为之康;嘉禾一歉,江淮为之俭"的美誉。南宋时为京师外围,繁荣兴盛。元明清时一直是浙北重镇,为"国家财赋之区",以粮食丝绸集中产地蜚声中外。嘉兴地处沿海和运河沿岸,区位优越,商路畅通,因而在明代特别是明中期以后,嘉兴商品经济有了很大发展,桑、棉、麻、烟草等作物广泛种植,以棉纺织和丝织为重点的农家副业和手工业空前发达,商业随之兴盛,带动了许多市镇的兴起,嘉兴也赢得了"鱼米之乡,丝绸之府"的美誉。

嘉兴也是近代浙江辛亥革命的一片热土。清末民初,民族危机日益加深,嘉兴涌现了一大批反清、反封建专制的斗士,他们宣传革命思想,建立革命团体,使嘉兴成为浙江辛亥革命的前沿阵地。譬如,敖嘉熊、龚宝铨、王维忱、褚辅成、沈钧儒等人立志革命,他们有的留在嘉兴本地,有的辗转于日本、南洋和国内各地,大力宣传,开启民智,建立机关,壮大武装,为推翻清朝封建统治、实行民主政治而赴汤蹈火、鞠躬尽瘁,建立了不朽功勋。

上海共产党早期组织 16 名成员中有 7 名浙江籍人士,他们是俞秀松、陈望道、沈雁冰、邵力子、施存统、沈泽民和沈玄庐,其中沈雁冰和沈泽民兄弟俩是嘉兴桐乡人。1919 年,王会悟正是通过沈雁冰介绍才来到上海,走上寻求妇女独立解放的道路。次年,王会悟成为上海社会主义青年团首批团员。正是由于王会悟的积极建议和具体安排,最终促成中共一大会议从上海转移到嘉兴南湖继续召开。

嘉兴与上海地域相邻,处于沪杭铁路中心位置,距离上海不过百余千米,乘沪杭铁路火车不超过 3 小时,当天就可以来回,中共一大会议在嘉兴南湖继续召开,有明显的地理交通优势。南湖风景秀丽,说大不大、说小又不小,热闹中有幽静,在南湖租一条游船,以游湖为掩护在船上开会还是比较隐蔽、安全的,可以避免"人多眼杂"。当时嘉兴只是个县城,不会引起上层官僚和密探的注意,再则,整个会议都由王会悟安排,安全性还是有保障的。

王会悟受命与部分代表提早一天到嘉兴,在城里张家弄鸳湖旅馆包租了两间客房,作为落脚地,又托旅馆账房代雇了一艘中型画舫式游船。其余代表们第二天乘从上海到嘉兴的早班火车,大约在上午 10 点半到达嘉兴,此时,王会悟早已在车站迎候。在王会悟的带领下,代表们先到南湖渡口——狮子汇,乘摆渡船到湖心岛,登上南湖名胜烟雨楼,似在观赏风光实则观察周围环境,然后才登上了事先租定的游船。按照事先确定的"以一日之长开完大会"要求,会议从上午 11 点左右开始,约开了 1 小时,与会代表在船上吃了中饭后,继续开会,大概到下午 6 点结束会议。

中共一大南湖会议通过了《中国共产党第一个纲领》,确定党的名称为"中国共产党"。会议还通过了《关于当前实际工作的决议》,主要内容是集中力量领导工人运动和开展宣传工作。会议最后选举产生了党的中央领导机构。大会选举陈独秀、张国焘、李达组成中央局,由陈独秀担任书记,张国焘负责组织工作,李达负责宣传工作。大会在"共产党万岁、第三国际万岁、共产主义——人类的解放者万岁!"等口号中胜利闭幕。

中共一大南湖会议虽然只有一天,但完成了建党十分重要的议程,标志着在古老落后的中国出现了完全新式的,以马克思主义为行动指南的,以实现社会主义和共产主义为奋斗目标的统一的无产阶级政党。自从有了中国共产党,灾难深重的中国人民有了可以信赖的组织者和领导者,中国革命有了坚强的领导力量。"红船,见证了中国历史上开天辟地的大事变,成为中国革命源头的象征。"[①]中国共产党的诞生,标志着红船精神的形成。红船精神体现了中国共产党对中国近代以来历史规律的自觉认识,对中国近代以来历史任务的自觉把握,对中国近代以来实现最广大人民根本利益的自觉担当。一条小船诞生了一个大党,精神的力量非常重要。一个政党如果没有科学理论的指导,没有伟大精神的激励,不可能成为具有强大生命力、凝聚力和战斗力的马克思主义政党。

如今,南湖红船早已成为广大干部群众心中向往的圣地,人们特别是共产党人络绎不绝地来到这里瞻仰,使自己的思想得到升华。正如习近平同

---

① 习近平.弘扬"红船精神" 走在时代前列[N].光明日报,2005-06-21(A3).

志所指出："红船劈波行,精神聚人心。红船所代表和昭示的是时代高度,是发展方向,是奋进明灯,是铸就在中华儿女心中的永不褪色的精神丰碑。"[①]小小红船承载千钧,播下了中国革命的火种,开启了中国共产党的跨世纪航程。毛泽东同志指出："自从有了中国共产党,中国革命的面目就焕然一新了。"[②]从此,中国人民谋求民族独立、人民解放和国家富强、人民幸福的斗争就有了主心骨,中国人民就从精神上由被动转为了主动。

中国共产党的创建是一件开天辟地的大事变

---

① 习近平.弘扬"红船精神"　走在时代前列[N].光明日报,2005-06-21(A3).
② 毛泽东选集(第四卷)[M].北京:人民出版社,1991:1357.

第二章　开天辟地、敢为人先的首创精神

开天辟地、敢为人先的首创精神是红船精神的核心,是革命事业发展的动力。首创精神是一种勇于革命的精神、敢于担当的精神、不断创新的精神。在中国共产党缔造者的建党活动和革命实践中,从播撒中国革命的思想火种到奠基中国工人阶级的先锋组织,从制定反帝反封建的民主革命纲领,再到开创中国革命的新局面……中国共产党人在中国近现代史上创造了无数个"第一",无不彰显了开天辟地、敢为人先的首创精神。自中国共产党诞生起,首创精神就是其事业进步和发展的不竭动力,首创精神贯穿于中国革命和建设实践的整个过程,引领中国共产党带领中国人民走向一个又一个胜利。

第一节　开创中国革命的崭新局面

开天辟地、敢为人先的首创精神是一种勇于革命的精神。中国共产党的成立,是近代中国革命历史上划时代的里程碑。中国共产党从一开始就确定实现共产主义为最终奋斗目标,之后又向中国人民提出了反帝反封建的民主革命纲领。从此,中国革命有了正确的前进方向,中国人民有了坚强的领导核心力量,中国命运有了光明发展的前景。

一、敢于革命的优秀品质

中国历史上虽然历经朝代更替,皇帝轮换,但大一统的封建帝制的政治制度、自给自足的小农经济,以儒家思想为核心的中国封建社会文化作为统

一的意识形态,没有太大的变化。近代以来,中国仁人志士从睁眼看世界产生变局思想,从师夷长技以制夷到中体西用,从救亡图存到民族复兴苦苦探索。其间,经历了传统的农民起义、封建统治阶级的变法自强运动、资产阶级的改良与革命,都没能实现救亡的目标。五四运动后,马克思主义有了广泛的传播,成为中国共产党成立的思想基础。

近代中国的国情决定了中国只有走革命的道路才能挽救处于危机当中的中国,而革命需要面对的是帝国主义、封建主义和官僚资本主义。如果不能够从根本上推翻三座大山,变革旧社会的制度,中华民族的富强、独立,便无从谈起,所以从一开始,中国共产党便将革命作为拯救中国的根本途径,可以说,敢于革命的精神是中国共产党与生俱来的优秀品质。中国共产党的成立,是近代中国社会进步和革命发展的客观要求,犹如一轮红日在东方冉冉升起,照亮了中国革命的前程。

【延伸阅读1】

"中国产生了共产党,这是开天辟地的大事变"

在南湖会议上通过的中国共产党的第一个纲领和第一个决议中,无不彰显着中国共产党人改天换地的彻底革命精神。《纲领》和《决议》的通过,表明在指导思想上,开创了以马克思主义为指导的历史先河;在奋斗目标上,首次明确提出为社会主义、共产主义而奋斗;在代表阶级上,明确宣布是代表劳动阶级利益的政党;在建党方式上,开创了中国政党的"民主建党"先例;在革命方式上,以革命武装推翻资产阶级的统治;在领导力量上,形成了领导中国革命胜利的核心力量。[①] 就中国革命而言,之前的任何一个阶级和政党都未能将中国革命引向这样一种高度。这意味着中国革命从此进入了一个崭新的阶段,中国社会将发生翻天覆地的变化。因此,党的一大通过的纲领和决议可谓是中国共产党开天辟地、敢为人先的首创精神形成的一个重要标志。

步入嘉兴南湖革命纪念馆,首先映入眼帘的是几个大字:"开天辟地大

---

① 郭亚丁.首创精神的历史依据、形成条件和时代意义[C]//中国共产党的创建暨红船精神学术研讨会论文集.北京:中共党史出版社,2013:21-24.

事变"。这是整个展览的主题,也是对中国共产党成立的历史地位和历史意义本质的概括。

"开天辟地的大事变",这句话出自毛泽东撰写的《唯心历史观的破产》一文。在中国革命已经取得基本胜利的时刻,美国国务院在 1949 年 8 月 5 日发表了题为《美国与中国的关系》的白皮书,为惨遭失败的扶蒋反共政策进行辩护。在白皮书编好之后,主持编写的国务卿艾奇逊给总统杜鲁门写了一封信,报告白皮书的编写情况。白皮书和艾奇逊的信发表之后,毛泽东为新华社写了五篇评论,《唯心历史观的破产》是其中的最后一篇。在这篇文章中,毛泽东用事实驳斥了艾奇逊所谓的"西方的影响"引发了中国革命的谬论,指出:"不是什么西方思想的输入引起了'骚动和不安',而是帝国主义的侵略引起了反抗。"①接着,他指出:"在这个反抗运动中,在一个很长的时期内,即从一八四〇年的鸦片战争到一九一九年的五四运动的前夜,共计七十多年中,中国人没有什么思想武器可以抗御帝国主义。旧的顽固的封建主义的思想武器打了败仗了,抵不住,宣告破产了。不得已,中国人被迫从帝国主义的老家即西方资产阶级革命时代的武器库中学来了进化论、天赋人权论和资产阶级共和国等项思想武器和政治方案,组织过政党,举行过革命,以为可以外御列强,内建民国。但是这些东西也和封建主义的思想武器一样,软弱得很,又是抵不住,败下阵来,宣告破产了。一九一七年的俄国革命唤醒了中国人,中国人学得了一样新的东西,这就是马克思列宁主义。中国产生了共产党,这是开天辟地的大事变。"②

中国共产党的产生是"开天辟地的大事变",是符合历史潮流发展的新事物。中国共产党从诞生之日起,就有着中国以往任何政党不曾有过的鲜明特点:英勇无畏的中国共产党人以改天换地的豪迈气概,决心要在中国这块古老的土地上创立一个崭新的、合理的社会。从此在中国出现了完全新式的、以实现共产主义为目的、以马克思主义为行动指南的、统一的无产阶级政党,并将以无产阶级军队和社会革命的手段,以工人阶级为革命的主要力量,彻底消灭阶级、消灭私有制,并将这个革命与世界革命相联系,这是中

---

① 毛泽东选集(第四卷)[M].北京:人民出版社,1991:1513.
② 毛泽东选集(第四卷)[M].北京:人民出版社,1991:1513-1514.

国革命历史上从未有过的。

科学理论对实践的指导作用在于其可以使人们科学地揭示问题的本质，发现事物发展的规律，进而找到解决实际问题的办法。毛泽东指出："马克思列宁主义来到中国之所以发生这样大的作用，是因为中国的社会条件有了这种需要，是因为同中国人民革命的实践发生了联系，是因为被中国人民所掌握了。"①在浩瀚的历史长河中，曾发生过许许多多的重大事件。但是，在中国工人运动与马克思主义相结合的基础上成立中国共产党，这是开天辟地的大事变。由于掌握了马克思主义这个锐利的思想武器，中国共产党就能为中国革命指明斗争的目标和走向胜利的道路，就能给灾难深重的中国人民带来光明和希望。这也是为什么毛泽东将中国共产党的成立称之为"开天辟地的大事变"的原因。

资料来源：李腊生，刘明钢.毛泽东论述中国共产党的成立[N].光明日报，2011-11-16(11).

中共一大会议通过的纲领和决议充分体现了红船精神

二、中国革命面目焕然一新

中国共产党从一开始就拥有马克思主义这个先进的思想武器，因而能够为中国革命指明前进的方向，正如毛泽东指出的："自从有了中国共产党，中国革命的面目就焕然一新了。"②

第一，中国革命有了坚强的领导核心。自从有了中国共产党，中国革命有了坚强的领导核心，灾难深重的中国人民有了可以依赖的组织者和领导者，中国革命从此不断向前发展，由民主革命向社会主义革命推进。中国共产党的成立开天辟地，反帝反封建的号角震撼长空。中国共产党领导的工人运动和农民运动席卷全国，从 1924—1927 年，领导和发动了轰轰烈烈的

---

① 毛泽东选集（第四卷）[M].北京：人民出版社，1991：1515.
② 毛泽东选集（第四卷）[M].北京：人民出版社，1991：1357.

反对帝国主义、反对封建军阀的国民革命,更是规模宏大,影响深远,在中国近代革命历史上前所未有。在国民革命中,中国共产党进一步以开天辟地、敢为人先的首创精神,倡导和组织了国民革命统一战线,积极推动了全国革命形势的发展,开创了中国革命新局面。如中国共产党倡导和组织建立革命统一战线,实现了马克思主义统一战线基本原理与中国革命具体实践的第一次结合,使中国革命迅速展现了前所未有的蓬勃生机;中共四大第一次明确提出无产阶级在民主革命中的领导权和工农联盟问题,推动了工农运动的开展和革命高潮的到来,推动建立第一座新式军校——黄埔军校,掌握第一支正规部队——叶挺独立团,推进北伐战争不断取得胜利。

第二,中国革命有了科学的指导思想。中国共产党的成立,使中国革命有了科学的指导思想。中国共产党以马克思主义为指导思想,把马克思主义和中国革命的具体实践相结合,制定了正确的革命纲领和斗争策略,为中国人民指明了斗争的目标和走向胜利的道路。中国共产党成立之后,把产生于发达国家的先进的科学理论——马克思主义拿过来指导落后国家的革命,并结合中国革命、建设与改革的实际不断推进马克思主义的中国化,按照中国国情开创了新民主主义革命道路和中国特色社会主义道路,带领中华民族走向现代化,这一创举更为深刻地弘扬了开天辟地、敢为人先的首创精神。

第三,中国革命有了新的革命方式。中国共产党的成立,使中国革命有了新的革命方式。中国共产党建立了中国革命和世界无产阶级革命之间的联系,为中国革命获得广泛的国际援助和避免走资本主义道路提供了客观可能性。中国共产党从一开始就采取了全新的革命方法——群众路线方法,这是近代其他阶级没有采取,也不可能采取的革命方法。中国共产党创建之初,就明确认识到依靠广大人民群众的重要性。中共二大提出:"我们既然是为无产群众奋斗的政党,我们便要'到群众中去',要组成一个大的'群众党'。"①自成立之日起,"中国共产党就以实现中国人民当家作主和中华民族伟大复兴为己任,为'索我理想之中华'矢志不渝,'唤起工农千百

---

① 中共中央文献研究室,中央档案馆.建党以来重要文献选编(一九二一——一九四九)(第一册)[M].北京:中央文献出版社,2011:162.

万'，进行艰苦卓绝的革命斗争，终于彻底推翻了帝国主义、封建主义、官僚资本主义三座大山，建立了人民当家作主的新中国，亿万中国人民从此成为国家和社会的主人。"①在确定群众路线的革命方法之后，中国共产党迅速将该方法运用于革命实践当中。首创精神在中国共产党领导的早期工农运动中得到了充分展现。中国共产党创建之初，在领导和发动工人运动的同时，也开始探索农民运动新道路，如领导第一次有组织、有纲领的农民运动——浙江萧山衙前农民运动，揭开了中国共产党领导现代农民运动的序幕；发动海陆丰农民运动，建立并巩固了全国第一个苏维埃政权；创办第一个农民运动讲习所——广州农民运动讲习所；推动了新式农民运动的蓬勃发展，为中国共产党后来"农村包围城市，武装夺取政权"道路的开辟和土地革命的开展积累了经验。因此，走向社会底层，坚决发动并依靠占中国人口绝大多数的劳动民众，把党建设成为一个由有着共同理想和严格纪律的先进分子组成的坚强有力的革命政党，成为领导革命事业的核心力量，成为将革命事业不断推进的力量源泉。

第四，中国革命有了新的奋斗目标。中国共产党的成立，使中国革命有了新的奋斗目标，即实现新民主主义革命的胜利，建设社会主义和共产主义社会。从1921—1949年，中国共产党创立了新民主主义革命理论，开创了"农村包围城市，武装夺取政权"的革命新道路。新民主主义革命理论科学地回答了中国革命的性质问题，以独创性的内容和鲜明的中国特色，发展了马克思主义。新民主主义革命理论突破了世界近代史上的革命"要么是资产阶级民主革命，要么是社会主义革命"两种模式，创造了第三种革命类型，开辟了在半殖民地半封建社会的落后国家，无产阶级领导资产阶级民主革命、实现民族独立和人民解放的新路径。新民主主义社会理论关于中国革命分两步走：以新民主主义社会和国家为过渡向社会主义转变的构想，解决了经济落后国家在夺取政权后，如何建设新国家创造了条件；以最小的代价和平地实现由新民主主义向社会主义转变的难题，发展了马克思主义的不断革命论和革命转变论。这就从根本上解决了在半殖民地半封建社会里如

---

① 习近平.在庆祝全国人民代表大会成立60周年大会上的讲话[M].北京：人民出版社，2014：3.

何进行共产主义运动,如何在中国实现社会主义的道路问题,为从半殖民地半封建社会到社会主义社会架起一座桥梁,打开一个通道。中国共产党依靠人民的力量完成了新民主主义革命,推翻了帝国主义、封建主义、官僚资本主义三座大山,赶走了入侵的列强,雪洗了中国一百多年来的屈辱。自此,中国实现了民族的独立,人民的解放,中国人民站起来了。

【延伸阅读2】

中共二大吹响反帝反封建的革命号角

中国共产党成立之后,领导人民积极投身于反帝反封建的新民主主义革命时代洪流,开始了为实现民族解放和国家独立的斗争历程。然而,在一个半殖民地半封建的东方大国进行革命,面对的特殊国情是农民占人口的绝大多数,落后分散的小农经济、小生产及其社会影响根深蒂固,又遭受着西方列强的侵略和压迫,经济文化十分落后,选择一条什么样的道路才能把中国革命引向胜利成为首要问题,这是马克思主义发展史上前所未有的难题。

在党的第一次全国代表大会上,制定出的中国共产党的第一个纲领,规定了党要实现社会主义、共产主义的远大目标。这个纲领作为党的最高纲领无疑是十分正确的,但是并没有解决如何认识现阶段中国社会和革命的性质及确定现阶段的革命任务等问题。中国共产党成立后通过一年革命斗争的实践,深化了对中国社会和革命性质的认识,终于在党的第二次全国代表大会上制定了民主革命纲领,在中国近代历史上第一次明确提出了彻底地反帝反封建的民主革命任务,这是马克思列宁主义的基本原理同中国革命具体实际相结合的第一个成果,如同一面光辉的旗帜,为中国各族人民的革命斗争指明了方向。

1922年1月,远东各国共产党及民族革命团体第一次代表大会经共产国际发起在莫斯科召开,会议是在列宁亲自指导下进行的。大会根据列宁的民族和殖民地革命理论,认为反帝反封建的民族民主革命是中国人民现阶段最核心的革命任务,"我们要对美英日法和其他的世界强盗们宣布一个'死生以之'的战争,我们要对剥削中国的中国军阀宣战,我们要对日本武人和官僚宣战,我们要向诡诈式的美帝国主义和贪婪的英国投机家宣战;我们不得胜利,誓不休止"①。这次代表大会是远东各国民族解放运动史上一次重要会议,它对远东各国人民进行反帝反封建的革命斗争起了积极的推动作用,也在很大程度上影响了中国共产党制定民主革命纲领以及形成后来的国民革命的统一战线政策。

中国共产党派出了44人的代表团出席了本次会议,并把会议的精神带回了国内。1922年1月15日,北京社会主义青年团主办的刊物《先驱》就开始刊载列宁关于东方战略的相关理论文章,表明《先驱》的编辑们已开始思考马克思主义要与中国国情相结合这一问题。1922年6月15日发表的《中国共产党第一次对于时局的主张》指出了"民主派屡次与封建的旧势力妥协"是辛亥革命失败的主要原因,"民主派失败,便是人民不能脱离国际帝国主义及本国军阀压迫的痛苦"②,认为封建军阀与其靠山帝国主义相互勾结,这是中国革命的最大敌人,必须要对外"改正协定关税制,取消列强在华各种治外特权,清偿铁路借款,完全收回管理权",对内"肃清军阀,没收军阀官僚的财产,将他们的田地分给贫苦农民",表明了现阶段中国共产党进行革命的方式是"建立一个民主主义的联合阵线,向封建式的军阀继续战争。因为这种联合战争,是解放我们中国人受到列强和军阀两重压迫的战争"③。

1922年7月16日至23日,中国共产党第二次全国代表大会在上海召开,共有12名代表参加,代表着全党195名党员。大会听取了陈独秀的工作报告和张国焘传达远东民族会议精神及共产国际的指示,进一步明确了中国革命的对象是帝国主义和封建主义。大会通过了中国共产党的第一部正式章程《中国共产党章程》,并着重讨论了关于民主革命纲领问题,对当时中国的社会性质作出了正确分析,阐明了中国革命的性质、对象、动力和前途,指出了当前的中国革命性质是民主主义革命,革命的动力是无产阶级、

---

① 中共中央党史研究室第一研究部.共产国际、联共(布)与中国革命文献资料选辑(1917—1925)[M].北京:北京图书馆出版社,1997:288.

② 中共中央文献研究室,中央档案馆.建党以来重要文献选编(一九二一——九四九)(第一册)[M].北京:中央文献出版社,2011:89.

③ 中共中央文献研究室,中央档案馆.建党以来重要文献选编(一九二一——九四九)(第一册)[M].北京:中央文献出版社,2011:97-98.

农民和其他小资产阶级,民族资产阶级也是革命的力量之一;革命的对象是帝国主义和封建军阀,革命的前途是向社会主义革命转变。在此基础上,这次大会最伟大的历史功绩是制定了党的民主革命纲领,制定了党的最低纲领和最高纲领。最低纲领,即中国现阶段的革命任务是:"(一)消除内乱,打倒军阀,建设国内和平;(二)推翻国际帝国主义的压迫,达到中华民族完全独立;(三)统一中国本部(东三省在内)为真正民主共和国。"最高纲领,即"组织无产阶级,用阶级斗争的手段,建立劳农专政的政治,铲除私有财产制度,渐次达到一个共产主义的社会"①。

中共二大通过了《中国共产党章程》,标志着党的创立工作圆满完成,以首创精神明确地提出反帝反封建的民主革命纲领,这在中国革命史上是破天荒的举动,同时也表明了中国共产党在把马克思主义同中国革命实际相结合的道路上迈出了可贵的第一步,为领导新民主主义革命指明了前进的方向,对中国革命具有重大而深远的意义。早在19世纪就开始进行的中国民主主义革命,从鸦片战争开始到五四运动,经历了无数次斗争。但由于历史条件的限制,还没有哪一个阶级或政党,能够正面提出这一政治主张,从而找到解决中国社会主要矛盾的钥匙。而年轻的中国共产党成立刚刚一年,就解决了这个基本问题,为中国革命指明了方向,充分说明了只有用马克思列宁主义理论武装的中国共产党,才能领导中国革命走向胜利。

三、要永葆革命精神和斗志

中国共产党成立之后,领导人民积极投身于反帝反封建的新民主主义革命时代洪流,为实现民族独立、人民解放和国家富强,开始了不屈不挠、艰苦卓绝的斗争历程,使中国革命不断从胜利走向新的胜利。

在领导中国革命和建设的实践过程中,以毛泽东为主要代表的中国共产党人,在长期艰苦卓绝的革命斗争中,在把马克思主义中国化的历史进程中,在与教条主义的斗争中,确立了实事求是的思想路线,坚持理论创新,创立了毛泽东思想,取得了马克思主义中国化的第一个重大理论成果,创造性

---

① 中共中央文献研究室、中央档案馆.建党以来重要文献选编(一九二一——一九四九)(第一册)[M].北京:中央文献出版社,2011:133.

地解决了马克思主义基本原理同中国实际相结合的一系列重大问题,深刻分析了中国社会形态和阶级状况,经过不懈探索,弄清了中国革命的性质、对象、任务、动力,提出通过新民主主义革命走向社会主义的两步走战略,制定了新民主主义革命总路线,开辟了"农村包围城市,武装夺取政权"的革命道路。中国共产党领导人民在革命年代形成了一系列革命精神:红船精神、井冈山精神、苏区精神、长征精神、延安精神、西柏坡精神。我们党之所以能够取得最终革命的胜利,与革命精神的指引是分不开的。

马克思主义学说是关于无产阶级革命的学说,其核心思想是无产阶级运用暴力手段夺取革命政权。虽然马克思主义主张的暴力革命手段在当下已经偃旗息鼓,但是马克思主义系统的革命观所展现的革命精神却永远不会过时。中国共产党领导人民在社会主义建设以及改革开放新时期过程中,延续并赋予革命精神新的含义,又形成了抗美援朝精神、北大荒精神、大庆精神、"两弹一星"精神、雷锋精神、抗洪精神、抗击"非典"精神、载人航天精神、抗疫精神,等等。时代变迁,精神永恒。虽然国内外环境发生了天翻地覆的变化,但这些革命精神却仍然具有无可替代的作用,鼓舞和激励着中国人民,为实现中华民族伟大复兴的中国梦前赴后继、英勇奋斗。

2018年1月5日,习近平总书记在学习贯彻党的十九大精神研讨班开班式上发表重要讲话,他强调中国共产党是革命者,应该始终牢记革命精神。为了实现国家的长治久安,全党同志都应该时刻保持革命精神,不能因为胜利而骄傲。2019年6月24日,中共中央政治局就"牢记初心使命,推进自我革命"举行第十五次集体学习,习近平总书记在主持学习时强调,全党必须始终不忘初心、牢记使命,在新时代把党的自我革命推向深入。习近平总书记深入阐释了"自我革命"这个重要课题,指出"以党的自我革命来推动党领导人民进行的伟大社会革命……这既是我们党领导人民进行伟大社会革命的客观要求,也是我们党作为马克思主义政党建设和发展的内在需要"①。

---

① 中共中央党史和文献研究院,中央"不忘初心、牢记使命"主题教育领导小组办公室.习近平关于"不忘初心、牢记使命"论述摘编[M].北京:中央文献出版社,党建读物出版社,2019:170-171.

由此可见,在治党管党方面,习近平总书记强调自我革命精神,要求中国共产党党员始终走在时代前列,始终和人民群众在一起,始终牢记使命,承担时代发展的责任,经得起各种风浪考验。

总之,对于中国共产党来说,只有始终保持革命精神,才能保持先进性。中国共产党作为无产阶级政党,不管是在革命年代,还是在社会主义建设、改革开放过程中,都要坚持这种革命精神。

第二节　肩负起国家和民族的希望

敢于担当是中国共产党人的鲜明品格,也是中国共产党先进性的重要体现。中国共产党从成立伊始,就以大无畏的担当精神,勇敢担负起国家、民族、人民的前途命运,义无反顾地担当起推翻帝国主义和封建主义的统治,实现民族独立和人民解放,彻底改变国家贫穷落后面貌的伟大历史使命。

一、早期共产党人的担当

俄国十月革命的成功,强烈地冲击了中国知识分子的思想,使得马克思主义开始在中国广泛传播,从而出现了一批具有初步共产主义思想的知识分子,他们以开天辟地、敢为人先的首创精神播撒了马克思主义在中国的火种,改变了中国的历史进程。

李大钊是中国最早的马克思主义者。1918 年,李大钊发表《法俄革命之比较观》,赞誉俄国革命为世界新文明的曙光和世界新潮流,并预言俄国革命是 20 世纪文明发生巨变的契机。同年 10 月 15 日,李大钊在《新青年》5 卷 5 号发表《庶民的胜利》和《Bolshevism 的胜利》两篇文章,指出 20 世纪革命的先声是俄国十月革命。《庶民的胜利》运用阶级分析学说分析了第一次世界大战实质是"资本主义政府的战争",正好为无产阶级革命提供了机遇,指出"须知这种潮流,是只能迎,不可拒的。我们应该准备怎么能适应这个潮流,不可抵抗这个潮流"①。《Bolshevism 的胜利》一文则热烈欢呼十月革命的胜利是民主主义的胜利,是世界劳工阶级的胜利,"俄罗斯的革命,不独是俄罗斯人心变动的显兆,实是二十世纪全世界人类普遍心理变动的显兆,不过是使天下惊秋的一片桐叶罢了"②,宣告布尔什维主义在全世界一定能取得胜利,指出:"试看将来的环球,必是赤旗的世界!"③1919年,李大钊在《新青年》上刊登《我的马克思主义观》,论述了对于马克思主义的见解,比较全面地介绍了马克思主义,初步阐述了唯物史观、政治经济学和科学社会主义,并认为马克思主义的三大组成部分"都有不可分的关系,而阶级竞争说恰如一条金线,把这三大原理从根本上联络起来"④,极大地促进了马克思主义在中国的传播,标志着马克思主义在中国传播开始进入了比较系统的阶段。李大钊对马克思主义的大力宣传,产生了广泛的社会影响。

　　怀着救国救民的强烈愿望,瞿秋白踏上了前往苏俄的道路。1920 年,瞿秋白以记者身份赴苏俄采访,在两年多时间内,他发表了 50 篇共 20 余万字的通讯报道和专论,撰写了《赤都心史》《新俄国游记——从中国到俄国的记程》等专著,系统地向中国人民介绍了苏俄的情况,较为真实和全面地反映了第一个社会主义国家在当时的状况,揭露了帝国主义攻击苏俄的阴谋。在苏俄社会政治、经济和文化迅速转型的历史时期,瞿秋白与列宁交谈,深入苏俄学校、党政机关、工厂和农村地区,考察社会生活,走访普通工人农民、红军士兵和其他经历过社会动荡的苏俄人民,还加入了莫斯科东方大学担任教学和翻译工作,真正体验在马克思主义理论指导下建立的世界第一个社会主义国家的真实状态,并将这些信息传递给在建党初期关心苏俄建设的中国共产党人以及国内进步知识分子。由于见证了苏俄的革命和建设成就,加上阅读了大量马克思主义书籍,瞿秋白从思想上完成了向马克思主义的转变,在苏俄先后加入了俄共和中国共产党,担任中共代表团的翻译参

① 李大钊全集(第二卷)[M].北京:人民出版社,2013:359.
② 李大钊全集(第二卷)[M].北京:人民出版社,2013:367-368.
③ 李大钊全集(第二卷)[M].北京:人民出版社,2013:367.
④ 李大钊全集(第三卷)[M].北京:人民出版社,2013:5.

加了共产国际四大。同时,瞿秋白利用身在苏俄能够全方位系统学习马克思主义经典著作这一特殊优势,通过翻译简明读本、改译、附加解释、编写通俗读物等多种方式,浅显简明地向国内源源不断地输入马克思主义理论。可以说,在第一次苏俄之行中,瞿秋白积极向中国知识分子宣传马克思主义,传播先进的革命理念和思想,加强了中国共产党与共产国际的联系,参与培养了中国革命人才,有效地提升了马克思主义在中国传播的理论水平,扩大了马克思主义的传播队伍。

近代中国的历史遭遇和社会变迁激发了早期共产党人的爱国热情和民族责任感,在俄国十月革命的影响下,他们开始了创建中国共产党的实践活动。到中共一大召开前夕,中国已有上海、北京、武汉、长沙、济南、广州、旅日、旅法等8个共产党早期组织。各地共产党早期组织成立后,通过出版报纸、杂志,编译书籍,积极开展马克思主义理论宣传。同时,他们积极推动成立青年团组织、产业工会、工人补习学校,举行纪念五一国际劳动节游行等活动,努力促进马克思主义与工人运动相结合,为中国共产党的正式成立奠定了坚实的阶级基础和组织基础。可以说,在各地共产党早期组织建立过程中,开天辟地、敢为人先的首创精神为建党提供了源源不断的强大原动力,而中国共产党的成立,也为首创精神提供了全新的思想空间和更高的实践场所。正是有了早期共产党人作为无产阶级革命的担当者和开创者,才有中国革命后续的发展及最终胜利。

【延伸阅读3】

"只有赢得青年,才能赢得未来"

开天辟地、敢为人先的首创精神,不仅体现在中国共产党早期组织的发展中,同样体现在中国社会主义青年团的创立过程中。早期中国共产党人深知只有赢得青年,才能赢得未来。因此,他们开创性地把青年组织起来,建立了中国社会主义青年团,使之成为中国共产党领导的先进青年的群众组织,并作为中国共产党的助手和后备军。中国社会主义青年团的创立是一个创造性的工作,使得中国青年有了自己的核心组织,不仅夯实了中国共产党的阶级基础和组织基础,而且为中国青年运动翻开了新的篇章。

1. 第一个共产主义性质的青年组织——上海社会主义青年团的成立，成为中国青年运动的新起点

在筹建各地共产党早期组织的过程中，陈独秀、李大钊等人已经意识到革命运动的主力军是广大进步青年，并在其中积极进行挑选充实革命力量。据张国焘回忆，陈独秀"主张组织一个社会主义青年团，为中共的后备军，或可说是共产主义的预备学校，这个团的上海小组预计最先有三十多人参加，他说这在苏俄叫作少年共产党，在中国则可命名为社会主义青年团"①。

中国第一个共产主义性质的青年组织是上海社会主义青年团。上海共产党早期组织成立不久，便立即委派俞秀松负责社会主义青年团的组建工作。1920年8月22日，上海社会主义青年团正式成立，俞秀松任书记，其他成员有李汉俊、陈望道、叶天底、施存统、袁振英、金家凤、沈玄庐等。上海社会主义青年团的创建，带动了全国各地的社会主义青年团的建立，并为统一的中国青年运动的领导核心——中国共产党领导的中国社会主义青年团的建立，奠定了基础。

上海社会主义青年团创建后，在机关所在地霞飞路渔阳里创办了"外国语学社"，以团结、培养进步青年，并且为输送青年到苏俄学习作准备，这些由各地青年社团选派来的学员，如萧劲光、任弼时等人在那里参加了上海社会主义青年团，成为上海团组织最早的团员之一。外国语学社是中共创办的第一所外国语学校，也是我党创建的第一所培养干部的学校，为输送各地青年到苏俄学习作了准备。它对推动中国革命的发展，为培养党的早期干部作出了重要贡献，在中国革命史、中国留学教育史及中国外语教育史上均占有重要地位。多年以后，从当时的外国语学社里走出的很多团员都成为中国革命的中坚力量。

2. 各地社会主义青年团纷纷成立，极大地推进了中国早期共产主义运动

从1920年11月开始，北京、广州、武汉、长沙等地的社会主义青年团纷纷成立，极大地推进了中国早期共产主义运动。到1921年年初，全国各地

---

① 中国社会科学院现代史研究所."一大"前后——中国共产党第一次代表大会前后资料选编(二)[M].北京：人民出版社，1980：138-139.

青年团员共有 1000 余人,其中上海的青年团员已达 200 人。同年 3 月,中国社会主义青年团临时中央执行委员会在上海建立,俞秀松任书记,执委会内设秘书、教育、组织、编辑、宣传、联络、图书等处,每个执委都分在一个处工作。随后中共上海发起组将召开全国社会主义青年团代表大会的工作移交给社会主义青年团临时中央执行委员会。由于当时的政治环境,各地共产党早期组织的活动处于秘密状态,而社会主义青年团的活动却可以公开或半公开。这个先天的优势,使各地的社会主义青年团组织得以快速发展,为早期党组织输送了大量的新鲜血液,为中国早期共产主义运动作出了重大贡献。

3. 中国社会主义青年团第一次全国代表大会召开,中国青年运动进入全新阶段

1922 年 5 月 5 日至 10 日,中国社会主义青年团第一次全国代表大会在广州举行,出席会议的代表有 25 人,大会由张太雷主持,通过《中国社会主义青年团纲领》《中国社会主义青年团章程》,规定青年团要在中国共产党领导下开展青年群众的工作,为完全解放无产阶级而奋斗。大会选举了高君宇、施存统、张太雷、蔡和森、俞秀松 5 人组成第一届团中央委员会,施存统任书记。由此,中国社会主义青年团成为全国统一的共产主义性质的青年团组织,中央和地方各级团组织实现了思想一致化和组织一体化,中国青年运动的组织和活动发展到了一个全新的阶段。

1925 年 1 月,在中国社会主义青年团的第三次全国代表大会上,为了同第二国际修正主义者领导下的青年组织相区别,表示中国社会主义青年团是真正代表无产阶级利益的革命青年组织,决定将中国社会主义青年团改名为中国共产主义青年团。

从中国第一个共产主义性质的青年组织成立到中国共产主义青年团的创立,中国青年终于有了自己的核心组织,中国青年运动从此翻开了新的篇章,这是中国共产党以开天辟地、敢为人先的首创精神领导中国青年运动结成的硕果。中国共产主义青年团自诞生以来,在中国共产党的领导下,为党培养、输送了大批新生力量和革命骨干。正如《中国共青团团歌》歌词中所写的那样:"青年是社会的未来,国家的未来。只有赢得青年,才能赢得未来。"

二、担当精神的历史延续

担当精神,体现的是一种坚定的信念和执着的意志,即面对历史使命的责任感,对民族的重大责任,对人民的重大责任。中国共产党从登上历史舞台的那一刻起就代表了中国最广大人民的根本利益,以最忠勇、最热忱、最坚韧的斗争担当起国家和民族赋予的重任,始终和广大人民群众同生死、共进退,不断推翻阻碍中国社会前进的障碍,带领中华民族实现历史飞跃。

大革命失败后,在严峻的考验面前,中国共产党人表现出了坚定的革命立场和大无畏的英雄气概。他们并没有被吓倒、被征服、被杀绝。他们从地下爬起来,揩干净身上的血迹,掩埋好同伴的尸首,又继续投入战斗。受尽压迫的工农群众,重新在中国共产党的周围逐步聚集起来。在黑暗的中国,中国共产党独立高举起反帝反封建的革命旗帜,通过不断探索,成功开辟了"农村包围城市,武装夺取政权"的中国革命新道路。

在日本帝国主义大举侵略、中华民族面临生死存亡之际,与当时国民党当局采取的不抵抗主义形成鲜明的对照,中国共产党是最早领导和坚持抗战的政党。抗日战争作为世界反法西斯战争的重要组成部分,是一场艰苦卓绝的抵抗外来侵略的伟大斗争。在这场伟大斗争中,无论是当时执政的国民党还是其他党派,都没能在这场反侵略斗争中勇敢地站出来,而恰恰是当时力量并不强大的中国共产党担负起了这一历史重任,率先举起了武装抗日的旗帜,始终站在抗战第一线,成为领导这场伟大战争取得胜利的中流砥柱。

抗战胜利后,中国广大人民热切希望实现和平、民主,为建设新中国而奋斗。中国共产党充分考虑人民群众的这种愿望,努力通过和平的途径对中国进行政治社会的改革,毛泽东不顾个人安危飞赴重庆与蒋介石谈判,中国共产党也在谈判过程中作出很大的让步,尽最大的可能争取国共两党合作、和平民主建设新中国的局面。中国共产党争取和平民主的努力,尽管最终未能阻止全面内战的爆发,但是,它使得各界群众增进了对中国共产党的了解,懂得了什么人应当对这场战争承担责任。在中国"两种命运""两种前途"的决战中,中国共产党带领人民最终推翻了国民党统治,迎来了新中国的诞生。

新中国成立之后,面临国内社会的突出矛盾和国际社会的巨大压力,中国共产党进行恢复国民经济,社会主义工业化与社会主义改造同时并举,向社会主义过渡,同时进行抗美援朝战争,巩固民族独立、维护国家主权和安全。在短短七年时间里,不仅完成了民主革命的遗留任务,而且确立了社会主义基本制度。从 1956 年 9 月起,中国开始全面建设社会主义,尽管经历过严重的曲折,但从总体上说,社会主义建设取得的成就是巨大的,建立了独立的、比较完整的工业体系和国民经济体系,极大地提高了人民生活水平,发展了文化、教育、医疗、科技事业,国际地位得到了空前提高,国际环境得到了空前改善。

在社会主义道路探索的过程中,虽然遭遇了"文化大革命"的严重挫折,但是中国共产党并没有被困难打垮,而是勇于纠正错误,将中国从十年浩劫中拯救出来。1976 年 10 月,粉碎"四人帮"的胜利,挽救了中国共产党和中国的社会主义事业。在粉碎"四人帮"以后,以邓小平为代表的共产党人冲破"两个凡是"的严重束缚,清除"左"的指导思想。邓小平提出,要完整地、准确地理解毛泽东思想的科学体系,强调毛泽东思想的精髓就是实事求是,旗帜鲜明地提出"两个凡是"不符合马克思主义。邓小平还同叶剑英、陈云、李先念、胡耀邦等领导了从 1978 年 5 月开始的关于真理标准问题的大讨论,强调实践是检验真理的唯一标准。这场讨论,是继延安整风运动之后又一场马克思主义思想解放运动,成为拨乱反正和改革开放的思想先导,为党重新确立实事求是的思想路线,纠正长期以来的"左"倾错误,实现历史性的转折作了思想理论准备。1978 年 12 月 13 日,邓小平在中央工作会议闭幕会上作了题为《解放思想,实事求是,团结一致向前看》的讲话。这个讲话实际上成为随后召开的中共十一届三中全会的主题报告,它为全会实现具有划时代意义的伟大转折奠定了重要基础。

1978 年 12 月 18 日至 22 日,中共十一届三中全会在北京召开。全会冲破长期"左"倾错误的严重束缚,彻底否定了"两个凡是"的错误方针,高度评价了关于真理标准问题的讨论,并且果断停止使用"以阶级斗争为纲"的口号,作出了把工作重点转移到社会主义现代化建设上来和实行改革开放的战略决策。全会恢复了党的民主集中制的优良传统,审查解决了历史上遗留的一批重大问题和一些重要领导人的功过是非问题。中共十一届三中全会是新中国成立以来党的历史上具有深远意义的伟大转折。全会结束了粉碎"四人帮"后党和国家工作在徘徊中前进的局面,标志着中国共产党重新确立了马克思主义的思想路线、政治路线、组织路线,开始了在思想、政治、组织等领域的全面拨乱反正。会后,从党的指导思想的确立和实际工作的领导来说,形成了以邓小平为核心的党的中央领导集体,揭开了改革开放的序幕。以这次全会为标志,中国进入了改革开放和社会主义现代化建设的历史新时期。党和国家充满希望和活力地踏上了实现社会主义现代化的伟大征程。经过改革开放40多年的发展,中国社会发生了天翻地覆的变化,人民生活得到了根本性的改善,政治、经济、文化和生态文明建设等各个方面都取得历史性成就。

在革命战争年代,中国共产党牢记使命,为实现民族独立和人民解放,领导人民进行了不屈不挠的英勇斗争。新中国成立以后,面对错综复杂的国内外形势和艰巨繁重的任务,为实现国家富强和人民幸福,党领导全国人民艰苦创业、顽强拼搏,取得了社会主义建设和改革开放的巨大成就,使中华民族伟大复兴中国梦展现出光明的前景。事实充分证明,正是中国共产党牢记实现社会主义、共产主义的使命,勇于担当,才使得她成为领导中国人民不断开创事业发展新局面的核心力量。

三、新时代要有新的担当

经过长期努力,中国特色社会主义进入了新时代,这是我国发展新的历史方位。党的十八大以来,习近平总书记系统阐述了实现中华民族伟大复兴中国梦的思想,深刻体现了党中央深厚的历史责任感和强烈的担当精神。这种敢于担当的英雄气概,是中华民族五千多年自强不息、发展进步的精神来源。在历史前进的关键时刻,能否以巨大的政治勇气和责任担当,带领人民攻坚克难、勇往直前,是检验一个政党是否成熟与合格的重要标志。"铁肩担道义"的中国共产党带领中国人民走向民族复兴的风雨历程,就是这种使命自觉和责任担当的深刻表达。今天,仍然需要我们具有"为有牺牲多壮志,敢教日月换新天"的责任担当。

责任担当源于崇高的信念,中国共产党人始终把实现社会主义、共产主义,为国家民族谋复兴、为广大人民谋福祉作为自己义不容辞的责任。习近平总书记高度重视共产党员的担当精神,他多次强调责任重于泰山,党员干部特别是领导干部要敢于担当,敢于坚持原则,并带头示范、以上率下。2012年11月15日,习近平总书记在中共中央政治局常委中外记者见面会上,阐述了中国共产党承担的责任,包括对民族的责任、对人民的责任和对党的责任。① 2013年6月,习近平总书记在全国组织工作会议上强调,"党的干部必须坚持原则、认真负责,面对矛盾敢于迎难而上,面对危机敢于挺身而出,面对失误敢于承担责任"②。2014年6月,习近平总书记在十八届中央政治局第十六次集体学习时指出,"我们共产党人的忧患意识,就是忧党、忧国、忧民意识,这是一种责任,更是一种担当"③。勇于担当是共产党人应该具备的精神品质,革命年代表现为勇于革命、不畏敌人,和平年代体现在勇于担责、不畏艰难。

责任担当根植于以人民为本。心中越是装满人民,肩上的担子就越觉得沉重。人民是本,人民最大。毛泽东说:"我们的责任,是向人民负责。每句话,每个行动,每项政策,都要适合人民的利益。"④习近平总书记多次强调担当精神,多次提及敢于担当,是因为只有做到担当,才能无愧于时代、无愧于人民、无愧于历史。2014年2月7日,他在俄罗斯索契接受电视台采访,在谈到执政理念时,他认为,"为人民服务,担起该担当的责任"⑤是中国共产党的执政理念。习近平当选总书记后在记者见面会上讲得最多的就是人民和责任,把人民对美好生活的向往作为党的奋斗目标。千道理万道理,人民为本的道理最大最不能违背,为人民服务的责任担当最重最不能放弃。2016年1月18日,他在省部级主要领导干部学习贯彻党的十八届五中全

---

① 习近平.习近平谈治国理政(第一卷)[M].北京:外文出版社,2018:3-4.

② 习近平.习近平谈治国理政(第一卷)[M].北京:外文出版社,2018:413.

③ 中共中央文献研究室.习近平关于全面从严治党论述摘编[M].北京:中央文献出版社,2016:5.

④ 毛泽东选集(第四卷)[M].北京:人民出版社,1991:1128.

⑤ 习近平.习近平谈治国理政(第一卷)[M].北京:外文出版社,2018:101.

会精神专题研讨班开班式上发表重要讲话,强调"层层负责、人人担当"①。今天,我们在新时代新形势下仍要牢记使命,勇于担当、无私奉献,努力开创新时代中国特色社会主义事业的新局面。

历史发展证明,中国共产党之所以能够带领中华民族走向繁荣,是因为具有大无畏的担当精神。在实现中华民族伟大复兴中国梦的征程中,面对新时代更加复杂的国内外环境,我们还有许多"雪山""草地"需要跨越,还有许多"娄山关""腊子口"需要征服,仍然需要这种伟大担当精神的指引。历史选择了中国共产党,中国人民选择了中国共产党,中国共产党必须无愧于历史的重任和人民的重托,担当起历史和人民赋予的崇高使命。

红船精神与梦想力量

【延伸阅读4】

马克思主义的"盗火者"

马克思主义是中国新民主主义革命的指导思想,《共产党宣言》则是马克思主义形成的标志和代表性著作。陈望道开创性地全译《共产党宣言》,在中国大地上播下了此后形成燎原之势的革命思想火种,成为"盗取"马克思主义革命思想"火种"的时代先锋,充分展现了其敢为人先的首创精神。

《共产党宣言》是马克思和恩格斯为共产主义者同盟起草的纲领,1848年2月21日在伦敦首次以单行本问世,第一次全面系统地阐述了科学社会主义理论,因此,成为马克思主义诞生的重要标志。五四运动前后,《共产党宣言》在中国虽然有不少人作过介绍,但有的只是摘录,有的半文不白,这些片断文字和部分章节的翻译,已无法满足此时人们对科学理论的渴望和需求,因此,出版一部完整的《共产党宣言》中译本就非常有必要。陈独秀认为应尽快把《共产党宣言》全文翻译出版。但由于《共产

---

① 习近平.习近平谈治国理政(第一卷)[M].北京:外文出版社,2018:223.

党宣言》有大量的新名词、新思想、新观点,使得译者对其理解把握的难度相当大,如当时国内对其段落的零星翻译错误很多。因此,要准确翻译《共产党宣言》绝非易事。担任上海《星期评论》主编的戴季陶,早年曾从日本带回一本日文版的《共产党宣言》,他仔细阅读过,并想翻译它,但终因自己理论和文学修养不足打了退堂鼓。于是他开始物色合适的译者,找到上海《国民日报》经理兼总编的邵力子,问谁能担当此翻译任务。邵力子便向戴季陶推荐了具有马克思主义学识、精通日文和英文的陈望道,他说:"能承担此任者,非杭州的陈望道莫属。"

陈望道深知此书的分量,于是义不容辞地接受了这一严肃的翻译任务,他表示:要通过自己之手,向世人奉献一本高质量的《共产党宣言》中文本。当时,戴季陶向陈望道提供了《共产党宣言》的日文本,李大钊则从北京大学图书馆借出了《共产党宣言》的英文本,由陈独秀一起提供给陈望道,作为帮助他翻译的底本。

1920 年春,时年 29 岁的陈望道回到浙江义乌县(现义乌市)分水塘村老家,开始了《共产党宣言》的翻译工作。由于家中人口众多,加上考虑到翻译工作需要绝对保密等因素,陈望道选择陈家老宅做翻译工作间。当时,陈家老宅已被用来放置柴草和杂物,故也被称作柴房。陈望道就在矮小僻静的柴房里放两条长凳,搁上一块铺板当作写字台。由于柴房年久失修,破陋不堪,浙中山区,春寒料峭,陈望道在工作时,常常冻得手脚发麻。在翻译《共产党宣言》的过程中,陈望道遇到的不仅仅是生活条件的艰苦,还有翻译参考资料的匮乏。当时,在大城市也很难找到一些马克思主义著作,更不用说在一个小山村了。陈望道手里只有《共产党宣言》的英文本和日文本,以及戴季陶提供的一点参考资料,但是这些并不能够满足翻译的需要。

一块铺板、两条长凳、一盏很暗的油灯,陈望道夜以继日、孜孜不倦地开展艰苦的翻译工作。有一天,陈望道的母亲见儿子关起门来不分昼夜地工作,人都累瘦了,便给儿子做了糯米粽子,外加一碟红糖,送到书桌前,催促儿子趁热快吃。陈望道边吃粽子边继续琢磨翻译。过了一会儿,母亲在屋外喊道:"红糖不够,我再给你添一些。"儿子赶快回答:"够甜,够甜的了!"当母亲前来收拾碗筷时,竟见到儿子满嘴是墨汁,红糖却一点儿没动,原来陈望道是蘸了墨汁吃了粽子,于是母子相视大笑一场。

　　经过两个多月艰苦卓绝的努力,4 月末,陈望道终于完成了《共产党宣言》这部经典著作的翻译工作,并将它带到上海,连同日文本、英文本一同交给李汉俊和陈独秀校阅。陈独秀阅读了译稿,十分满意,还动笔校改了一遍。8 月,《共产党宣言》的第一个中文全译本,以"社会主义研究社"的名义出版了,首次出版印刷 1000 本,很快售完。9 月,译本再版,内容不变。至1926 年 5 月,陈望道译的《共产党宣言》仅社会主义研究社印行的就多达 17版,称其为当时国内影响最大的马克思主义经典著作也绝不过分。

　　《共产党宣言》的出版发行,终于使马克思、恩格斯发出的振聋发聩的声音,通过一个个方块字,在中国大地上爆响。书中的翻译难免有不准确的地方,但它播下了燎原中国大地的思想火种。早期的中国共产党人,大多是在阅读了这本书以后开始确立自己的马克思主义信仰。毛泽东在 1936 年对斯诺的谈话中提到,帮助他建立对马克思主义的信仰共有三本书,其中之一是陈望道译的《共产党宣言》[1]。刘少奇回忆此书对他的思想影响时说:"那时我还没有参加共产党,我在考虑入不入党的问题。当时我把《共产党宣言》看了又看,看了好几遍……从这本书中,我了解了共产党是干什么的,是怎样的一个党,我准不准备献身于这个党所从事的事业,经过一段时间的深思熟虑,最后决定参加共产党,同时也准备献身于党的事业。"[2]邓小平也曾说:"我的入门老师是《共产党宣言》和《共产主义 ABC》。"[3]

---

① ［美］埃德加·斯诺.西行漫记［M］.董乐山,译.北京:东方出版社,2005:131.

② 日一夫.中共领袖与《共产党宣言》［J］.新湘评论,2011:9-10.

③ 邓小平文选(第三卷)［M］.北京:人民出版社,1994:382.

第三节 善于创新是中国共产党的显著特征

开天辟地、敢为人先的首创精神是不断创新的精神。"创新是一个民族进步的灵魂,是一个国家兴旺发达的不竭动力,也是一个政党永葆生机的源泉"①。中华民族是富有创新精神的民族,是勇于创新、善于创新的民族。千百年来,中华民族生生不息,不断发展,靠的就是这种创新精神。

一、建党初期的革命创新实践

早期共产党人在建党初期的革命进程中,提出了一系列开创性的革命思想,进行了先前从未有过的革命实践,在传播马克思主义理论、创建中国共产党、党领导的早期革命中,留下了宝贵的精神财富,是中国共产党创建史的重要组成部分。

李汉俊是中国共产党早期杰出的马克思主义理论家的代表,同时通晓四国语言,将研究、翻译、传播马克思主义融为一体,在建党前后总计发表150余篇马克思主义相关文献和著作,内容涉及马克思主义的很多方面,见解也独特深刻,其中不少思想很有超前性,产生了非常大的影响,被称为"马克思主义的播火者"。李汉俊是最早将唯物史观和辩证法结合起来传播的中国人,又是最早在国内高等院校讲授唯物史观的教授;其译著《马格斯资本论入门》第一次将马克思的经典巨著以通俗易懂的形式介绍到中国;《我们如何使中国底混乱赶快终止?》《中国底乱源及其归宿》等文章运用马克思主义分析中国问题,对中国特殊社会性质和革命性质作了比较正确的判断;《浑朴的社会主义者底特别的劳动运动意见》一文揭开了批判基尔特社会主义的序幕②,捍卫了科学社会主义的传播。

陈独秀指导成立的中国第一个共产党早期组织——上海共产党发起

---

① 江泽民文选(第三卷)[M].北京:人民出版社,2006:537.

② 嘉兴学院红船精神研究中心.马克思主义在中国早期传播史料长编(1917—1927)(上卷)[M].武汉:长江出版社,2016:273.

组,在党的创建历史上作出了具有里程碑意义的首创性贡献。1920年4月,陈独秀到了上海以后,他意识到社会革命只靠学界运动是无法成功的,只有启发劳动者的觉悟才是出路。因此,陈独秀开始把努力的方向从青年学生转移到工农大众身上,到处讲演、撰写文章,宣传马克思主义,发动工人运动,从进步思想文化的研究和传播转向建立共产党组织,希望通过积极开展建党工作,为无产阶级社会革命准备和蓄积力量。6月,维经斯基与陈独秀等人一致同意开始进行中国共产党的建党准备工作。陈独秀以上海马克思主义研究会为基础,与李汉俊、俞秀松、施存统、陈公培等人开始筹建共产党组织,并初步定名为社会共产党。经过共同努力,上海共产党早期组织于8月在上海法租界老渔阳里2号《新青年》编辑部正式成立,当时取名为"中国共产党"。上海的共产党早期组织创造了多个"第一",如制定了党的第一份政治宣言——《中国共产党宣言》,出版了党的第一本理论刊物——《共产党》月刊,创办了党的第一所干部培训学校——上海外国语学社和党领导的第一个工会组织——机器工会,并指导成立了中国第一个共产主义青年组织——上海社会主义青年团。除此之外,上海共产党早期组织实际上起着中国共产党发起组的作用,通过写信联系、派人指导或具体组织等方式,积极帮助推动了北京、山东、湖北、湖南、广东等地的建党工作,为组建一个全国性的无产阶级政党奠定了坚实的基础。

　　恽代英创办了利群书社和共存社,入党后长期承担宣传教育工作和青年运动工作,形成了马克思主义中国化的独特见解,为毛泽东思想和新民主主义革命理论的形成作出了重要贡献。恽代英高度重视马克思主义理论与中国革命的结合,尤其推崇"帝国主义时代的马克思主义"——列宁主义,认为其对解决中国问题有很好的借鉴意义。《何谓国民革命》《列宁与中国的革命》《中国革命与世界革命》等文对中国的社会性质、阶级性质、革命性质、革命动力进行了分析,对中国革命前途也作出了比较准确的判断,提出了较为系统的革命学说;他出版的《政治学概论》是中国共产党第一部马克思主义政治学著作,该书以解决中国政治问题为出发点,同样注重将马克思主义普遍真理与中国国情相结合。恽代英还在《如何方可利用外资——评〈太平洋〉四卷六号董时进先生的一封信》等文中,运用马克思主义经济学的基本原理,对新民主主义经济政策提出了科学构想。可以说,恽代英创造性地运用马克思主义,有力地推动了马克思主义中国化、时代化、大众化。

正是早期共产党人展现的敢为人先的首创气魄、百折不挠的奋斗精神、不怕牺牲的高尚品格,把马克思主义与中国国情相结合找到中国革命道路的动力源泉。

二、百年理论创新的伟大成果

马克思主义不是一成不变的教条,它必定随着时代、实践和科学的发展而不断发展。马克思主义的生命力就在于不断地进行理论创新,中国共产党的生机和活力也在于始终坚持理论创新。中国共产党是一个非常重视理论创新、也非常善于理论创新的马克思主义无产阶级政党。在中国革命、建设和改革的历史进程中,相继形成了毛泽东思想和中国特色社会主义理论体系两大理论成果,集中体现了中国共产党的创新精神。

毛泽东思想是马克思主义中国化的第一个重大理论成果,是马克思列宁主义在中国的运用和发展,是被实践证明了的关于中国革命和建设的正确的理论原则和经验总结,是中国共产党集体智慧的结晶,是党必须长期坚持的指导思想。毛泽东思想在土地革命战争时期形成,在抗日战争时期走向成熟,并在解放战争时期和中华人民共和国成立后继续发展。新民主主义革命理论、社会主义革命和社会主义建设理论、革命军队建设和军事战略的理论、政策和策略的理论、思想政治工作和文化工作的理论、党的建设理论,这些是毛泽东思想科学体系的主要内容。实事求是、群众路线、独立自主是毛泽东思想的活的灵魂。

中国特色社会主义理论体系包括邓小平理论、“三个代表”重要思想、科学发展观和习近平新时代中国特色社会主义思想。邓小平理论回答了什么是社会主义、怎样建设社会主义的重大时代课题;“三个代表”重要思想回答了建设什么样的党、怎样建设党的重大时代课题;科学发展观回答了实现什么样的发展、怎样发展的重大时代课题;习近平新时代中国特色社会主义思想回答了新时代坚持和发展什么样的中国特色社会主义、怎样坚持和发展中国特色社会主义的重大时代课题。

邓小平理论是在和平与发展成为时代主题的历史条件下,在总结我国社会主义胜利和挫折的历史经验并借鉴其他社会主义国家兴衰成败历史经验的基础上,在我国改革开放和现代化建设的实践中,逐步形成和发展起来的。邓小平理论贯穿解放思想、实事求是的思想路线,围绕"什么是社会主义、怎样建设社会主义"这个首要的基本理论问题,在社会主义发展道路、发展阶段、根本任务、发展动力、外部条件、政治保证、战略步骤、领导力量和依靠力量、祖国统一等重大问题上,形成了一系列相互联系的基本观点,构成了这一理论的科学体系。邓小平理论是马克思列宁主义、毛泽东思想在新的历史条件下的继承和发展,是中国特色社会主义理论体系的开篇之作,对改革开放和现代化建设具有长远的指导意义。

"三个代表"重要思想是在对冷战结束后国际局势科学判断的基础上,科学判断党的历史方位,总结党成立以来的奋斗历程和历史经验,在建设中国特色社会主义伟大实践的基础上形成的。中国共产党必须始终代表中国先进生产力的发展要求,代表中国先进文化的前进方向,代表中国最广大人民的根本利益,这是我们党的立党之本、执政之基、力量之源。"三个代表"重要思想提出的一系列关于中国特色社会主义的发展道路、发展阶段、发展战略、根本目的、根本任务、发展动力、依靠力量、国际战略等重要思想,是完整科学的理论体系,是中国特色社会主义理论体系的重要组成部分,是我们党必须长期坚持的指导思想。

科学发展观是我们党在准确把握世界发展趋势、认真总结我国发展经验、深入分析我国发展阶段性特征的基础上提出的重大战略思想。科学发展观,第一要义是发展,核心是以人为本,基本要求是全面协调可持续发展,根本方法是统筹兼顾。解放思想、实事求是、与时俱进、求真务实,是科学发展观最鲜明的精神实质。科学发展观是马克思主义关于发展的世界观和方法论的集中体现,是中国特色社会主义理论体系的重要组成部分,是发展中国特色社会主义必须长期坚持的指导思想。

党的十八大以来,我国取得历史性成就和历史性变革,中国特色社会主义进入了新时代,社会主要矛盾转化为人民日益增长的美好生活需要和不平衡不充分的发展之间的矛盾。习近平新时代中国特色社会主义思想围绕新时代坚持和发展什么样的中国特色社会主义、怎样坚持和发展中国特色社会主义,提出了"八个明确"核心观点和"十四个坚持"基本方略。习近平新时代中国特色社会主义思想是马克思主义中国化的最新成果,是中国特色社会主义理论体系的重要组成部分,是当代中国马克思主义、21世纪马克思主义,是党和国家必须长期坚持并不断发展的指导思想,是全党全国人民为实现中华民族伟大复兴而奋斗的行动指南。

中国共产党成立以来,根据中国革命、建设和改革的实践需要,不断形成新的理论成果,不断推进马克思主义中国化。毛泽东思想、邓小平理论、"三个代表"重要思想、科学发展观、习近平新时代中国特色社会主义思想之间既是一脉相承的,又是与时俱进的,是一个统一的科学思想体系,它们辩证统一于中国革命、建设和改革的伟大实践中,不断开拓着马克思主义在中国发展的新境界。当代中国之所以能够站在新的历史起点上,总结过去、展望未来、引领发展,就是因为中国共产党不忘初心、牢记使命,始终坚持开天辟地、敢为人先的首创精神,不断推进理论创新,用马克思主义中国化的最新成果指导实践、引领发展。

首创精神与改革开放

三、创新引领改革发展新时代

党的十八大以来,习近平总书记反复强调创新的重要作用。发展与创新具有内在的一致性,发展的本质就是创新,创新的结果就是发展。创新是解决发展问题的根本途径。创新就是发展,要发展必须创新。习近平总书记强调:"把创新摆在国家发展全局的核心位置,不断推进理论创新、制度创新、科技创新、文化创新等各方面创新,让创新贯穿党和国家一切工作,让创新在全社会蔚然成风。"①

实践基础上的理论创新是社会发展和变革的先导。所谓理论创新,是指人类在社会实践中,对不断出现的新情况、新问题作出科学的分析和正确的回答,对客观事物的本质、规律以及发展趋势作出科学的判断和预

---

① 习近平.习近平谈治国理政(第二卷)[M].北京:外文出版社,2017:198.

见。理论创新可以给人们提供一种新的方法论,给其他创新以理性的指导。理论创新使人类对社会发展的规律认识和把握越深刻,对人们的实践活动就越有指导性,从而对社会发展和变革起到推动作用。实践是理论创新的基础,而理论创新又是实践发展的先导。从新的实践出发形成创新的理论,再用创新的理论去指导我们的实践,这是一个过程的两个方面。因此,要把马克思主义理论创新建立在实践的基础上,坚持从实践出发提出马克思主义理论创新的主题,习近平总书记指出:"我们一定要以我国改革开放和现代化建设的实际问题、以我们正在做的事情为中心,着眼于马克思主义理论的运用,着眼于对实际问题的理论思考,着眼于新的实践和新的发展。"①

制度创新是促进社会发展的关键因素。党的十八大强调要把制度建设摆在突出位置,充分发挥我国社会主义政治制度的优越性。制度创新就是社会政治、经济和文化等方面制度的变革过程,是支配人们行为及其相互关系的规则、规范和惯例的进步。制度创新实质上是生产关系的渐进变革方式。只有通过不断的制度创新,才能实现生产关系的自我完善,激发人们的创造性和积极性,促使各种社会资源配置更加合理,经济效益和社会效益有更大地提高,从而实现经济建设、政治建设、文化建设、社会建设、生态文明建设和党的建设同步发展。面对改革与发展中出现的新矛盾和新问题,必须通过完善和发展中国特色社会主义制度来解决。习近平总书记强调:"真正实现社会和谐稳定、国家长治久安,还是要靠制度,靠我们在国家治理上的高超能力,靠高素质干部队伍。我们要更好发挥中国特色社会主义制度的优越性,必须从各个领域推进国家治理体系和治理能力现代化。"②全面深化改革的总目标就是完善和发展中国特色社会主义制度,推进国家治理体系和治理能力现代化。在谈到制度自信与全面深化改革的关系时,习近平总书记明确指出:"没有坚定的制度自信就不可能有全面深化改革的勇气,同样,离开不断改革,制度自信也不可能彻底、不可能久远。我们全面深化改革,是要使中国特色社会主义制度更好;我们说坚定制度自

---

①　习近平.习近平谈治国理政(第一卷)[M].北京:外文出版社,2018:9.

②　习近平.习近平谈治国理政(第一卷)[M].北京:外文出版社,2018:91-92.

信,不是要固步自封,而是要不断革除体制机制弊端,让我们的制度成熟而持久。"①

科技创新是推动社会生产力发展的重要动力。生产力是社会发展的最终决定因素。科学技术是生产力中的关键因素,科技的本质就是创新,要不断有所发现、有所发明。历史反复证明,推进科技发展,关键要敢于和善于创新。习近平总书记指出:"科技创新,就像撬动地球的杠杆,总能创造令人意想不到的奇迹。"②"全党全社会都要充分认识科技创新的巨大作用,把创新驱动发展作为面向未来的一项重大战略,常抓不懈。"③有没有创新能力、能不能进行创新,是当今世界范围内经济和科技竞争的决定性因素。"从某种意义上说,科技实力决定着世界政治经济力量对比的变化,也决定着各国各民族的前途命运。"④创新驱动是大势所趋也是形势所迫,实施创新驱动发展战略决定着中华民族的前途命运。

文化创新是推动社会发展的必然要求。文化具有知识传承的功能,教化、培育和塑造人的功能,促进社会发展的功能。当今世界,文化与经济和政治相互交融,在综合国力竞争中的地位和作用越来越突出,文化的力量,深深熔铸在民族的生命力、创造力和凝聚力之中。一个国家、一个民族的强盛,总是以文化兴盛为支撑的。"没有文明的继承和发展,没有文化的弘扬和繁荣,就没有中华民族伟大复兴的中国梦的实现。"⑤人类社会发展的历史证明,先进文化是推动社会发展的强大动力,文化创新是社会实践发展的必然要求。一方面,我们不能离开传统,空谈文化创新,因为任何时代的文化,都离不开传统文化的继承。中华民族具有五千多年连绵不断的文明历史,创造了博大精深的中华文化,为人类文明进步作出了不可磨灭的贡献。

---

① 习近平.习近平谈治国理政(第一卷)[M].北京:外文出版社,2018:106.

② 习近平.习近平谈治国理政(第一卷)[M].北京:外文出版社,2018:120.

③ 中共中央文献研究室.习近平关于科技创新论述摘编[M].北京:中央文献出版社,2016:25.

④ 习近平.在中国科学院第十七次院士大会、中国工程院第十二次院士大会上的讲话[M].北京:人民出版社,2014:3.

⑤ 中共中央宣传部.习近平总书记系列重要讲话读本[M].北京:学习出版社、人民出版社,2016:186.

中华优秀传统文化是我们民族的"根"和"魂",如果抛弃传统、丢掉根本,就等于割断了自己的精神命脉。我们必须在新的历史起点上重拾文化自信。另一方面,文化创新要能够体现时代精神,要坚持马克思主义的方法,采取马克思主义的态度,坚持古为今用、推陈出新,实现与其他民族和国家的广泛交流。习近平总书记强调:"要着力推进国际传播能力建设,创新对外宣传方式,加强话语体系建设,着力打造融通中外的新概念新范畴新表述,讲好中国故事,传播好中国声音,增强在国际上的话语权。"[①]我们既要让人民过上殷实富足的物质生活,又要让人民享有健康丰富的文化生活。因此,要继续大胆推进改革、推动文化事业全面繁荣和文化产业快速发展,建设社会主义文化强国。

没有创新,就没有人类的进步和未来。习近平总书记指出:"实现梦想、应对挑战、创造未来,动力从哪里来? 只能从发展中来、从改革中来、从创造中来。"[②]"在激烈的国际竞争中,惟创新者进,惟创新者强,惟创新者胜。"[③]时代呼唤创新,发展需要创新、历史进步的本质在于创新,中华民族伟大复兴离不开创新。中国共产党自成立以来之所以能走在时代前列,成为一个先进性政党,在于坚持解放思想、实事求是、与时俱进、求真务实,以开天辟地、敢为人先的首创精神不断推进实践创新和理论创新,做到坚持与发展的统一,不断开创马克思主义中国化的新境界。

开天辟地、敢为人先的首创精神是红船精神的核心

①　中共中央文献研究室.习近平关于全面深化改革论述摘编[M].北京:中央文献出版社,2014:85.

②　习近平.让工程科技造福人类、创造未来——在2014年国际工程科技大会上的主旨演讲[N].人民日报,2014-06-04(2).

③　习近平.习近平谈治国理政(第一卷)[M].北京:外文出版社,2018:59.

第三章　坚定理想、百折不挠的奋斗精神

理想信念是共产党人的精神旗帜。中国共产党自始至终把实现共产主义作为最高理想和终极目标，义无反顾地肩负起实现中华民族伟大复兴的历史使命。我们党百年的奋斗历史充分证明，马克思主义的崇高信仰，是共产党人前赴后继、奋斗不息的力量源泉和永葆生机的精神动力。

第一节　理想信念是共产党人的政治灵魂

理想信念是和精神意志相连的，共产主义的理想信念是实现中华民族伟大复兴事业的重要精神支柱和力量源泉。中国共产党自成立以来，在长期艰苦卓绝的奋斗中，历经曲折而不畏艰险，屡受考验而不变初衷，由小到大，由弱变强，靠的就是坚定的理想信念和百折不挠的奋斗精神。

一、马克思主义崇高理想

辛亥革命后，中国曾一度效仿西方，实行议会制和多党政治，几年间就出现了统一党、共和党、民主党以及此后的进步党、国民党等300多个政党集团，众多"主义"纷纷出笼，一时热闹非凡。但诸多政党或日渐式微，或相继淘汰。只有中国共产党从成立之日起，就把实现共产主义社会制度这一全人类最崇高、最美好、最远大的理想浓墨重彩地写在了自己的旗帜上。中国共产党之所以能够带领中国人民取得如此辉煌的成绩，中华民族之所以能够在今天昂首挺胸地屹立在世界上，靠的正是对共产主义目标的追求，靠的正是坚定的理想信念。

马克思、恩格斯认为,人类社会真正的理想境界是共产主义社会形态,共产主义是人类社会未来发展的总趋势。这一论断不是主观虚构的,而是从社会发展的最终决定力量即生产力发展的客观要求这一根本点出发,在对资本主义现实运动加以分析批判的基础上形成的科学论断。诚然,资本主义在其初步建立的较长一段时间内具有其先进性,创造过巨大的物质财富及现代文明。然而随着社会生产力的发展,它自身所固有的诸多不可克服的弊病亦逐渐凸显,昭示着终将被新的社会形态所取代的历史命运。

马克思主义认为,在资本主义社会内部,生产社会化和生产资料私人占有制之间,是一对不可调和的对抗性矛盾。资产阶级为了获得最大利益,必然进行社会化大生产,而社会化大生产要求劳动力和生产资料的高度结合,然而这样的结合在资本主义社会是不可能实现的。资产阶级对于剩余价值的夺取主要是依靠资本主义私有制也就是通过剥离生产资料和劳动力的方式来实现,因此,该矛盾不可能在其内部获得解决,最终只能由新的生产关系及社会制度来代替。资本主义生产方式及社会制度的逐利性特质也派生出一系列显性的社会问题。法国学者皮凯蒂在《21世纪资本论》一书中也指出,因为资本的收益率远远高于生产力的增长速度,资本主义社会的两极分化必定日趋严重;贫富差距达到一定程度时,必然造成社会的结构性危机。[①]

近代以来资本主义经历过多次经济危机,20世纪爆发两次世界大战,其根本原因就在于资本主义的内在矛盾。21世纪以来,资本主义经过数百年的发展,其内部矛盾和问题已越来越严重。2008年,国际金融危机爆发并逐渐演化成资本主义世界的系统性危机,许多资本主义国家面临前所未有的困境与挑战。美国前总统奥巴马,2016年10月在《经济学家》杂志发表文章指出,"目前美国仍面临生产率走低、不平等加剧、就业机会不足、经济缺乏弹性等四大结构性挑战"[②]。早在2011年,诺贝尔经济学奖得主斯蒂格利茨就认为,美国社会已变成一个"1％的人拥有、1％的人治理、1％的人

---

① 韩震.资本主义制度劣质化的必然结果[N].人民日报,2017-01-22(5).
② 周荣国.当前资本主义的现实困境、内部争论和未来走势[J].当代世界,2017(1):28-32.

享受"的社会,与林肯总统提出的"民有、民治、民享"社会已截然不同。仅就贫富分化问题而言,1975—2015 年,美国收入最低的 20％底层家庭总收入占全部家庭总收入的比重从 4.3％降为 3.1％,收入最高的 20％富裕家庭总收入占比则从 43.6％上升至 51.1％,贫富差距明显拉大。①

经济的困境又带来资本主义体制内部其他领域的连锁反应。例如,在英国脱欧公投与 2016 年美国总统大选事件中,西方传统媒体的报道、民调机构的预测与最终结果大相径庭,"媒体失信""民调失真"引发深刻反思。欧洲政策中心等智库甚至认为,英国公投脱欧是二战后西方世界遭遇的严重失败,是西方文明进入发展瓶颈的直接表现,其影响可能远超预期,整整一代甚至几代欧洲人对西方价值观和制度的信心可能因此而动摇。②

资本主义世界的这一系列变化,实际上早在 100 多年前马克思就有所预见,均可以用马克思主义的基本原理来加以揭示和说明,也在事实上充分印证了资本主义终将被社会主义、共产主义取代这一社会发展规律。人类社会的普遍繁荣、共同富裕及人的自由而全面的发展只能通过共产主义来实现。

中国共产党是一个马克思主义政党,它是以马克思主义作为自己的指导思想和理论基础,把实现共产主义作为自己的理想。坚定马克思主义的信仰与坚定共产主义的崇高理想是辩证统一的。五四运动之后,中国先进分子之所以摒弃原来的资产阶级共和国方案,并在各种各样的社会主义,如无政府主义、工团主义、互助主义、新村主义、合作主义、泛劳动主义、基尔特社会主义、伯恩斯坦主义等学说中最后选择马克思主义的科学社会主义,归根到底是因为它的科学性。马克思主义把严格的科学性与高度的革命性有机结合起来,以通俗易懂的语言阐述深刻的哲理,以无可辩驳的事实和严密科学的逻辑揭示了人类社会的发展规律,从而为人类进步、社会发展指明了正确方向。正因如此,李大钊在《我的马克思主义观》中提纲挈领地把握住了马克思主义的核心,明确了资本主义终将被共产主义代替的社会发展方

---

① 田鹏颖.资本主义社会危机仍在加剧[N].人民日报,2017-08-06(8).
② 周荣国.当前资本主义的现实困境、内部争论和未来走势[J].当代世界,2017(1):28-32.

向,并义无反顾地坚定了马克思主义的信仰,成为我国最早的马克思主义者。也正因为马克思主义的科学性,中国共产党人才能以此作为立身之本,在任何历史时期都能将马克思主义信仰及社会主义、共产主义的信念作为自己的精神支柱,经受住无数的历史考验始终屹立不倒。

二、共产党人的精神追求

理想信念就是共产党人奋勇前行的精神动力,是一切思想和行动的"总开关""总闸门"。习近平总书记强调,"理想信念就是共产党人精神上的'钙',没有理想信念,理想信念不坚定,精神上就会'缺钙',就会得'软骨病'"①。因此,共产党人要以信念铸魂,用信仰作骨,坚守一名共产党员的追求,绝不能有丝毫的放松和动摇。正因为我们的先辈们拥有坚定的理想信念,才能在面临绝境时仍能心存希望,才能使我们党的队伍日益壮大,由弱变强。

习近平总书记指出:"中国共产党之所以叫共产党,就是因为从成立之日起我们党就把共产主义确立为远大理想。我们党之所以能够经受一次次挫折而又一次次奋起,归根到底是因为我们党有远大理想和崇高追求。"②回顾我们党所走过的光辉历程,我们从一个只有 58 人组成的小党,由小到大,由弱到强,带领全国人民取得今天这样的伟大成就,一个重要的原因就是共产党人有着坚定的理想信念。例如,大革命失败后,我们党的各级组织遭到大规模破坏,大批共产党员被残酷杀害。据党的第六次全国代表大会时的不完全统计,从 1927 年 3 月到 1928 年上半年,被杀害的共产党员和革命群众达 31 万多人,其中共产党员 2.6 万多人。③ 许多共产党人身先士卒,以自己的鲜血和生命捍卫了共产主义的信念。全国农民协会秘书长夏明翰在就义前的绝命诗中写道:"砍头不要紧,只要主义真。杀了夏明翰,还有后来人!"广州起义领导人之一的周文雍在狱中写道:"头可断,肢可折,革命精

---

① 习近平.习近平谈治国理政(第一卷)[M].北京:外文出版社,2018:15.
② 习近平.习近平谈治国理政(第二卷)[M].北京:外文出版社,2017:34.
③ 中共中央党史研究室.中国共产党历史·第 1 卷·1921—1949(上册)[M].北京:中共党史出版社,2011:232.

神不可灭。壮士头颅为党落,好汉身躯为群裂。"中共湘鄂赣特委书记郭亮在牺牲前夕写给妻子的遗言是:"望善抚吾儿,以继余志。"江西弋横起义第六路指挥者之一的邱金辉临难时被绑在木十字架上,敌人极其残酷地在他的左右肩胛用刀挖洞插上蜡烛,头顶插香点燃,并用火烧其心窝,但他毫不畏惧,高呼"杀死我一个,杀不绝共产党人,革命一定要胜利",最后壮烈牺牲。正是有着这样的坚定信念,共产党人高举马克思主义伟大旗帜,最终渡过了这一艰难的历史时期。到 1930 年年初,中国共产党领导创建了十几个农村革命根据地,红军发展到 7 万人。1930 年 9 月,全国党员人数增至 12 万人。大革命失败后几乎陷于绝境的中国共产党,经过 3 年艰苦卓绝的斗争获得了新生,迎来土地革命战争的高潮。①

在社会主义建设和改革时期,许许多多共产党员胸怀共产主义的远大理想和中国特色社会主义的坚定信念,在平凡的工作岗位上作出了不平凡的业绩。他们不为别的,只是源于心中的主义和信仰。历史和现实表明,一个政党、一个民族,如果没有坚定的理想信念,就如同一盘散沙没有凝聚力,就会失去奋斗目标和前进方向。历史也警示我们,共产党人的精神信仰垮了,就会导致红旗变色、江山易主。苏联和东欧国家共产党执政地位丧失,其中一个重要原因就是共产党自身信仰的坍塌。百年来,中国共产党扬起红船的风帆,以坚定理想、百折不挠的奋斗精神,矢志推动中国革命和建设事业不断前进。

【延伸阅读 1】

夏明翰:"砍头不要紧,只要主义真"

"砍头不要紧,只要主义真。杀了夏明翰,还有后来人!"这首光照千秋的无产阶级正气歌,是年仅 28 岁的革命烈士夏明翰在慷慨就义前留下的。他以自己的奋斗经历在党的历史上写下了重要的篇章。

夏明翰,字桂根,祖籍湖南省衡阳县,1900 年出生于湖北省秭归县。祖父为前清进士,任过户部主事。父亲曾赴日本考察,后主张维新变法,辛亥

---

① 何毅亭.中国共产党 95 年来应对危局和困境的伟大实践及历史启示——学习习近平总书记在庆祝中国共产党成立 95 周年大会上的讲话[N].学习时报,2016-07-21(1).

革命后又投身革命事业。但令人惋惜的是,夏明翰的父亲早逝,他由祖父抚养长大。儿时,夏明翰被迫每日诵读"四书""五经"。但思想开明的母亲则主张儿子接受新式教育。因此,祖父和母亲两人思想冲突不断,使幼年的夏明翰养成了独立思索和勇于探寻真理的精神。

1917 年,夏明翰报考新式学校,考入衡阳省立第三甲种工业学校机械科。1918 年 4 月,吴佩孚攻陷衡阳城。夏明翰对军阀混战深恶痛绝,也深为国家的前途和命运担忧。在同盟会会员邱海岚的帮助下,他联络了一些志同道合的朋友,成立了革命团体"砂子会",开展反对北洋军阀的斗争。1919 年五四运动兴起,夏明翰与各校进步同学一起进行爱国宣传活动,并联合各界人士通电全国,声援北京学生的斗争。在他的组织和带领下,学生义勇军到仓库、商店清查日货,并举行"焚烧日货大会"。

1920 年,夏明翰离家出走,在何叔衡的帮助下结识了毛泽东,成为毛泽东创办的湖南自修大学的第一批学员,开始大量阅读进步书刊。1921 年冬,经毛泽东、何叔衡介绍,夏明翰加入了中国共产党。1922 年 9 月,湖南自修大学设补习学校,由何叔衡任主事,毛泽东任指导主任,夏明翰任教务主任。在校期间夏明翰整理有名教师的专题讲演记录,并交报刊发表,由他整理并发表在当时《大公报》上的讲演稿有《近代欧洲文学史概论》《注音字母与汉字》《低年级的文艺》等 30 多篇共达十余万字。1924 年,夏明翰任中共湖南省委委员,负责农委工作,后兼任组织部长、农民部长和长沙地委书记。他大力培养农民运动干部,积极输送革命青年到广州的全国农民运动讲习所学习。为了推动农民运动的开展,他把刚从广州农讲所和长沙政治讲习所毕业的弟弟夏明震、夏明弼和妹妹夏明衡派去家乡开展农民运动。其弟弟妹妹深入农村发动群众,使衡阳的农民运动成为湖南农民运动开展得最好的地区之一。

1926 年农历九月初四,经毛泽东做媒,郑家钧和夏明翰在长沙清水塘一间简陋的民房里举行了婚礼。中共湖南省委李维汉、何叔衡、谢觉哉送上的对联云:世上惟有家钧好,天下只有明翰强。婚后(1927 年春节前夕),夏明翰和郑家钧两人搬来长沙望麓园 1 号,与毛泽东、杨开慧同住一个院子。

1927 年年初,他去毛泽东主持的武汉中央农民运动讲习所,担任了全国农民协会的秘书长,并兼任毛泽东的秘书。同年夏天,国民党发动反共政变,夏明翰奉派任新改组的湖南省委委员兼组织部长。1927 年 9 月 9 日,在毛泽东的指挥下,秋收起义爆发。夏明翰专门赴平江、浏阳,将毛泽东发动秋收起义后留下的力量组织起来,还亲自带领一批暴动队的小伙子,以偷袭方式智取浏阳北圣仓的团防局,夺得 40 多支步枪。9 月 19 日,会攻长沙的计划受挫,毛泽东率领秋收起义队伍转向井冈山,创建农村革命根据地。10 月间,湖南省委委派夏明翰兼任平(江)、浏(阳)特委书记。他的主要任务是以平、浏为中心,继续组织起义,以配合井冈山的斗争。

1928 年初,中央调夏明翰到武汉参与湖北省委的领导工作,面对市面上一片萧条和恐怖,夏明翰全无惧色,仍奔走在各个秘密机关开展工作,3 月,夏明翰在送李维汉上船回上海,自己准备转移时被捕。敌人把夏明翰关进监狱,先是劝他"投降",说什么只要他放弃信仰共产主义,就一定亏待不了他。夏明翰毫不含糊地回答说:"我可以牺牲我的生命,决不放弃我的信仰!"于是敌人又对他来硬的,用尽各种刑罚,直到把他折磨得遍体鳞伤,血肉模糊。可是,对于胸怀共产主义理想的夏明翰,皮肉的痛苦不能动摇他革命的坚强意志。被捕两天后即 1928 年 3 月 20 日的清晨,夏明翰被带到汉口余记里刑场。执行官问他有无遗言,他大喝道:"有,给我纸笔来!"接着,他挥笔写下了"砍头不要紧"的就义诗。这一正气凛然的词句,当时就被人称作热血谱写的革命战歌,激励了无数后人为之奋斗。

夏明翰的生命是短暂的,1900 年出生,1928 年牺牲,仅仅 28 个年头,然而却铸就了一座千古不朽的精神丰碑。鲜血凝成的诗句,浓缩了他的整个人生,是他革命灵魂的集中反映。夏明翰所走的革命道路,在当时的人乃至今人看来,都是极不平凡的。这种对革命理想无比执着、对共产主义信念无比坚定的精神,正是共产党人优秀品质的最完美体现。

【延伸阅读 2】

方志敏:"你们只能砍下我的头颅,决不能动摇我的信仰!"

"敌人只能砍下我们的头颅,却不能动摇我们的信仰! 因为我们信仰的主义,乃是宇宙的真理! 为着共产主义牺牲,为着苏维埃流血,那是我们十分情愿的啊!"时至今日,每当我们吟诵方志敏的不朽诗篇,无不为这位伟大的共产主义战士对党和革命事业的赤胆忠心而肃然起敬。

方志敏，1899 年出生，原名方远镇，江西省上饶市弋阳县人。17 岁时在乡亲们的帮助下进入县立高等小学学习，在校时深受新文化运动的影响。1919 年，20 岁的方志敏以全县第一名的成绩考入江西甲种工业学校机械专业，后因积极组织学生运动被开除，1921 年，他又考入九江南伟烈大学学习。某日，当方志敏读到英文版的《共产党宣言》后，便深受触动，积极奔走宣传，被同学们起了一个"社会主义"的绰号。

1924 年 3 月，他加入了中国共产党，并在江西省南昌市郊创办农民协会。同年，他又到广东向毛泽东、彭湃学习农民运动经验。1926 年秋，他发动当地农民奋起支援北伐军进入江西，大革命失败后，方志敏重返家乡。1928 年年初，他在自己的家乡弋阳组织了农民运动，几万农民揭竿而起，创建起赣东北苏区。后来这种在本乡本土就地发动农民创建革命根据地的方式，被毛泽东称为"方志敏式"。此后，他担任过红十军政委，又任闽浙赣省委书记、省苏维埃主席。在这块面积不大的苏区，方志敏带领革命战士在数万敌兵 4 年的"围剿"中始终屹立不倒，成为保卫中央苏区的战略右翼。

1934 年年末，方志敏接到中央军区命令，担任中国工农红军北上抗日先遣队军政委员会主席，组织上安排他和刘畴西等人率红十军团北上进入皖南，以掩护中央红军向西长征。1935 年 1 月，组成北上抗日先遣队的红十军团在通过怀玉山封锁线时陷入敌人包围之中，整个军团被拦截成两支。在危机重重的时刻，方志敏率领 800 余名战士英勇地冲出了敌人的包围圈，但发现大部队还没有跟上来。作为主要领导的方志敏不顾个人安危，毫不犹豫地提出要去寻找被围困的部队，军团参谋长粟裕说："你是主要领导，还是让我去吧！"方志敏说："不行！正因为我是主要领导，我才要把战士们都带回来！"于是，他又一次闯入敌人的包围圈。

1935 年 1 月 29 日，由于叛徒的出卖，方志敏在浙赣交界处的陇首村不幸被捕。蒋介石得知方志敏被抓的消息，当即密令国民党江西省党部高级将领俞伯庆劝降方志敏，但方志敏信念如磐，丝毫不为所动，反而讥讽道："蒋介石是什么东西！"

俞伯庆又说："你们不是失败了吗？"

方志敏坚定地回答道："不！我们在军事上暂时失败了，政治上并没有失败。我可以告诉你们，我们永远不会失败!"俞伯庆劝降不成，敌人军法处处长又来与方志敏"谈话"。

军法处处长对方志敏说:"方先生，你何必钻牛角尖，像你这样杰出的人才，国民党会给你高官厚禄的。"

方志敏打断他的话，说:"共产党人信仰共产主义，功名利禄视如粪土。"

"方先生，你何必当傻子，识时务者为俊杰。"

军法处处长见方志敏没有吭声，又把话锋一转，说:"方先生，你知道你们那个孔同志吧! 他现在在我们这里是少将参议，春风得意着呢!"

方志敏一听姓孔的，非常愤怒，站起身来厉声说道:"他是无耻的叛徒，我决不会像他一样。革命者宁可被杀，也绝不投降，要我屈膝投降，你们休想!"

在国民党的安排下，弋阳县县长还有教过方志敏的一个乡绅，也都来找方志敏，他们带着水果、点心来劝降。方志敏决绝地说:"让我投降? 休想! 你们只能砍下我的头颅，决不能动摇我的信仰!"

劝降失败后，敌人露出了豺狼的真面目，他们用尽各种残酷的办法折磨方志敏，用皮鞭抽打、坐老虎凳、灌辣椒水，给方志敏吃里面都是稗子、谷壳和沙石的霉米饭，一天洗漱饮用只给两碗水，牢房里阴暗潮湿、老鼠乱跑、臭虫满墙、虱满被褥。方志敏本来就患有肺病，残酷的折磨使他的身体越来越弱。他忍受着这巨大的痛苦，但共产主义信仰在他的心中丝毫没有动摇过，在狱中他没有透露一点党的机密。

敌人实在是没有办法对付方志敏了，就拿出纸笔，让他写"口供"。"口供"方志敏一个字也没写，而是饱含革命的激情和对党的忠诚，在牢房里写下了令后世传颂的作品:《清贫》《可爱的中国》《狱中纪实》等。这些书稿都由一个狱卒带出监狱，交给鲁迅先生保管。鲁迅先生逝世后，他的妻子许广平先生将这些藏在银行保险库中的遗著和书信，交给冯雪峰，最后由王尧山亲自递送党中央。

1935 年 8 月 6 日，方志敏最后看了一眼热爱的中国大地，挥起右臂，用尽全身的力气高喊:"打倒帝国主义!""共产党万岁!"最后壮烈牺牲，年仅36 岁。

这位伟大的革命烈士在其短暂的一生中留下了大量宝贵的精神财富，狱中书写的 16 篇文稿总计 14 万字，充满了对革命必将胜利的信心和对未来中国的无限期待,深刻地阐述了一个共产党人积极的、乐观的、奋斗的、不屈的理想信念和价值追求,为后来那些前赴后继、英勇奋斗的共产党人树立起了一座永不褪色的丰碑。

三、百折不挠的坚强品格

"百折不挠"就是坚定共产主义理想,勇于实践,不论经受多少挫折,决不屈服退缩的坚强品格。这种百折不挠的精神使中国共产党不断发展壮大,即使身陷绝境,亦能绝处逢生。

秋收起义部队初上井冈山时,只有一个团,700多人。走在前面的部队高举着一面红旗,有些官兵指着它说:"这面旗能打几天哟! 全国都是国民党的统治,我们只占领一个小小的井冈山有什么用呢?""别说全国其他地方,仅湖南一个省的敌军就有3个军,4万多人,能打得赢他们吗?"

毛泽东听到这些议论,一方面承认敌强我弱的客观事实,但同时又感到精神不振、悲观失望是摆在部队面前的一个严重问题。怎么回答这个问题呢? 毛泽东一边行军,一边给大家讲《孟子·公孙丑下》中的一句话:"得道者多助,失道者寡助。"那时候,革命军中的工农分子较多,文化程度很低,听不懂毛泽东讲的古文是什么意思。毛泽东就作通俗的解释。他说,别看现在全国都是国民党的统治,蒋介石是大地主大资本家利益的代表,一定会遭到全国人民的反对,他终究会失败;别小看我们红军只有700多人,我们是工农革命军,代表全国人民的利益,一定会得到他们的支持,终究会取得胜利。这就叫作"得道者多助,失道者寡助"。这个"道",就是革命,就是正义。凡是革命的、正义的事业,终究是会胜利的。大家一边走一边听,都觉得毛委员讲得很有道理,天下总是穷人多嘛,我们共产党和红军都是为了穷人翻身解放来干革命的。就这样,工农革命军对形势、任务、前途也就有了比较清楚的认识,心里的包袱也渐渐减轻了许多。他们满怀信心,高举红旗,跟着毛泽东上了井冈山。① 可见,以毛泽东为代表的中国共产党人,正是怀着坚定的革命信念、对美好社会的憧憬,才坚决以大无畏的革命气魄走上井冈

---

① 毛秉华."革命理想高于天"[J].红旗文稿,2015(9):30-31.

山,表现出了"革命理想高于天"的精神境界。

到了长征时期,我们党迎来了更严峻的挑战。长征期间红军战士一共爬越了 18 座山,渡过了 24 条河,经过了 11 个省,突破了 10 个地方军阀的封锁,平均一天要走 74 华里(37 千米)。为什么党和红军历经挫折而屹立不倒,就是因为大家坚信革命事业一定会成功,就是靠着这种坚定理想和信念才一步步挺过来的。

新中国成立初期,西方记者曾指出,中国这个烂摊子无论是谁都无法治理好;当时的美国国务卿艾奇逊也认为,中国人太多了,哪个政府也养不活这么多人。70 多年来,全国各族人民同心同德、艰苦奋斗,取得了令世界刮目相看的伟大成就。今天,社会主义中国巍然屹立在东方,没有任何力量能够撼动我们伟大祖国的地位,没有任何力量能够阻挡中国人民和中华民族的前进步伐。这一成绩的取得,最终靠的也是对社会主义、共产主义的坚定信仰。有了这个信仰,我们党才能百折不挠、不懈奋斗,最终创造了人间奇迹。

改革开放以来,中国的经济建设取得了巨大的成就。但是,在市场经济的汪洋大海中,有些人却迷失了方向,动摇了理想信念。有的党员干部甚至认为共产主义是遥不可及的乌托邦、虚无缥缈的空中楼阁,是不可能实现的,公开场合大讲理想信念,讲社会主义制度优越性,而私下却认为理想信念是虚的,社会主义制度不行,典型的"两面人"现象。[①] 历史告诉我们,恰恰是共产主义信仰让中国共产党带领人民历经磨难,实现了民族独立、人民解放、国家富强。因此,在纷繁复杂的形势面前,我们只有坚定共产主义的信仰,才能实现中华民族伟大复兴的中国梦。不能因为实现共产主义理想是一个漫长的过程就认为那是虚无缥缈的海市蜃楼。在理想信念问题上,不能含糊其辞、语焉不详。"土能浊河,而不能浊海;风能拔木,而不能拔山。"我们要坚定共产主义理想信念,真正做到"千磨万击还坚劲,任尔东西南北风"。

---

① 本书课题组.党风廉政建设与反腐败干部学习读本(修订版)[M].北京:中共中央党校出版社,2015:77.

【延伸阅读3】

信仰路上的忠诚与背叛:中共一大代表的不同人生路

1921年7月,中国共产党第一次全国代表大会召开,13名代表为完成创建中国共产党的伟大使命汇聚在一起,作出了不可磨灭的历史贡献。但在历经血与火的考验后,他们却走上了不同的道路,有的一生革命,矢志不渝,成为新中国的缔造者;有的血洒疆场,为革命献出宝贵的生命;有的却背弃信仰,叛变投敌,成为民族的罪人。

1.为革命流尽最后一滴血——何叔衡、邓恩铭、陈潭秋、王尽美

坚守信仰,投身革命,靠的不是一时的激情,而是长时间的坚守,是即使献出生命也在所不惜的信念。何叔衡是党的一大代表中最年长者,参会时已经45岁。他出生于一个富裕家庭,并且是前清的秀才,但他没有选择追名逐利的官场,而是选择了马克思主义作为人生的信仰。他积极与有志青年交往,广泛传播马克思主义。毛泽东曾评价说:"叔翁办事可当大局。"[1]出席中共一大会议后,他协助毛泽东开展湖南的建党工作。1931年,他辗转进入瑞金,担任中华苏维埃中央临时政府执行委员、工农检查部部长、临时法庭主席等职。因不赞成肃反政策,被撤销全部职务。虽然受到错误批判,但是他仍然坚持对党的信仰,在极端困难的情况下,默默地为党工作。红军长征时,年近六旬的何叔衡留在苏区,这意味着极大的艰苦和危险,但是他没有丝毫的怨艾。1935年年初,中央苏区陷落,组织上护送何叔衡和瞿秋白等人往闽西突围,到达上杭县时被保安团包围,为了不拖累战友,何叔衡纵身跳下悬崖,负伤未死,后被反动团丁发现,在搏斗中壮烈牺牲。何叔衡在新民学会时就以性情刚毅著称,临难不苟正是他这种品格的表现。

邓恩铭是山东党组织的创始人。靠着信仰的力量,他以青春的激情参加了中共一大,誓为共产主义奋斗终身。但是在当时,革命是危险的代名词,他的家人发现他参加革命活动,极力阻挠,来信催逼他回家结婚,想以此

---

① 中国革命博物馆,湖南省博物馆.新民学会资料[M].北京:人民出版社,1980:134.

来拖住他。邓恩铭拒绝了。他在给父母的信中写道："……儿主张既定,决不更改。"①表达了他在革命道路上义无反顾的崇高精神。1928年秋,因叛徒告密,他在济南被捕。在狱中,他领导难友们同敌人进行斗争,并两次组织越狱,使部分同志冲出监狱脱险,而他却因受刑过重,行动困难,未能越狱脱险。在狱中,他写下《诀别》一诗:"卅一年华转瞬间,壮志未酬奈何天。不惜唯我身先死,后继频频慰九泉。"②之后他慷慨走上刑场,以满腔赤诚实践了为党献身的誓言。

中共一大代表基本都是知识分子,其中却有一人曾经持枪作过战,火线负过伤,他就是来自武汉的代表陈潭秋。陈潭秋才华横溢,本可成为杰出的记者,却受马克思主义的影响而加入革命队伍。他发动与领导了著名的京汉铁路"二七"大罢工,并因此受到通缉。1939年9月,陈潭秋从苏联回国,担任中共中央驻新疆代表和八路军驻新疆办事处负责人。他同新疆军阀盛世才进行了灵活巧妙的斗争。当盛世才公开走上反苏反共道路后,党中央同意在新疆工作的共产党员全部撤离,陈潭秋把自己列入最后一批,并表示:"只要还有一个同志,我就不能走。"③1942年9月,他被盛世才逮捕,在狱中坚贞不屈,被折磨致死。而在两年后召开中共七大时,由于消息阻塞,代表们仍选他为中央委员,名列第11位。

还有王尽美,为了党组织的发展和工人运动的开展,他忘我工作。1925年春节前夕,因疲劳过度,吐血晕倒,住院治疗。时值工人运动蓬勃发展之际,他毅然决定出院,抱病赴青岛投入战斗。他掌握着党的经费,却公私分明,没有用一毫一厘为自己治病。当病情稍有好转时,便回到贫寒的家中,一面工作,一面养病,最终因长期积劳成疾,在青岛逝世,年仅27岁。病重期间,他请青岛党组织负责人笔录了他的遗嘱:"全体同志要好好工作,为无产阶级和全人类的解放和共产主义的彻底实现而奋斗到底。"④

---

① 邓恩铭文集[M].北京:人民出版社,2013:79.
② 邓恩铭文集[M].北京:人民出版社,2013:136.
③ 南湖革命纪念馆.启航:红船精神永放光芒[M].北京:人民出版社 2019:187.
④ 王尽美文集[M].北京:人民出版社,2011:88.

他们是信仰的坚守者。为了信仰，在面对血与火、生与死的考验时，没有丝毫的犹豫，而是选择为革命流尽最后一滴血。

2. 背弃信仰，脱党叛变——陈公博、周佛海、张国焘

中国人最痛恨的就是背叛。最先叛党的是陈公博。陈公博参会时还带着自己的新婚妻子，把参会当作度蜜月。后因会场遭到法租界巡捕的骚扰，最后一天在南湖召开的会议他竟然没有参加，自行脱会。回到广州后，赶上广东军阀陈炯明叛变，中国共产党决定联孙反陈，但陈公博却拒不执行，并明确宣布：不再履行党的任务。脱党后，陈公博在他的硕士论文《共产主义运动在中国》中写下了一段颇有预见的话："如果在中国的压迫不停止，那么大概在不久的将来，一个中国的新制度就要麻烦历史学家在世界历史上增加一页，来叙述苏维埃主义的进一步胜利。"①陈公博作出了正确的预见，但是却为了高官厚禄而逆着自己预见的历史发展趋势而行，导致了其最后可耻的下场。脱党之后，陈公博投靠了汪精卫，加入国民党并当选国民党中央执委。但是其本性难改，把个人利益凌驾于国家和民族利益之上，抗战爆发后，他随汪精卫叛国投敌，成为民族的罪人。

同样被钉在历史的耻辱柱上的还有周佛海，他是唯一从境外赶回来参会的中共一大代表。1924年9月，周佛海写信给中共要求脱党。从此，周佛海走向了反共反人民的道路，成为蒋介石的心腹干将，叫嚷着"攻击共产党，是我的责任，是我的义务"。抗战期间，他又鼓吹"战必败，和未必大乱"的投降主义言论，并随汪精卫叛变投敌。

同样沦为叛徒的还有张国焘。他是五四运动的学生领袖、北京共产党早期组织的创始人、鄂豫皖根据地和红四方面军的重要领导人。他对传播马克思主义、建立中国共产党、开展工人运动，创立革命根据地和人民军队，不可谓没有功劳，但他没有正确对待自己的功绩与党的利益的关系。在长征途中，张国焘自恃人多枪好马壮，伸手向党要权，并发展到对抗中央路线，直至最后分裂党，给党和红军造成了不可估量的损失。1938年年初，张国焘利用到黄帝陵祭祖的机会，叛党投敌，投到戴笠门下，成立专门对付共产

---

① 陈公博.共产主义运动在中国[M].北京：中国社会科学出版社，1982：55.

党人的特种问题研究室,成了镇压共产党人的帮凶。

历史不会宽容叛徒。日本投降后,陈公博逃亡日本,试图在当地隐姓埋名,但作为战败国的日本,连自己本国的战犯都无法保护,更别提保护陈公博了。1946年4月,陈公博以通谋敌国罪被判处死刑,结束了其罪恶的一生。周佛海同样以"通谋敌国、图谋反抗本国"罪被判处死刑,后被蒋介石特赦为无期徒刑。1948年,他死于南京老虎桥监狱。张国焘在被军统榨干利用价值后,遭到抛弃。中华人民共和国成立前后,党召他回国,但他拒不认错,之后辗转中国台北和香港地区,以及美国,生活难以为继,最后在加拿大的一个免费养老院了其残生。

3.一度叛党,迷途知返——刘仁静、包惠僧

背叛党的还有刘仁静和包惠僧。刘仁静是中共一大代表中年龄最小的,当时只有19岁。他熟读马克思主义经典,号称"小马克思"。但他对马克思主义的理解仅限于书本。之后他遇到托洛茨基,很快为托洛茨基所谓的理论修养和人格魅力折服,进而成为中国最坚定的托派分子。1929年,他被开除出党。1948年,他又投靠国民党宣传部副部长陶希圣,成为国民党的御用枪手,在其授意下发表包括《评毛泽东的〈目前形势和我们的任务〉》等反共文章,向共产党开炮。

包惠僧实际上是替陈独秀参加中共一大会议的。他年轻时是一名记者,对社会的腐朽丑恶深恶痛绝,后由于认识了陈独秀,转而信仰共产主义。但在面对大革命失败的考验时放弃了信仰,八一南昌起义后,包惠僧与中国共产党脱离了组织关系,接受了国民党的高官厚禄,一度升任国民政府人口局局长。

刘仁静和包惠僧虽然叛党,但他们最后都迷途知返。1949年,国民党败退台湾,刘仁静离开国民党留在了上海。中华人民共和国成立后,刘仁静在北京师范大学和人民出版社工作,后任国务院参事,他也是最后一个离世的中共一大代表。包惠僧则于1949年11月从澳门回到北京,历任中华人民共和国内务部研究员、参事和国务院参事。

4.脱党而不放弃信仰——李达、李汉俊

李达是上海早期党组织的实际负责人,为联络各地党组织、组织全国性政党作出了特别的贡献。在中共一大会议上,他被选为中央宣传委员。

1923 年,他因与陈独秀意见不合,又不满张国焘的行径,愤然宣布脱党,犯下他一生"最大的错误"。虽然脱党,但他一直没有放弃信仰,专门从事理论研究和教育工作,后来成为卓有建树的马克思主义理论家。1937 年出版的《社会学大纲》,被毛泽东誉为"中国人自己写的第一本马克思主义哲学教科书"。1949 年 12 月,由刘少奇介绍,李达重新加入了中国共产党。

李汉俊是中国共产党创立时期最有影响力的政治家、思想家之一,他积极宣传马克思主义和俄国十月革命,被誉为"马克思主义的播火者"。此外,李汉俊还是中共一大的筹备者之一,上海一大会址便是他兄长的住所。共产国际代表马林曾称赞"李汉俊是中共党内最有理论修养者"。由于与陈独秀和张国焘发生矛盾,李汉俊渐渐脱离了党。

1925 年,李汉俊彻底脱党,并于 1926 年加入中国国民党,历任国民党湖北省党部执行委员、省政府委员兼教育厅厅长、省党部青年部长。李汉俊虽然脱离了党组织,但并没有放弃马克思主义信仰。大革命失败后,他利用"合法"职位,掩护了一批尚未暴露的共产党员、共青团员和进步人士,为革命做了大量工作。1927 年 12 月 17 日下午,李汉俊被桂系军阀胡宗铎抓走,在未审讯的情况下,当晚被枪决。1952 年,毛泽东为其家属签署了"革命牺牲工作人员家属光荣纪念证",上面写着:"李汉俊同志在大革命中光荣牺牲,丰功伟绩永垂不朽。"

5. 矢志不渝,一生坚守——毛泽东、董必武

在中共一大代表中,除了四位先烈外,还有两个人为信仰坚守,奋斗终身。这两个人就是毛泽东和董必武。毛泽东从青年时代起便志存高远,以"改造中国和世界"为己任,发起成立新民学会,探索救国救民真理。在中共一大时,他担任书记员。中共一大后,他致力于湖南早期党组织的建设和工人运动,尤其是直接领导了安源和长沙的工人罢工,取得了胜利。大革命失败后,他提出"枪杆子里面出政权",领导了秋收起义,创建了工农革命军,开创了井冈山革命根据地,由此开辟了一条"农村包围城市,武装夺取政权"的革命道路。毛泽东还系统地总结了党领导革命过程中的经验教训,以实事求是的态度,将马克思主义同中国革命具体实践相结合,成功创立了毛泽东思想,实现了马克思主义与中国实际相结合的一次飞跃,指导中国革命不断

取得胜利,最终带领全国人民推翻了三座大山,建立了新中国,实现了民族独立、人民解放。毛泽东也成为中国共产党第一代领导集体的主要代表,成为中国人民的伟大领袖。

董必武是中共"五老"之一,中学读书时受革命团体日知会的影响,拥护孙中山的三民主义纲领,加入同盟会,参加过辛亥革命和护法运动。在俄国十月革命的影响下,他开始接受马克思主义。他对比俄中两国革命成败的经验,认识到"中国的独立,走孙中山的道路是行不通的,必须走列宁的道路"。从此,董必武将马克思主义作为毕生的信仰。1934年,年近半百的他参加了两万五千里长征,历尽千难万险,一直保持着高度的革命乐观主义精神。在抗日战争时期,董必武作为中共代表团的成员,长期在国民党统治区工作。1945年4月,董必武作为中国共产党和解放区军民的代表,出席联合国大会。在极其复杂的革命斗争中,在一些重大的历史转折关头,他始终坚定信仰,正确掌握并坚决执行党的纲领和政策,表现出了一个无产阶级革命家高度的党性。

正确的道路从来不怕遥远。百年的历史已经作出证明,铁一般的信仰以及由此产生的百折不挠的革命意志,始终是共产党人战胜各种艰难险阻,不断夺取革命、建设和改革胜利的强大力量源泉。正如习近平总书记指出:"对马克思主义的信仰,对社会主义和共产主义的信念,是共产党人的政治灵魂,是共产党人经受住任何考验的精神支柱。"①

资料来源:张鹏,鲍华东.信仰路上的忠诚与背叛——中共一大代表的不同人生路[EB/OL].(2016-07-25)[2021-06-06].http://www.mzfxw.com/e/action/ShowInfo.php?classid=12&id=68485.

第二节 勇于实践是实现理想的根本途径

坚定理想、百折不挠不是空洞的口号,而是要将崇高的理想、正确的理论指导、实事求是的思想路线和脚踏实地的奋斗精神高度统一起来。坚持

① 习近平.习近平谈治国理政(第一卷)[M].北京:外文出版社,2018:15.

实事求是，从实际出发，事业就能乘风破浪不断前进，无往而不胜；脱离实际，违背客观规律，事业就会遭受重大挫折。

一、马克思主义的实践品格

实践的观点是马克思主义哲学首要的和基本的观点。马克思说，"一步实际运动比一打纲领更重要"①"思想本身根本不能实现什么东西。思想要得到实现，就要有使用实践力量的人"②。为实现共产主义理想而奋斗，要求我们必须坚持马克思主义的实践精神。共产主义不是虚无缥缈的社会理想，而是在现实中不断改造自然界、人类社会和人自身的历史过程。马克思、恩格斯指出："实践的唯物主义者即共产主义者。"③因此，马克思主义信仰不是停留在精神和观念上，而是表现在具体行动和实践上。没有行动的表现不能构成真正的信仰。

中国共产党从成立、发展到带领中国人民取得革命、建设和改革事业的伟大成就，依托的正是这种为了理想而不屈不挠奋斗的伟大实践精神。李大钊在"问题与主义"之论战中曾经指出，"实际的问题"和"理想的主义"是"交相为用的"，马克思主义者"必须要研究怎么可以把他的理想尽量应用于环绕着他的实境"④，就是要把理论和实际结合起来。青年时代的毛泽东也是如此，1917年盛夏，他与萧子升对宁乡（现湖南省宁乡市）等五个县进行了深入的农村调查，了解到农民和各阶层人民的生活状况，为他走向后来的革命道路奠定了重要基础。在长期的革命实践中，毛泽东一贯强调从实际出发，实事求是、实践第一的观点。他在革命实践基础上撰写的《实践论》，吸收了中国哲学史的优秀遗产，继承和发展了马克思主义哲学思想，充分论述了认识和实践的关系，使知行关系问题得到了科学的解决。

十八大以来，习近平总书记多次强调"空谈误国，实干兴邦"，他号召广大党员干部特别是领导干部，要"大力弘扬实事求是、求真务实精神，理解改

---

① 马克思恩格斯选集（第三卷）[M].北京：人民出版社，2012：355.
② 马克思恩格斯文集（第一卷）[M].北京：人民出版社，2009：320.
③ 马克思恩格斯选集（第一卷）[M].北京：人民出版社，2012：155.
④ 李大钊全集（第三卷）[M].北京：人民出版社，2013：51.

革要实,谋划改革要实,落实改革也要实,既当改革的促进派,又当改革的实干家"①。当改革的实干家,就要干字当头、真抓实干,把改革抓在手上、落到实处、干出成效,身体力行地致力于全面深化改革的切实推进。"改革开放是一项长期的、艰巨的、繁重的事业,必须一代又一代人接力干下去。"②习近平总书记反复强调要崇尚实干,狠抓落实。他认为,如果不沉下心来抓落实,再好的目标、再好的蓝图,也只是镜中之花、水中之月。他要求党员干部特别是领导干部要以钉钉子精神抓好改革落实,扭住关键、精准发力,盯着抓、反复抓,直到抓出成效。他告诫说,推进改革要有求真务实精神,要防止出现三种错误倾向:"徒陈空文、等待观望、急功近利。"③他多次指出,永远要有"逢山开路、遇河架桥"的精神,锐意进取;要以"踏石留印、抓铁有痕"的劲头抓下去,善始善终,善作善成。这些重要论述,充分体现了真抓实干、开拓进取对于推动改革发展的极端重要性。

事业是干出来的,不是说出来的。一切难题,只有在实干中才能破解;一切办法,只有在实干中才能见效;一切机遇,只有在实干中才能抓住和用好。我国古代劳动人民用实干精神铸就了五千年的文明;我们也是靠着实干精神,锐意改革、努力拼搏才换来了今天的繁荣与富强。社会主义事业在各个时期各个领域之所以能够不断取得伟大的成就,毫无疑问应该归功于党领导全国各族人民在革命、建设、改革实践中的埋首实干,"我们的所有成就,都是干出来的"④。"实干兴邦"是时代的召唤。中国梦的实现需要实干精神,需要实干家。要实现"两个一百年"奋斗目标,实现中华民族伟大复兴的中国梦,我们必须大力弘扬实干精神。

二、"敢教日月换新天"的精神

习近平总书记指出,中国共产党是敢于斗争、敢于胜利的伟大政党。中

① 习近平.习近平谈治国理政(第二卷)[M].北京:外文出版社,2017:105.
② 习近平.习近平谈治国理政(第一卷)[M].北京:外文出版社,2018:67.
③ 中共中央文献研究室.习近平关于协调推进"四个全面"战略布局论述摘编[M].北京:中央文献出版社,2015:156.
④ 习近平.关键在于落实[J].求是,2011(6):3-7.

国共产党的历史是一部饱经磨难、历经风险,在与各种困难和风险的较量中战而胜之,赢得人民信赖,实现自身发展的历史。在中国共产党的成长过程中,既有丰富的成功经验,也有沉痛的失败教训,它使中国共产党从不成熟的、幼稚的党成长为成熟的、伟大的马克思主义政党。毛泽东指出,我们具有一往无前的精神,"要压倒一切敌人,而决不被敌人所屈服。不论在任何艰难困苦的场合,只要还有一个人,这个人就要继续战斗下去"①。

中国共产党敢于斗争,敢于胜利,根源在于中国共产党以实现共产主义作为自己的奋斗目标。正如李大钊所说的,历史的道路不全是平坦的,有时会走到艰难险阻的境界,这是全靠雄健的精神方能冲过去的。崇高的理想信念会使人无私无畏,使我们能够"拿出雄健的精神,高唱着进行的曲调,在这悲壮歌声中,走过这崎岖险阻的道路"②。共产主义代表了社会发展的方向和趋势,在前进的道路上,虽然我们会遇到各种艰难曲折,但共产党人坚信共产主义一定会实现。因此,无论遇到什么困难、挫折,我们都能依托坚定的理想信念,克服困难,争取胜利。

抗日战争时期,偏居延安一隅的中国共产党面临外敌包围、生存环境狭小、财政经济短缺等多重困难,然而共产党人并没有因此而怯懦和退却,而是靠着敢于斗争、敢于胜利的奋斗精神,同日本帝国主义展开了艰苦斗争。当国民党军怀疑八路军是否敢同"不可战胜"的日军作战时,八路军平型关一战旗开得胜,粉碎了日军"不可战胜"的神话,极大地鼓舞了中华民族抗日的信心。抗日战争进入相持阶段后,敌后抗日根据地面临的形势异常严峻,毛泽东描述道:"我们曾经弄到几乎没有衣穿,没有油吃,没有纸,没有菜,战士没有鞋袜,工作人员在冬天没有被盖。国民党用停发经费和经济封锁来对待我们,企图把我们困死,我们的困难真是大极了。"③针对这种情况,中国共产党和抗日军民凭着"下定决心,不怕牺牲,排除万难,去争取胜利"④的坚强意志和革命大无畏精神向困难挑战,开展大生产运动,带领人民群众

---

① 毛泽东选集(第三卷)[M].北京:人民出版社,1991:1039.
② 李大钊全集(第四卷)[M].北京:人民出版社,2013:488.
③ 毛泽东选集(第三卷)[M].北京:人民出版社,1991:892.
④ 毛泽东选集(第三卷)[M].北京:人民出版社,1991:1101.

渡过了这一艰难的历史时期。在整个抗日战争过程中,八路军、新四军百折不挠,深入敌后,把国民党军队丢弃的枪械捡起来,把沦陷区的同胞们组织起来,广泛开展游击战争,使日本帝国主义陷入了人民战争的汪洋大海,最终完成了民族独立、人民解放的神圣使命。

　　1946年6月,国民党蒋介石集团无视人民对于和平建国的愿望,毅然发动内战。这时国内外乃至中国共产党内部曾有部分人对敌我形势认识不清,过高估计了美国与国民党蒋介石集团的力量,缺乏战胜他们的信心。1946年8月6日下午,毛泽东在延安杨家岭的窑洞前同美国记者安娜·路易斯·斯特朗谈话时提出了战略上藐视敌人的著名论断,"一切反动派都是纸老虎……蒋介石和他的支持者美国反动派也都是纸老虎""真正强大的力量不是属于反动派,是属于人民""决定战争胜败的是人民,而不是一两件新式武器"。[①] 因为,真正的力量存在于人民群众之中,只有人民群众是不可战胜的。原子弹虽然是一种大规模的杀伤性武器,但它只是"美国反动派用来吓人的一只纸老虎,看样子可怕,实际上并不可怕"[②]。"只有原子弹而没有人民的斗争,原子弹是空的。"[③]"中国人民在美国帝国主义和中国反动派的联合进攻之下,将要受到长时间的苦难,但是这些反动派总有一天要失败,我们总有一天要胜利。这原因不是别的,就在于反动派代表反动,而我们代表进步。"[④]毛泽东的这一系列英明论断,从思想上、精神上武装了中国共产党和中国人民,极大地增强了他们与美国帝国主义支持下的国民党蒋介石集团进行坚决斗争的勇气和信心。在毛泽东敢于斗争、敢于胜利思想的指引下,解放区的广大军民同仇敌忾,奋起反击,与国民党军队进行了英勇战斗,并最终取得了解放战争的伟大胜利。

　　中国共产党敢于斗争的奋斗精神不仅体现在革命时期,也体现在社会主义建设时期。以铁人王进喜等为代表的大庆石油人以"宁肯少活二十年,拼命也要拿下大油田""有条件要上,没有条件创造条件也要上"的劲头,苦

---

①　毛泽东选集(第四卷)[M].北京:人民出版社,1991:1195.

②　毛泽东选集(第四卷)[M].北京:人民出版社,1991:1194-1195.

③　毛泽东选集(第四卷)[M].北京:人民出版社,1991:1133.

④　毛泽东选集(第四卷)[M].北京:人民出版社,1991:1195.

战3年摘掉了中国"贫油"的帽子。20世纪60年代,勤劳勇敢的林州(现河南省林州市)人民,仅仅靠着一锤、一铲、一双手,战天斗地,劈山凿石,历经十年在崇山峻岭之间建成世界第八大奇迹"人工天河"——红旗渠。这种"敢教日月换新天"的革命精神恰恰就是中国共产党敢于斗争、敢于奋斗精神的生动体现。

【延伸阅读4】

恽代英:"留得豪情作楚囚"

"浪迹江湖忆旧游,故人生死各千秋,已摈忧患寻常事,留得豪情作楚囚。"[①]这是恽代英1931年在南京江东门外中央军人监狱中写下的一首气吞山河的诗词。

恽代英,1895年8月12日出生在湖北武昌一个官宦家庭。父亲恽爵三为清朝知府下属八品官,母亲陈葆云出身于仕宦之家,是恽代英的启蒙老师。恽代英兄妹5人,他排行第二。从小就酷爱学习的恽代英,每看到一本好书,便废寝忘食地阅读,读完方罢休。1913年,18岁的恽代英考入武汉私立武昌中华大学预科。1915年,他进入武昌中华大学文科班攻读中国哲学。1917年10月,他发起组织了武汉地区最早、最有影响的进步团体互助社,出版《互助》刊物,宣传新文化新思想。1918年毕业后,他留校担任了武昌中华大学附中部主任,开始了他的教学生涯。

1919年五四运动爆发后,受林育南等进步青年的影响,恽代英逐渐成长为一名激进的民主主义者,经常组织领导武汉各阶层人民的反帝反封建活动。后来他以学校为阵地,利用在安徽宣城师范、四川川南师范、成都高等师范等校任职的机会,积极开展革命活动,播撒革命种子。1920年2月,恽代英和林育南等人在武汉创办利群书社,经销革命书刊,研讨和传播马克思主义。随后,他到北京同李大钊、邓中夏建立了联系。4月,受少年中国学会的委托,恽代英负责编辑"少年中国学会丛书"。这时期,他还先后翻译出版了恩格斯的《家庭、私有制和国家的起源》部分章节和考茨基的《阶级争

---

① 恽代英全集(第九卷)[M].北京:人民出版社,2014:305.

斗》一书,开始重视对马克思主义的学习和研究。恽代英还秘密组建了具有共产主义性质的革命团体共存社,其中很多成员后来都加入了中国共产党,充实了党的组织力量。在一系列的斗争实践中,恽代英的思想日趋成熟,由过去的无政府主义开始转为对马克思主义的信仰。

1921年7月,恽代英申请加入中国共产党,成为一名伟大的共产主义战士。1923年,他被选为中国共产主义青年团中央执行委员,任宣传部长兼《中国青年》主编,以其雄辩的才能、生动的文章、热忱的激情,教育了广大革命青年。第一次国共合作建立后,他和毛泽东、邓中夏、向警予等人参加了国民党上海执行部的领导工作,编辑《新建设》月刊,宣传中国共产党的立场、方针和政策,批驳国民党右派的种种谬论。"中山舰事件"后,为加强黄埔军校的领导工作,中国共产党派恽代英到黄埔军校任政治主任教官。1927年3月,国民党中央将武汉分校由校长制改为委员制,由恽代英和谭延闿、邓演达三人担任常务委员,主持校务工作。

1927年8月1日,南昌起义爆发,恽代英任党中央前敌委员会委员。同年秋天,他又参加广州起义筹备工作,任行动委员会委员(总指挥张太雷)。12月11日,广州起义爆发后,恽代英担任广州苏维埃政府秘书长。起义失败后,恽代英转移到香港,从事党的地下工作,任中共广东省委秘书长,并主编广东省委机关刊物《红旗》。他常对周围的同志说,世界上没有一帆风顺的革命,挫折是不可避免的,要经得起挫折。只有不怕失败的人才是能取得胜利的人。"我们的希望,我们的理想社会主义、共产主义恐怕也实现了。那时世界多么美妙!也许那时年轻人,会不相信我们曾被又残暴又愚蠢的两脚动物统治过多少年代;也不易领会我们走过的令人难以设想的崎岖道路,我们吃尽苦中苦,而我们的后一代则可享到福中福。为了我们最崇高的理想,我们是舍得付出代价的。"①

1928年秋,恽代英奉命从香港调到上海党中央组织部任秘书,协助部长周恩来工作。1930年5月6日下午,恽代英在上海杨树浦怡和纱厂门前联络工作时被国民党逮捕。为了掩护自己的身份,他化名王作霖。敌人将他押至巡捕房反复拷打,不得其果。次日他被以共产党嫌疑犯关押在上海

---

① 回忆恽代英[M].北京:人民出版社,2015:218.

龙华警备司令部看守所,6月转入漕河泾监狱。不久,他被以"个人擅自开会"罪,判5年徒刑。1930年8月27日,恽代英被转往苏州监狱,次年2月又被押至南京江东门外中央军人监狱。虽然狱中非人的生活与疾病折磨使他的身体变得越来越虚弱,但他革命的斗争精神却从没有因此减退过。他对监狱里的难友们说:"对一个革命者来讲,战场固然是考验,而监狱也是一个特殊的战场。一个真正的革命者,在这个特殊的战场上,在生死面前,要经得起严峻的考验。"他还用通俗易懂的语言编写了一本解释中共"十大纲领"的工人读本。

恽代英被捕后,党中央多次设法营救。但不幸的是,1931年4月,当时担任中共中央政治局委员、中央特科负责人的顾顺章被捕后叛变,向国民党供出"王作霖"就是恽代英。蒋介石命令军法司司长王震南到监狱核实,并对他进行劝降未果后,给他戴上了手铐脚镣,在得知他不肯投降的消息后,蒋介石下令就地执行枪决。

1931年4月29日中午12时,恽代英被押往南京城西江东门行刑,他一路神色坦然,昂首挺胸地高唱着《国际歌》,并在临刑前面对着刽子手发表了慷慨激昂的演说:"蒋介石走袁世凯的老路,屠杀爱国青年,献媚帝国主义,较袁世凯有过之而无不及,必将自食其果!"敌人的执法官急忙下令开枪,恽代英高喊着"打倒蒋介石!""中国共产党万岁!"的口号光荣倒下,年仅36岁。

1950年,周恩来为纪念恽代英遇难19周年,对他的一生作了高度的概括:"他的无产阶级意识、工作热情、坚强意志、朴素作风、牺牲精神、群众化的品质、感人的说服力,应永远成为中国革命青年的楷模。"①

三、坚持实事求是思想路线

为实现共产主义的远大目标而奋斗,首先就必须从实际出发,把崇高的理想同实事求是的精神和脚踏实地的工作统一起来,把理想主义同现实主义统一起来,既放眼未来又立足当前。

---

① 中共中央文献研究室,中央档案馆.建国以来周恩来文稿(第二册)(一九五〇年一月——一九五〇年六月)[M].中央文献出版社,2008:360.

毛泽东在《改造我们的学习》一文中立足于马克思主义哲学的立场,结合中国革命的实际,对"实事求是"作了科学的阐释,他指出:"'实事'就是客观存在着的一切事物,'是'就是客观事物的内部联系,即规律性,'求'就是我们去研究。"①这表明,实事求是就是从客观存在的事物出发,寻找客观事物的内部联系和发展规律,用以指导我们的实践。实事求是首先承认事物的客观存在,这是辩证唯物主义的世界观,用这样的世界观去认识世界和改造世界,就是方法论。有什么样的世界观就有什么样的方法论,辩证唯物主义是科学的世界观,也是科学的方法论。因此,实事求是是世界观与方法论的统一。在《改造我们的学习》中,毛泽东全面分析了实事求是与主观主义两条思想路线的对立,指出主观主义的主要缺点就是:不注重研究现状,不注重研究历史,不注重马克思列宁主义的应用。他号召全党反对主观主义,确立实事求是的思想路线,用马克思列宁主义的理论和方法,对周围环境作系统周密的调查研究,不要割断历史,不要仅仅凭主观热情去工作,要把革命气概和实际精神结合起来。②

早在中国共产党创建初期,中国的先进分子在学习、运用马克思主义理论的时候就注重用实事求是的观点来分析中国问题。李大钊一方面肯定马克思主义具有普遍的意义;另一方面又指出,"一个社会主义者,为使他的主义在世界上发生一些影响,必须要研究怎样可把他的理想尽量应用于环绕着他的实境"③。当人们以一种理论"作工具,用以为实际的运动"时,这种理论"会因时、因所、因事的性质情形生一种适应环境的变化"④,即在运用中得到发展。他指出,社会主义的理想,"因各地、各时之情形不同,务求其适合者行之,遂发生共性与特性结合的一种新制度(共性是普遍者,特性是随时随地不同者),故中国将来发生之时,必与英、德、俄……有异"。⑤ 这说明,中国早期的马克思主义者已经初步形成了马克思主义应当与中国实际相结合的思想。

在长期的革命实践中,以毛泽东为代表的共产党人非常重视将马克思

①② 毛泽东选集(第三卷)[M].北京:人民出版社,1991:801.
③④ 李大钊文集(第三卷)[M].北京:人民出版社,2013:51.
⑤ 李大钊文集(第四卷)[M].北京:人民出版社,2013:248.

主义的理论指导与中国的实际结合以解决中国革命的实际问题,是实事求是思想的深入践行者。农村包围城市道路的形成和提出,是中国共产党为实现共产主义理想而探索出的一条符合中国实际的奋斗之路,是以毛泽东为代表的中国共产党人坚持实事求是思想路线的重要体现。正是因为坚持实事求是的思想路线,我们党才能在长期的革命实践中一步步达到自己的目标,铸就辉煌的成绩。

　　中国共产党创立百年的发展历程表明,坚持一切从实际出发、将马克思主义理论中国化,是共产党人实践活动取得成功的重要原则。违背了这一原则,革命就会失败。在社会主义建设和改革的各个时期也是如此。从20世纪50年代后期开始,由于受"左"的指导思想的影响,我们党没有很好地坚持和贯彻实事求是的思想路线,导致马克思主义教条化,理论与实际严重脱节,马克思主义中国化事业经历了长达20年的曲折经历。在历史转折的关键时期,中国共产党秉持追求真理及勇于自我批评、敢于修正错误的可贵政治品质,及时修正了错误,扭转了局面。"文化大革命"结束后,邓小平重新恢复了实事求是的思想路线,后来又经过历届领导集体的发展,逐步丰富完善为"解放思想、实事求是、与时俱进"的思想路线,从而为开创新时代中国特色社会主义的新局面奠定了重要思想基础。回顾中国共产党百年来的历程,不难发现党在马克思主义中国化进程中取得的成就和经历的挫折,归根结底在于是否坚持一条正确的思想路线。① 马克思主义中国化的重要理论成果——毛泽东思想、邓小平理论、"三个代表"重要思想、科学发展观、习近平新时代中国特色社会主义思想,虽各有不同的内容体系,形成于不同的历史时期,但有一点是一致的,即都贯穿了解放思想、实事求是、与时俱进的思想路线。

---

　　① 胡建成,彭冰冰.实事求是思想路线与马克思主义中国化[J].教学与研究,2011(6):37-41.

第三节　艰苦奋斗是中国共产党的政治本色

毛泽东指出,"艰苦奋斗是我们的政治本色"①。党的十九大明确指出中国特色社会主义已经进入新时代。面对这一新的历史方位,共产党员应不忘初心、牢记使命,毫不动摇地坚定共产主义远大理想和中国特色社会主义共同理想,以马克思主义中国化的最新成果——习近平新时代中国特色社会主义思想为指导,发扬艰苦奋斗精神,始终走在时代前列。

一、早期共产党人的实干精神

马克思主义具有鲜明的实践品格,它不是书斋里的学问,而是认识世界、改造世界的强大精神力量。马克思主义是为了改变人民历史命运而创立的,是在人民求解放的实践中形成的,也是在人民求解放的实践中丰富和发展的。早期共产党人敢于把产生于发达国家的先进的科学理论——马克思主义拿过来指导落后国家的革命,表现了非凡的勇气与智慧,在此基础上发挥实干精神,推动了马克思主义与中国实际情况的初步结合,使得中国革命呈现焕然一新的面貌。

五四运动后,以李大钊、陈独秀、李汉俊、李达等为代表的共产主义先进分子以实干精神为先,迅速成为传播马克思主义的一支不可忽视的力量,他们深入工农群众中,了解民众疾苦,利用通俗易懂的语言向劳工大众介绍马克思主义,努力推进马克思主义与工人运动的进一步融合。俞秀松在工读互助团的实验失败后,到上海厚生铁工厂做工,尝试做实际的工人运动工作,参与指导成立了工人夜校、俱乐部和工会。之后,他又协助陈独秀联合上海7个工人团体,为争取8小时工作制和改善工人待遇举行集会,会上高呼"劳工万岁"。1921年3月,担任中国社会主义青年团临时中央书记的俞秀松带领团员,参加了声援上海法租界电车工人罢工运动,对党领导的工人

---

① 毛泽东文集(第七卷)[M].北京:人民出版社,1999:162.

斗争产生了重要的影响。沈玄庐和邵力子经常到上海早期党组织帮助建立的工人学校和团体中进行演说宣传。邵力子是中国共产党中较早提出建立现代工会的知识分子,他利用自己主编《民国日报》《觉悟》副刊的机会,经常报道和声援各地工人运动,并赞扬工人取得的成就,指出工人应该摆脱旧式帮会和被政客操纵的模式,组建属于自己的团体,对党领导的工人斗争产生了重要的影响;陈望道在担任上海早期党组织的劳工部长期间,直接参与筹建了我们党发起成立的第一个工会组织——上海机器工会及印刷工会,并负责指导和组织纺织工会和邮电工会的活动,为积极组织和发动工人运动作出了重要的贡献。

在中国共产党的创建过程中,从第一个早期党组织的建立到中共二大完成党的创建,党的组织结构建立、党章制定、党员发展、革命政策不断完善,无不展现了早期共产党人的实干精神。1920 年 8 月,中共早期组织成立后,列宁的建党学说迅速成为中国共产党组织发展的指导思想。11 月,中共上海早期组织发表的《中国共产党宣言》起到了临时党纲的作用。之后,《新青年》和《共产党》月刊上发表了大量文章,对俄国共产党的创建历程、奋斗历史、纲领和组织原则进行了比较全面的介绍,在赞扬其领导苏俄革命和建设取得巨大成就的同时,更对列宁领导的俄共(布)的建党方式和组织原则产生了非常大的兴趣。据沈雁冰回忆"我记得在嘉兴南湖会前一两个月,陈独秀叫我翻译《国际通讯》中很简单的《俄国共产党党章》,作为第一次党代表大会的参考"[1],对中国共产党第一个纲领的诞生产生了至关重要的影响。沈雁冰译载的《美国共产党党纲》和《美国共产党宣言》,为中共一大党纲的制定提供了完整蓝本。在中国共产党成立前夕,各地中共早期组织进行了关于建党问题的大讨论,还与无政府主义者进行了激烈的论战,通过批判绝对自由的思想,充分阐述了无产阶级政党的民主集中制组织原则和无产阶级专政的必要性,统一了建党思想,纯洁净化了党组织。同时,中国共产党成立后通过一年革命斗争的实践,深化了对中国社会和革命性质的认识,终于在党的第二次全国代表大会上提出了中国第一个彻底的反

---

[1]　中国社会科学院现代史研究室,中国革命博物馆党史研究室."一大"前后——中国共产党第一次代表大会前后资料选编(二)[M].北京:人民出版社,1984:46.

帝反封建革命纲领,这是马克思列宁主义的普遍原理同中国革命具体实际第一次结合的成果。可见,中国共产党成立后,注重从实际出发,尤其注重吸收无产阶级政党理论和国际共产主义运动的经验,促进了党组织的成熟和壮大,对中共二大制定中国共产党第一部党章、最终完成党的创建,提供了理论依据,并指明了正确的方向。

大革命时期,早期共产党人不仅教育广大党员、革命军人和干部为共产主义远大理想无私奋斗,还在革命斗争实践中,勤勉工作,充分弘扬实干精神,十分关心人民群众的切身利益,切实把党的政治信仰转化为巨大的斗争力量。为了将广大劳动人民从被剥削、被压迫的生活中解救出来,他们深入底层与工人促膝长谈,同农民在田间劳作,关注无产阶级及其广大人民的生存困境和发展需求。1927年1月4日到2月5日,毛泽东在32天内步行700多千米,实地考察了湘乡、湘潭、衡山、醴陵、长沙五县的农民运动情况。每到一处,他都广泛接触和访问广大群众,召开各种类型的座谈会,获取大量的第一手资料。2月16日,他写信给中共中央,提出解决农民土地问题,已经不是宣传而是立即实行的问题。3月,他发表了《湖南农民运动考察报告》,很好地总结了湖南农民运动的经验,驳斥党内外怀疑和指责农民运动的论调,同时得到了共产国际执委会主席布哈林"文字精练,耐人寻味"的称赞。

陈延年是陈独秀的长子,在党内有"小列宁"之称,博学多才,为人正直,办事果敢、雷厉风行,担任广东区委书记期间要求区委主要负责人到工厂、农村,深入广大劳动群众中,大力开展工农革命运动。陈延年以身作则,常穿着工人服,到工人聚集之地,与工人交朋友,多次和人力车工人一起拉车,学讲广州话,谈人生和社会革命的道理,毫无留学生与领导人的架子,工友们亲切地称他为"老陈"。当时香港的一家报纸为了诋毁共产党人,曾就此事发过一条新闻,讥笑共产党的干部竟然去当手车夫。陈延年看到后,反而很高兴,对同志们说:共产党人当手车夫,这不仅不是耻辱,而且是十分光荣的事。彭湃是中国共产党内最早重视并实际从事农民运动的著名领袖,他非常重视和维护广大农民的利益,换上粗布衣服,真心和农民交朋友,用通俗的语言来讲地主剥削的不合理,徐向前回忆彭湃"他个头不高,身着普通农民的衣服,脚穿草鞋,不论走到哪里,都能和群众谈心、交朋友……饭碗上沾着鸡屎,他毫不在乎,端起碗就吃。这一点确是难能可贵的,我很佩服他"①。

可以说,早期共产党人勇敢面对了当时风云变幻时代带来的机遇与挑战,以实干的精神、特有的冲劲和内在的动力扩大了马克思主义的传播,为准备中国共产党早期组织的成立奠定了思想和组织基础,推动了大革命的蓬勃发展,在党史上写下了光辉的篇章。

【延伸阅读5】

赵世炎:"奋斗为人生第一要义"

1901年4月13日,在四川省酉阳县龙潭镇(现重庆酉阳)一个商业主家里增添了一个男丁,因父亲感受到当时的世态炎凉,希望他的小儿子能够像一团火一样去照亮这个世界,故给他取名赵世炎。谁也不曾想到,他后来成长为中共早期杰出的无产阶级革命家、著名的工人运动领袖。他那句"奋斗二字,愚常奉以为人生第一要义。无论何事,皆应奋斗。生今之世,处此万恶社会,不奋斗,何以为人也"②。成为激励千千万万马克思主义信仰者、传播者的奋斗誓言。

头脑聪明、勤奋好学的赵世炎14岁就考入国立北京高等师范学校附属中学,这期间正值新文化运动风起云涌之时,赵世炎深受陈独秀主办的《新青年》影响,并积极投身于这场运动。1919年,经李大钊介绍,他加入少年中国学会,参与主编《平民》周刊、《少年》半月刊和《工读》半月刊等进步刊物,宣传反帝反封建思想,提倡科学与民主,公开主张在中国实现社会主义。1920年5月,为追求救国救民的真理,赵世炎赴法国勤工俭学。1921年春,赵世炎与周恩来、张申府等人发起成立了旅法中国共产党早期组织,开始了在西欧的政治活动。同年秋天,因勤工俭学学生参加了法国工人反对资本家和农场主的罢工运动,触怒了中法反动派,法华教育会决定停发留法学生勤工俭学的维持费,因而引起留法勤工俭学学生争取里昂大学求学权的斗争。赵世炎是这次斗争运动的总代表,他和104名

---

① 徐向前.历史的回顾[M].北京:人民出版社,2016:36.
② 赵世炎文集[M].北京:人民出版社,2013:13.

学生到里昂大学开展强占"里大"校舍的活动,后遭法国反动武装警察的镇压,他们被关押在兵营中,赵世炎等代表们进行了绝食斗争。最后,法国当局竟以"过激党"的罪名,将赵世炎、蔡和森、罗学瓒、陈毅等 104 名勤工俭学学生驱逐出境。赵世炎乘混乱之机,巧妙地逃出戒备森严的兵营,继续留在巴黎。

为了加速培养干部,迎接中国革命的高潮,旅欧总支部有计划地抽调大批干部到莫斯科东方劳动大学学习。1923 年 3 月 18 日,赵世炎与王若飞、陈延年等 12 位同志第一批赴苏联学习和考察十月革命经验。在苏联,赵世炎抓紧一切时机"猛学猛译",努力钻研马克思列宁主义。

1924 年 7 月,赵世炎离开莫斯科回国。他开始担任中共北京地委(中共北京区执行委员会)书记,把主要精力倾注在建党工作上。他对组织建设和思想建设极为重视,特别强调,无产阶级政党必须要有铁的纪律。五卅运动后,北京成立了中共北方区执行委员会,赵世炎任区委委员、宣传部长并兼北方区职工运动委员会书记。他经常不分昼夜地往来于京、津、张、唐一带,指导工人运动的开展。

1926 年 3 月,第三次全国劳动代表大会召开,赵世炎被选为大会主席团成员。5 月,赵世炎被调任为江浙区委(兼上海区委,包括江苏、浙江、安徽三省和上海市)组织部长兼上海总工会的党团书记,指导江、浙一带党的建设和工人运动的开展。为了解工人生产生活和革命斗争情况,他经常与罗亦农、汪寿华等同志一起深入沪东、浦东等地的工厂中调研,与工人、群众打成一片。在他的带领下,纱厂、电车等各行各业近 200 万工人,2 个月内就发动了数百次经济大罢工。

1927 年 3 月,赵世炎和周恩来等一起领导和发动了震惊中外的上海第三次工人武装起义。他以大无畏的革命精神率领几千名工人组成纠察队,与北洋军阀反动军警展开殊死搏斗,工人纠察队用 150 杆旧枪支、3 颗炸弹,血战 30 小时,击退军警近 5000 名,缴获长短枪 4000 余支、轻重机枪 100 余挺,取得了振奋人心的完全胜利。

不久,蒋介石发动了"四一二"反革命政变,白色恐怖笼罩全国,许多党组织被破坏、共产党员被捕牺牲。在这极其艰难的环境里,上海党组织被迫转入地下。1927 年 7 月 2 日晚上,赵世炎因叛徒告密被捕。赵世炎在狱中受尽了折磨,严刑拷打下,也没有使他屈服,反而是他把法庭当讲坛,滔滔不绝地讲述共产党在中国人民解放运动中的丰功伟绩,大骂国民党卖国无耻。在狱中,赵世炎不断地鼓励同志们:"不要害怕,越怕越没有希望。""改造社会就是要付出代价。""共产党就是战斗的党,没有战斗就没有了党。党存在一天就必须战斗一天。不愿意参加战斗,还算什么共产党员?"

1927年7月19日早晨,在上海龙华枫林桥畔,国民党当局杀害了这位年仅26岁的优秀党员。在生命的最后时刻,赵世炎振臂高呼,"工农兵联合起来""打倒新军阀蒋介石""中国共产党万岁"。敌人虽残忍地砍下了他的头颅,但他英雄的身躯久久不倒,吓坏了刽子手。

可以说,赵世炎短暂的一生,每分每秒都在为共产主义事业奋斗。《救国时报》评价说:"人们公认他是上海工会的灵魂,中国共产党的天才领袖,中华民族不可多得的英雄。"

二、百年艰苦奋斗的伟大成就

中国人民是具有伟大奋斗精神的人民。艰苦奋斗是中华民族的传统美德,是中华民族自尊、自信、自强的集中体现。女娲补天、夸父追日、精卫填海、大禹治水等中国古代的神话传说反映了古人在洪荒时期与自然搏斗的历史。"艰难困苦,玉汝于成"成为无数仁人志士的座右铭。万里长城、京杭大运河等见证着中国人民锲而不舍、吃苦耐劳、不屈不挠的艰苦奋斗精神。

艰苦奋斗,是中华民族的优良传统,也是中国共产党的优良传统。土地革命时期,在井冈山的斗争中,面对艰苦的斗争环境和物质条件,红军官兵发扬艰苦奋斗的精神,积极展开自救运动,"星星之火、可以燎原""红米饭、南瓜汤"展现了对共产主义的坚定信念。在长征途中,无论是面对险恶的自然环境,还是敌人的围追堵截,红军战士以超乎寻常的意志进行了艰苦卓绝的斗争,"红军不怕远征难,万水千山只等闲"表现了革命必胜的信念,正是凭借这种精神,红军斩关夺隘、抢险飞渡,打退了追兵阻敌,战胜了艰难险阻,取得了胜利。在抗日战争时期,经济十分落后、物资极度匮乏,面对"要么饿死,要么解散,要么自己动手丰衣足食"的艰难困苦,中国共产党凭着坚定的共产主义理想带领人民在革命圣地延安自力更生、艰苦创业,粉碎了经济封锁,克服了财政困难,为夺取抗日战争和解放战争的胜利奠定了物质基础。解放战争时期,在西柏坡提出的"两个务必"之一,"务必使同志们继续地保持艰苦奋斗的作风"①,包含着对我们党艰苦奋斗历程的深刻总结和发扬艰苦奋斗精神的明确要求。社会主义建设和改革的历史,也是如此,是一部我们党领导中国人民艰苦奋斗的创业史。

艰苦奋斗作为我们党的政治本色,成为凝聚党心、民心和激励全党全国人民共同奋斗的伟大精神力量。中国共产党成立百年来的光辉历程,始终与奋斗相伴相随。中国共产党是靠艰苦奋斗起家的,也是靠艰苦奋斗发展壮大、成就伟业的。

我们党自1921年成立后,团结带领中国人民进行28年浴血奋战,打败日本帝国主义,推翻国民党反动统治,完成新民主主义革命,建立了中华人民共和国。这一伟大历史贡献的意义在于,彻底结束了旧中国半殖民地半封建社会的历史,彻底结束了旧中国一盘散沙的局面,彻底废除了列强强加给中国的不平等条约和帝国主义在中国的一切特权,实现了中国从几千年封建专制政治向人民民主的伟大飞跃。

1949年后,我们党团结带领中国人民完成社会主义革命,确立社会主义基本制度,消灭一切剥削制度,推进了社会主义建设。这一伟大历史贡献的意义在于,完成了中华民族有史以来最为广泛而深刻的社会变革,为当代中国的一切发展进步奠定了根本政治前提和制度基础,为中国发展富强、中国人民生活富裕奠定了坚实基础,实现了中华民族由不断衰落到根本扭转命运、持续走向繁荣富强的伟大飞跃。

1978年党的十一届三中全会以后,我们党团结带领中国人民进行改革开放,这一新的伟大革命极大激发了广大人民群众的创造性,极大解放和发展了社会生产力,极大增强了社会发展活力,人民生活显著改善,综合国力显著增强,国际地位显著提高。这一伟大历史贡献的意义在于,开辟了中国特色社会主义道路,形成了中国特色社会主义理论体系,确立了中国特色社会主义制度,发展了中国特色社会主义文化,使中国赶上了时代,实现了中国人民从站起来到富起来、强起来的伟大飞跃。

---

① 毛泽东选集(第四卷)[M].北京:人民出版社,1991:1439.

中国共产党领导中国人民取得的伟大胜利,使具有五千多年文明历史的中华民族全面迈向现代化,让中华文明在现代化进程中焕发新的蓬勃生机;使具有500年历史的社会主义主张在世界上人口最多的国家成功开辟出具有高度现实性和可行性的正确道路,让科学社会主义在21世纪焕发新的蓬勃生机;使具有70多年历史的新中国取得举世瞩目的成就,中国这个世界上最大的发展中国家在短短40多年里摆脱贫困并跃升为世界第二大经济体,创造了人类社会发展史上惊天动地的发展奇迹,使中华民族焕发新的蓬勃生机。

在百年波澜壮阔的历史进程中,中国共产党紧紧依靠人民,跨过一道又一道沟坎,取得一个又一个胜利,为中华民族作出了伟大历史贡献,从根本上改变了中国人民和中华民族的前途命运,赢得了全国各族人民的衷心拥护和支持。在中国共产党坚强而正确的领导下,我们比历史上任何时期都更接近、更有信心和能力实现中华民族伟大复兴的目标。在新时代,我们仍要继续弘扬奋斗精神,矢志不渝,顽强拼搏、奋勇争先。

奋斗精神与改革开放

三、为完成历史使命继续奋斗

在新时代长征路上前行的中国共产党人,将面临许多方面的重大困难、重大挑战、重大风险、重大考验。因此,我们要淬炼坚如磐石的理想信念,不忘初心、牢记使命,继续奋斗。坚定理想、百折不挠的奋斗精神昭示我们,逆水行舟,不进则退。面对我国的基本国情和我们党的历史使命,没有坚定的理想和必胜的信念,没有不畏艰辛、励精图治的精神状态和艰苦奋斗、顽强拼搏的作风,就难以克服前进道路上的重重困难,难以战胜前进道路上的风险和挑战。

居安思危,忧患意识是中华民族优秀传统文化的重要内容,要求在安定和平的境遇中也要虑及可能遇到的危难。"居安思危"不论对国家、对政党、对个人都极为重要。在百年的奋斗史中,中国共产党之所以能保持如此旺盛的生机与活力,就在于它具有强烈的忧患意识。正是怀着为民族独立、人民解放和国家富强寻求根本出路的忧患意识,早期共产党人才创建了中国共产党,义无反顾地走上民主革命的道路。到20世纪40年代的延安时期,我们党经历血与火的考验,逐渐开始独立思考探索中国的革命问题,经过三年的整风运动,全面系统总结了历史经验,初步确立了实事求是的思想路线,丰富了党的指导思想,为夺取抗日战争的最终胜利奠定了坚实基础。

1949年中华人民共和国成立前夕,共产党人在迎接即将到来的胜利时,始终保持清醒头脑,增强忧患意识。在七届二中全会上,毛泽东估计了革命胜利后党内可能产生的骄傲、贪图享乐等情绪,告诫全党"夺取全国胜利,这只是万里长征走完了第一步……中国的革命是伟大的,但革命以后的路程更长,工作更伟大,更艰苦"①。毛泽东号召全党在胜利面前"务必使同志们继续地保持谦虚、谨慎、不骄、不躁的作风,务必使同志们继续地保持艰苦奋斗的作风"②。中国共产党正是具有强烈的居安思危意识、忧患意识,怀着"赶考"的心态,才能从西柏坡顺利走向北平(现北京市),缔造了伟大的新政权。

中国共产党在执政以后,仍然保持着强烈的忧患意识、危机意识。改革开放以来,我们党对历史上的错误、偏差进行了积极反思、纠正,提出了以经济建设为中心的重要思想,开创了中国特色社会主义的新局面。邓小平曾经指出:"中国要出问题,还是出在共产党内部。""说到底,关键是我们共产党内部要搞好。"③习近平总书记多次强调,我们共产党人的忧患意识,就是忧党、忧国、忧民意识,这是一种责任,更是一种担当。我们党要想永葆先进性,完成共产主义的伟大事业,必须要常存忧患意识、居安思危。只要每一个党员干部做到"先天下之忧而忧,后天下之乐而乐",那么,我们的党才能充满活力,我们的国家才会繁荣富强,人民才会幸福。

中华民族是勤劳勇敢的民族,中国人民通过艰苦奋斗铸就了五千年的中华文明。习近平总书记指出:"中国人民依靠自己的勤劳、勇敢、智慧,开

① 毛泽东选集(第四卷)[M].北京:人民出版社,1991:1438.
② 毛泽东选集(第四卷)[M].北京:人民出版社,1991:1438-1439.
③ 邓小平文选(第三卷)[M].北京:人民出版社,1993:380-381.

创了各民族和睦共处的美好家园，培育了历久弥新的优秀文化。"①中国人民通过艰苦奋斗，改革创新，团结拼搏，换来了今天的繁荣与富强。经过40多年的改革开放，我国已成为世界第二大经济体，人民生活显著改善，综合国力显著增强，国际地位显著提高。如今的中国正在走向世界舞台中央，展示着泱泱大国的风范。我国发展站到了新的历史起点上，中国特色社会主义进入新时代。但是，我们必须清醒地认识到，虽然社会主要矛盾发生了变化，但我国仍处于并将长期处于社会主义初级阶段的基本国情没有变，中国作为世界上最大的发展中国家的国际地位没有变。这种国情从根本上决定了共产党人要继续坚持艰苦奋斗的精神。习近平总书记强调："全党一定要保持艰苦奋斗、戒骄戒躁的作风，以时不我待、只争朝夕的精神，奋力走好新时代的长征路。"②

新时代要有新的精神状态，新使命需要新的奋斗姿态。新时代是奋斗者的时代。实现"两个一百年"奋斗目标，实现中华民族伟大复兴的中国梦，我们必须保持和发扬永不懈怠的精神状态和一往无前的奋斗姿态。

坚定理想、百折不挠的奋斗精神是红船精神的支柱

① 习近平.习近平谈治国理政（第一卷）[M].北京：外文出版社，2018：4.
② 习近平.决胜全面建成小康社会　夺取新时代中国特色社会主义伟大胜利——在中国共产党第十九次全国代表大会上的报告[M].北京：人民出版社，2017：69-70.

第四章 立党为公、忠诚为民的奉献精神

中国的早期马克思主义者创建中国共产党不是为了自己的私利,而是为了国家富强、民族振兴、人民幸福。"立党为公"彰显了马克思主义政党的性质和宗旨,"忠诚为民"彰显了共产党人的价值追求。立党为公、忠诚为民的奉献精神实质上体现了党性与人民性的内在统一。

第一节 马克思主义的阶级立场与价值旨归

马克思主义之所以能站在道义的制高点,就在于它坚持实现人民解放、维护人民利益的立场,以实现人的自由而全面的发展和全人类解放为己任,反映了人类对理想社会的美好憧憬。马克思主义必须以"人民性"作为自己的实践指向。这是马克思主义成为时代的精华,代表人民的意志和利益,代表着历史发展方向的根本原因之所在,也是区分真假马克思主义的试金石。

一、为人类解放事业不懈奋斗

作为千年以来最伟大的思想家、革命家之一,马克思超过以前众多革命家之处在于,他不是在废除旧制度之后又建立一种压迫剥削制度,而是要创建一个新世界,使全人类都得到自由解放。以前众多革命家都领导过革命武装斗争,他们大都并非思想家,又缺少科学理论指导,因此都难以取得革命胜利,即便胜利了也仍有很大局限性。而作为革命家的马克思,虽然没有直接上过战场,却也历经艰险,曾被逮捕、受审和驱逐出境,长期流亡。他艰

苦卓绝地从事秘密斗争与合法斗争。他主办报刊,起草文献,悉心著述,发表讲演,联系群众,都是为了革命斗争的需要。他是集政治家、组织家、思想家、理论家于一身的新型革命家的楷模。

实现全人类的解放是马克思终身为之奋斗的使命。正如恩格斯所说:现代无产阶级的"解放事业",是马克思"毕生的使命",他"可能有过许多敌人,但未必有一个私敌"。① 从1842年投身革命到1883年逝世,马克思把自己一生的全部精力和智慧,忠实地贡献给无产阶级的解放事业。这种崇高和伟大的革命精神最受人尊敬和爱戴。马克思把为这一伟大事业而斗争视为最大的快乐,始终保持他那极高的革命热情和青春般的活力,他总是"满腔热情、坚忍不拔和卓有成效地进行斗争"。② 为了无产阶级革命事业,不管到哪里,他都在从事斗争。他说:"我是世界的公民,我走到哪儿就在哪儿工作。"③马克思从不向一切反动势力屈服,列宁写道:"马克思……是一个革命家,主张'对现存的一切进行无情的批判',尤其是'武器的批判',他诉诸群众,诉诸无产阶级。"④这充分表现了马克思坚贞不屈、无所畏惧的革命精神和为人类解放事业而奋斗的奉献精神。

中国共产党人把自己的命运与国家民族的命运联系在一起,义无反顾地担当起为中国人民谋幸福、为中华民族谋复兴的伟大使命。毛泽东走出韶山冲,外出求学时曾用"孩儿立志出乡关,学不成名誓不还,埋骨何须桑梓地,人生无处不青山"⑤的诗句表达志在四方的决心。面对内忧外患的中国,他深感"天下兴亡、匹夫有责",立志要为民族独立、人民幸福而奋斗。他曾给自己取名"子任",就是表明把救国救民作为自己的责任和抱负。他在湖南图书馆第一次看到了世界大地图时,因从地图上找不到韶山,进而想到全湖南、全中国地域之大,人口之多,想到中国人民之痛苦。他以"二十八画

---

① 马克思恩格斯文集(第三卷)[M].北京:人民出版社,2009:603.

② 马克思恩格斯文集(第三卷)[M].北京:人民出版社,2009:602.

③ 中共中央马克思恩格斯列宁斯大林著作编译局.回忆马克思[M].北京:人民出版社,2005:187.

④ 列宁选集(第二卷)[M].北京:人民出版社,1995:415.

⑤ 中共中央文献研究室.毛泽东年谱(1893—1949)(上卷)[M].北京:人民出版社、中央文献出版社,1993:8.

生"的署名向长沙各学校发出《征友启事》,邀请愿为救国救民效力的青年做朋友。正是这种以天下为己任的决心,使他成为坚定的马克思主义者和中国共产党的创始人之一。

青年周恩来曾为辛亥革命的发生感到兴奋,以为内忧外患的中国从此有了振兴的希望。辛亥革命的成果被袁世凯窃取后,使周恩来大为失望,同时激发了他把个人的命运同国家民族的命运联系起来。早在少年时期回答"为什么而读书"这个问题时,他就表达了自己"为中华之崛起而读书"的志向。他号召青年:要有"闻而兴鸡鸣起舞之感,天下兴亡,起匹夫有责之念""奋起而救之!"①为了能够找到救国的真理与道路,他在 1917 年中学毕业时,毅然决定去日本留学。出国前夕,他给要好的朋友写了"志在四方""愿相会于中华腾飞世界时"②的赠言,还写下"大江歌罢掉头东,邃密群科济世穷;面壁十年图破壁,难酬蹈海亦英雄"③的诗句。正是在这种为振兴中华、拯救国家而奋斗的爱国思想推动下,周恩来由一个破落的世家子弟逐步转变成为一个坚定的马克思主义者。

总之,中国共产党从成立伊始,就以大无畏的担当精神,勇敢担负起为中国人民谋幸福、为中华民族谋复兴的伟大历史使命。早期共产党人胸怀崇高的历史和社会责任感,把个人与国家的前途、民族的命运紧密联系在一起,他们立志救国救民,以身许党许国,正如方志敏所说:"我的一切,直至我的生命都交给党去了。"④

【延伸阅读 1】

马克思的一生

1818 年 5 月 5 日,马克思诞生在德国特里尔城的一个律师家庭。早在中学时代,他就树立了为人类幸福而工作的志向。大学时代,马克思广泛钻

---

① 中共中央文献研究室,南开大学.周恩来早期文集(一九一二年十月——一九二四年六月)(上卷)[M].北京:中央文献出版社,南开大学出版社,1998:214.
② 金冲及.周恩来传 1898—1949[M].北京:人民出版社、中央文献出版社,1989:21.
③ 金冲及.周恩来传 1898—1949[M].北京:人民出版社、中央文献出版社,1989:22.
④ 方志敏全集[M].北京:人民出版社,2012:480.

研哲学、历史学、法学等知识,探寻人类社会发展的奥秘。在《莱茵报》工作期间,马克思犀利抨击普鲁士政府的专制统治,维护人民权利。1843年移居巴黎后,马克思积极参与工人运动,在革命实践和理论探索的结合中完成了从唯心主义到唯物主义、从革命民主主义到共产主义的转变。1845年,马克思、恩格斯合作撰写了《德意志意识形态》,第一次比较系统地阐述了历史唯物主义基本原理。1848年,马克思、恩格斯合作撰写了《共产党宣言》,一经问世就震动了世界。恩格斯说,《共产党宣言》是"全部社会主义文献中传播最广和最具有国际性的著作,是从西伯利亚到加利福尼亚的千百万工人公认的共同纲领"[①]。

1848年,席卷欧洲的资产阶级民主革命爆发,马克思积极投入并指导这场革命斗争。革命失败后,马克思深刻总结革命教训,力求通过系统研究政治经济学,揭示资本主义的本质和规律。1867年问世的《资本论》是马克思主义最厚重、最丰富的著作,被誉为"工人阶级的圣经"。晚年,马克思依然密切关注世界发展新趋势和工人运动新情况,努力从更宏大的视野思考人类社会发展问题。

——马克思的一生,是胸怀崇高理想、为人类解放不懈奋斗的一生。1835年,17岁的马克思在他的高中毕业作文《青年在选择职业时的考虑》中这样写道:"如果我们选择了最能为人类而工作的职业,那么,重担就不能把我们压倒,因为这是为大家作出的牺牲;那时我们所享受的就不是可怜的、有限的、自私的乐趣,我们的幸福将属于千百万人,我们的事业将悄然无声地存在下去,但是它会永远发挥作用,而面对我们的骨灰,高尚的人们将洒下热泪。"[②]马克思一生饱尝颠沛流离的艰辛、贫病交加的煎熬,但他初心不改、矢志不渝,为人类解放的崇高理想而不懈奋斗,成就了伟大人生。

——马克思的一生,是不畏艰难险阻、为追求真理而勇攀思想高峰的一生。马克思曾经写道:"在科学上没有平坦的大道,只有不畏劳苦沿着陡峭

①　马克思恩格斯选集(第一卷)[M].北京:人民出版社,2012:384.
②　马克思恩格斯全集(第一卷)[M].北京:人民出版社,1995:459.

山路攀登的人,才有希望达到光辉的顶点。"①马克思为创立科学理论体系,付出了常人难以想象的艰辛,最终达到了光辉的顶点。他博览群书、广泛涉猎,不仅深入了解和研究哲学社会科学各个学科知识,而且深入了解和研究各种自然科学知识,努力从人类创造的一切文明成果中汲取养料。马克思毕生忘我工作,经常每天工作 16 个小时。马克思在给友人的信中谈到,为了《资本论》的写作,"我一直在坟墓的边缘徘徊。因此,我不得不利用我还能工作的每时每刻来完成我的著作"②。即使在多病的晚年,马克思仍然不断迈向新的科学领域和目标,写下了数量庞大的历史学、人类学、数学等学科笔记。正如恩格斯所说:"马克思在他所研究的每一个领域,甚至在数学领域,都有独到的发现,这样的领域是很多的,而且其中任何一个领域他都不是浅尝辄止。"③

——马克思的一生,是为推翻旧世界、建立新世界而不息战斗的一生。恩格斯说,"马克思首先是一个革命家""斗争是他的生命要素。很少有人像他那样满腔热情、坚韧不拔和卓有成效地进行斗争"④。马克思毕生的使命就是为人民解放而奋斗。为了改变人民受剥削、受压迫的命运,马克思义无反顾投身轰轰烈烈的工人运动,始终站在革命斗争最前沿。他领导创建了世界上第一个无产阶级政党——共产主义者同盟,领导了世界上第一个国际工人组织——国际工人协会,热情支持世界上第一次工人阶级夺取政权的革命——巴黎公社革命,满腔热情、百折不挠地推动各国工人运动发展。

资料来源:习近平.在纪念马克思诞辰 200 周年大会上的讲话[M].北京:人民出版社,2018:2-5.

二、人民群众是历史的创造者

马克思主义认为,人民群众是历史的创造者,是推动社会历史发展的真正动力,是变革社会的决定性力量。马克思、恩格斯在他们合作的第一部著

---

① 马克思恩格斯文集(第五卷)[M].北京:人民出版社,2009:24.
② 马克思恩格斯文集(第十卷)[M].北京:人民出版社,2009:253.
③ 马克思恩格斯选集(第三卷)[M].北京:人民出版社,2012:1003.
④ 马克思恩格斯文集(第三卷)[M].北京:人民出版社,2009:602.

作《神圣家族》中,就论述了人民群众创造历史的基本原理。他们指出,"历史活动是群众的活动,随着历史活动的深入,必将是群众队伍的扩大"①。是否承认人民群众是革命的决定力量,是区分马克思主义者和资产阶级机会主义者的一个根本标志。机会主义者认为革命是少数几个人活动的结果,但在马克思看来,革命必须广泛发动群众、组织群众、依靠群众和领导群众,革命就是暴风骤雨般的群众运动。以毛泽东为代表的中国共产党人继承了马克思主义创始人的观点。毛泽东说:"革命战争是群众的战争,只有动员群众才能进行战争,只有依靠群众才能进行战争。"②他还曾高度概括:"人民,只有人民,才是创造世界历史的动力。"③

历史唯物主义反对英雄史观,坚持认为人民群众是历史的创造者,但并不否认历史人物在历史发展中的作用。它主要表现在以下几个方面:历史人物是历史事件的当事人,历史人物往往是重大历史事件的直接参与者、策划者和指挥者,因而他们总要在历史事件上打上自己的烙印。历史人物是历史任务的发起者,他比一般人站得高,看得远,他解决历史任务的愿望比别人强烈,给历史进程的发展指明方向。历史人物是历史进程的影响者,他能够影响甚至决定历史事件,加速或延缓历史任务的解决。但是,唯物史观也不夸大历史人物的作用,而且认为历史人物的作用要受到社会历史条件的制约。因为,历史人物的出现是一定的社会历史条件的产物,即时势造英雄。

李大钊、陈独秀等早期先进分子之所以创建中国共产党,也可谓是时势造英雄。但是他们离不开群众,必须依靠群众。早期的中国共产党人也深知这一道理。他们在转变为马克思主义者的过程中,也逐渐清楚地认识到,中国若要实现社会变革,非得依靠中国广大民众的改变。李大钊非常关心劳动人民的疾苦和相信人民群众的力量。他指出,人民的意志与力量是不可违抗的,广大人民群众共同的意向和要求,就是时代的趋向和历史的潮流,是不能阻挡的。他指出,民众是永久的胜利者,"民众的势力,是现

① 马克思恩格斯文集(第一卷)[M].北京:人民出版社,2009:287.
② 毛泽东选集(第一卷)[M].北京:人民出版社1991:136.
③ 毛泽东选集(第三卷)[M].北京:人民出版社1991:1031.

代社会上一切构造的唯一的基础"，历史上的反动势力，"什么宗教咧，皇统咧，军阀咧，政阀咧，不遇民众的势力则已，遇则必降伏拜倒于其前；不犯则已，犯则必遭其殄灭"①。他坚信："民众啊！只有你们是永久的胜利者！"②他主张："无论何人，应该认识民众势力的伟大；在民众本身，尤应自觉其权威而毅然以张用之。"③他坚信，"社会主义的实现，离开人民本身，是万万作不到的"④。

青年毛泽东也提出了民众联合的思想。他早就认识到了旧社会的不平等。1910年，长沙发生饥民暴动，遭到反动官府的血腥镇压。这件事对青年毛泽东震动很大，他深为饥民们鸣不平，从而更加促使他同情和关心穷苦人民，助长了他拯救黎民于水火的决心。1919年7月14日，在风起云涌的五四运动浪潮中，毛泽东在《〈湘江评论〉创刊宣言》中主张依靠人民群众推进社会变革，他指出："什么力量最强？民众联合的力量最强。"⑤因此，改造中国与世界的大业，必须靠广大民众，靠民众的大联合。他说："历史上的运动不论是哪一种，无不是出于一些人的联合。较大的运动，必有较大的联合。最大的运动，必有最大的联合。凡这种联合，于有一种改革或一种反抗的时候，最为显著。"⑥毛泽东还高度评价俄国十月革命依靠民众的大联合"打倒贵族，驱逐富人，劳农两界合立了委办政府，红旗军东施西突，扫荡了多少敌人，协约国为之改容，全世界为之震动"⑦。这些论述，表达了为了人民、团结依靠人民推进社会变革的思想。

总之，人民群众是历史的主体，人民群众创造了满足人类社会发展的物质财富和精神财富。因此，人民群众的主体地位、人民群众的至高无上的尊

---

① 李大钊全集(第三卷)[M].北京：人民出版社，2013：262.

② 李大钊全集(第三卷)[M].北京：人民出版社，2013：264.

③ 李大钊全集(第三卷)[M].北京：人民出版社，2013：262.

④ 李大钊全集(第三卷)[M].北京：人民出版社，2013：20.

⑤ 中共中央文献研究室，中共湖南省委《毛泽东早期文稿》编辑组.毛泽东早期文稿(一九一二年六月——一九二〇年十一月)[M].长沙：湖南出版社，1990：292.

⑥ 中共中央文献研究室，中共湖南省委《毛泽东早期文稿》编辑组.毛泽东早期文稿(一九一二年六月——一九二〇年十一月)[M].长沙：湖南出版社，1990：338.

⑦ 中共中央文献研究室，中共湖南省委《毛泽东早期文稿》编辑组.毛泽东早期文稿(一九一二年六月——一九二〇年十一月)[M].长沙：湖南出版社，1990：390.

严、人民群众的平等和解放、人民群众的自由和全面的发展等,当然需要也值得共产党人为之奋斗、为之奉献。

红船精神的大众情怀

三、为大多数人民谋幸福的学问

马克思主义把人民放在心中最高位置,一切都致力于实现最广大人民的根本利益。是否承认人民群众在社会发展中的决定作用,是区分唯物史观与唯心史观的分水岭。因为人民群众是社会发展的决定力量,是社会历史的主体和创造者,他们在实践活动中创造着社会的财富,推动着社会历史的发展。马克思、恩格斯毫不掩饰自己的阶级立场,他们公开宣称,马克思主义是服务于无产阶级革命实践的行动指南。马克思把人类的解放这一崇高的历史使命赋予无产阶级,认为他们是实现人类解放的唯一力量。

马克思主义认为,人民群众只有结合成为一个整体,在马克思主义政党的领导下进行共产主义革命,消灭私有制,才能推翻资产阶级的统治,实现自身的解放。马克思曾经指出:"为保证社会革命获得胜利和实现革命的最高目标——消灭阶级,无产阶级这样组织成为政党是必要的。"[1]以往的革命与运动都是以一种私有制代替另一种私有制,以一种剥削制度代替另一种剥削制度;而马克思主义政党所领导的无产阶级革命则是要彻底消灭私有制,彻底消灭剥削阶级和剥削制度,最终实现人的全面发展和全人类的解放。马克思主义第一次站在人民的立场探求人类自由解放的道路,以科学的理论为最终建立一个没有压迫、没有剥削、人人平等、人人自由的理想社会指明了方向。170多年来,马克思主义在实践中不断丰富、发展和创新,其人民性一以贯之。

俄国十月革命的胜利,促使中国的先进知识分子开始研究马克思主义,接受马克思主义,信仰马克思主义。正如李大钊所说:"我们在这黑暗的中

---

[1]　马克思恩格斯选集(第三卷)[M].北京:人民出版社,2012:173-174.

国,死寂的北京,也仿佛分得那曙光的一线,好比在沉沉深夜中得一个小小的明星,照见新人生的道路。"①正是通过认真学习和研究,李大钊划清了空想社会主义与科学社会主义的界限,走上了传播、实践马克思主义的道路。他认识到,空想社会主义与科学社会主义的重要区别在于历史观的差异。空想社会主义历史观的根本出发点在于主张依靠人间的理性力量实现社会理想,这种理性历史观只能使社会主义如"砂上建筑楼阁",陷入空想。而马克思主义的唯物史观则主张从社会生产力的发展中"发见历史的必然的法则,于此法则之上,主张社会主义的社会必然的到来"②。李大钊认为,这种新的历史观是中国人民获得解放的思想武器和精神力量。

中国共产党自成立以来,就明确宣示,中国共产党是马克思主义的无产阶级政党,除了最广大人民的根本利益,没有自己的特殊利益。马克思主义中国化的三次伟大飞跃一以贯之地聚焦以人民为中心的发展。从毛泽东思想立足于全心全意为人民服务的宗旨,到邓小平理论共同富裕思想的践行,再到"三个代表"重要思想强调最广大人民的根本利益和科学发展观以人为本的核心要求,特别是中国特色社会主义进入新时代,习近平总书记反复强调以人民为中心的发展思想,都充分体现了发展为了人民、发展依靠人民、发展成果由人民共享这个根本遵循和根本动力。不论是战火纷飞的革命年代,还是热火朝天的建设年代,抑或是翻天覆地的改革开放年代,中国共产党一以贯之地坚持人民性,从不辜负人民的重托。

"为中国人民谋幸福,为中华民族谋复兴"是党的初心和使命,也是党的事业不断蓬勃发展壮大的根本所在。坚持人民立场,是尊重历史规律的必然选择,是中国共产党人不忘初心、牢记使命的自觉担当。中国特色社会主义进入新时代,以习近平同志为核心的党中央,不仅始终坚持全心全意为人民服务的宗旨,而且以我国社会主要矛盾的发展变化,及时解决好人民日益增长的美好生活需要和不平衡不充分的发展之间的矛盾这一新时代伟大命题,不断把为人民造福事业推向前进。

---

① 李大钊全集(第二卷)[M].北京:人民出版社,2013:377.
② 李大钊全集(第四卷)[M].北京:人民出版社,2013:408.

【延伸阅读2】

李达——中国共产党的理论巨匠

李达,字永锡,号鹤鸣。1890年10月2日生于湖南零陵县(现永州市零陵区)一个佃农家庭。1909年秋,李达考入京师优级师范(北京师范大学前身)。1913年,他以优异成绩考取湖南留日官费生。在东京读了一年,因患肺病辍学回国。肺病治愈后,他于1917年春再次东渡日本,考入东京第一高等学校(帝国大学预科),留日期间,他初步树立了对马克思主义的信心和对苏俄的向往,从此他认真学习和研究马克思主义的理论,积极投入中国留日学生反帝反封建的革命活动,并成为这个运动的带头人。1918年5月李达领导了留日学生赴京救国团的请愿示威游行活动。这次反帝爱国斗争的实践,使李达受到了一次很深刻的教育,是他由爱国主义走向马克思主义的决定性一步。同年6月,李达毅然再赴日本,放弃了理科的学习,专攻马克思列宁主义。在一年多的时间里,他研读了《共产党宣言》、《资本论》第一卷、《〈政治经济学批判〉序言》、《国家与革命》等马列著作,以及介绍马克思主义的唯物史观、剩余价值学说、阶级和阶级斗争理论的大量书刊,开始走上马克思主义的道路,很快成为马克思主义的笃信者和宣传者。

五四运动爆发后,李达在日本密切关注国内的时局发展。当五四运动发展到"六三"运动之后,中国工人阶级登上了政治舞台,他由此看到实行社会主义革命的阶级力量,心情非常激动,积极撰文向国内报刊投稿,宣传科学社会主义,声援国内斗争,为我国刚刚兴起的以马克思主义为指导的社会主义思想运动作出了重大贡献。1919年6月18日和19日,他在上海《民国日报》副刊《觉悟》上公开发表《什么叫社会主义?》和《社会主义的目的》两篇文章。李达明确表示社会主义的目的是政治上要消灭压迫,经济上要消灭剥削。在当时各种假社会主义鱼目混珠,特别是无政府主义在中国颇有市场的情况下,他的这两篇文章对中国的一些先进分子分清真假社会主义起到了启蒙作用。为了宣传马克思主义,推动社会主义运动,6月20日至7月3日,他以"战前欧洲社会党运动的情况"为题,在《觉悟》副刊上连续发表九篇短文,向国内介绍欧洲各社会主义政党的情况。由于条件的限制,有些情况介绍得不够准确,但也说明当时他已经认识到只有社会主义能够救中国,萌发了积极参加建党的思想。

从 1919 年秋到 1920 年夏回国之前,李达为了系统地向国内传播马克思主义,他以艰苦的劳动翻译了《唯物史观解说》《马克思经济学说》《社会问题总览》三本著作,寄回国内出版。这三本著作包括了马克思主义哲学(唯物史观)、政治经济学、科学社会主义三方面的丰富内容。在当时国内还非常缺乏马克思主义著作,许多人包括一些共产主义的信仰者还不能直接阅读外文书籍的情况下,这三部译著对传播马克思主义起到了很大的作用。1920 年 3 月,李大钊在他发起的马克思主义研究会的通告上,就曾把李达翻译的《马克思经济学说》列为阅读文献之一。《唯物史观解说》于 1921 年 5 月由中华书局出版,截至 1932 年止重版过十四次。李达上述译著和文章的发表,是他由爱国主义者向马克思主义者转变的标志。从此以后,即使在他离开党组织相当长的一段时间内,他也丝毫没有动摇过,仍然坚持马克思主义立场,不懈地宣传和捍卫马克思主义。

1920 年春,俄共(布)代表维经斯基先后在北京和上海同李大钊、陈独秀、李汉俊晤谈,酝酿建立中国共产党。李达回到上海与陈独秀交换了意见,立即投入组建党组织的活动。陈独秀留他住在老渔阳里 2 号《新青年》社内,两人交谈磋商十分方便。李达以留日学生会理事的身份,在上海博文女校参加领导中国学生联合总会的工作,也以博文女校和《新青年》社作为掩护进行秘密组建党组织的活动场所。1920 年 8 月,由陈独秀、李汉俊、李达、沈玄庐、陈望道、俞秀松、施存统等人共同发起组织中国共产党(后被称为中国共产党上海发起组)。他们在《新青年》社举行会议,推选陈独秀为书记,并拟了一个简单的章程草案。在上海发起组的联系和推动下,北京、武汉、济南、长沙、广州等地也相继筹备成立了共产党的早期组织。在陈独秀和李汉俊之后,李达于 1921 年 2 月担任代理书记一职。从这时起到党的第一次代表大会的召开,党的上海发起组的全面工作由李达主持。

1920 年 11 月 7 日,党的上海发起组创办了我党第一个党刊——《共产党》月刊,李达任主编。同时,他也参加改组后的《新青年》的编辑工作,并为该刊撰写、翻译了许多重要文章。《共产党》月刊在完成建党的历史使命以后,中共二大决定停办该刊,代之以党的公开机关刊物——《向导》。《共产党》月刊存在的时间虽然不长,但它在建党的关键时刻所起的宣传、鼓舞和组织作用是永垂史册的。李达在十分困难的条件下为办好这个刊物作了极大的努力。刊物的编辑部一直设在李达的寓所,最先在上海老渔阳里2号,他搬到南成都路辅德里225号后,编辑部也随着迁去,设在一个不到6平方米的亭子间里。在北洋军阀的反动统治下,出版这种传播共产主义思想种子、直接为建立共产党作准备的刊物是极其困难的,随时都有被国民党当局查抄的危险,因此,只能秘密编辑、印刷、发行,文章也不能署真名。刊物的经费也没有保障,李达常将自己写稿译书所得稿费垫支。为了编辑出版这个刊物,他亲自撰写社评性的《短言》、重要文章和消息,最困难的时候,他甚至一个人担负起从写稿、审稿到校对、发行的全部工作。李达虽然没有直接负责工人运动,但他却十分关心这方面的工作,他深入工人群众,亲自参加了上海纺织工会的工作,还为党的上海发起组创办的《劳动界》周刊撰写向工人灌输马列主义的通俗文章。党的一大前后,他发表了《劳动者与社会主义》《劳工神圣颂》《五一运动》《对于全国劳动大会的希望》《劳动立法运动》等文章,启发了工人群众的阶级觉悟,促进了马克思主义与中国工人运动的结合。此外,李达还参加了由俞秀松主持的社会主义青年团的相关活动,为团员们讲授马列主义。

　　建党前后,李达一方面参加建党的组织领导工作,一方面积极从事马克思主义的理论研究和宣传工作。在担任中央的宣传主任后,李达在主持党的宣传工作后开辟和扩大了党的宣传阵地。根据中央局的决定,1921年9月1日,创办了我们党第一个地下出版社——人民出版社,李达任主编。他的寓所就是该社的社址,也是中央宣传部的办事处。在十分困难的条件下,李达为创办党的第一个秘密出版机构,发行各种革命书籍,付出了艰苦的劳动。出版社的人员很少,著译书稿、编辑、校对、付印、发行都是他一人担任。此外,李达还兼任我们党第一所培养妇女干部的学校——上海平民女校的校长,王会悟协助工作,以上海中华女界联合会的名义创办的《妇女声》半月刊,也在李达的指导下编辑出版了。在对马克思主义的理论进行研究和宣传方面,李达和陈独秀及其他早期共产主义者一道,以《共产党》月刊和《新青年》杂志为主要阵地,发起对假社会主义、无政府主义、"左"倾思潮、第二国际修正主义的批判,勇敢捍卫唯物史观和科学社会主义的基本原理,阐述无产阶级专政的理论、策略和马克思主义的建党学说。

李达的实际活动和理论活动，表明了他作为我国马克思主义启蒙思想家和中国共产党的创始人之一，为马克思主义在我国的传播和党的创建作出了不可磨灭的贡献。

第二节　马克思主义政党的根本政治立场

人民立场是中国共产党的根本政治立场，是马克思主义政党区别于其他政党的显著标志。是否始终站在最广大人民的立场上，是区分唯物史观和唯心史观的分水岭，也是判断马克思主义政党的试金石。

一、早期党纲的精神感召力

马克思主义政党的阶级立场和历史使命，决定了它必须把为最广大人民的根本利益而奋斗作为自己的基本价值遵循。任何政党都有一定的价值观。这种共同的价值观表现在理论上就是政党的理论及其党纲。中国共产党是以马克思主义为指导思想的马克思主义政党，从而区别于中国历史上的其他性质的政党。在中国共产党创建的历史实践中彰显立党为公、忠诚为民的奉献精神，以及中国共产党在成立之后的百年历程中不断弘扬这种奉献精神，是马克思主义理论本性的逻辑使然，是马克思主义的真谛所在。

一个党的纲领"是一面公开树立起来的旗帜"①，是一个政党的显著标志。中国共产党的早期党纲是"红船精神"的重要载体，彰显了立党为公、忠诚为民的精神。中国共产党在创建时期就通过自己的纲领，公开表明马克思主义政党的性质和宗旨。1921 年 8 月初，在中共一大南湖会议上通过的《中国共产党第一个纲领》，第一条就写明党的名称叫"中国共产党"，表明中国共产党是以马克思主义为指导思想。中共一大通过的中国共产党纲领是：革命军队必须与无产阶级一起推翻资本家阶级的政权；承认无产阶级专

---

①　马克思恩格斯选集(第三卷)［M］.北京：人民出版社,2012:350.

政，直到阶级斗争结束，即直到消灭社会的阶级区分；消灭资本家私有制，没收机器、土地、厂房和半成品等生产资料，归社会公有；联合共产国际。纲领明确提出要把工人、农民和士兵组织起来，并确定党的根本政治目的是实行社会革命。

《中国共产党第一个纲领》还包含属于党章内容的一些条文。关于党员条件，规定凡承认本党党纲和政策，并愿成为忠实的党员者，经党员一人介绍，均可接收为党员，但在入党前必须与企图反对本纲领的党派和集团断绝一切联系。新党员入党后为候补党员，接受党组织的考察，考察期满经党员讨论和党组织批准，才能转为正式党员。党纲还规定，在全党建立统一的组织和严格的纪律；地方组织必须接受中央的监督和指导；在党处于秘密状态时，党的重要主张和党员身份应当保守秘密。

《中国共产党第一个纲领》虽然不是正式的党章，但包含了党章的内容，规定了党的名称、性质、任务、纲领、组织和纪律，具有党章的初步体例，实际上起到了党章的作用，为后来党章的制定和完善奠定了基础。中共一大还通过了《关于当前实际工作的决议》，规定党在当前的中心任务，是组织工人阶级，加强对工人的领导，注意在工人和其他劳动人民中发展党员，在反对军阀官僚的斗争中，维护无产阶级的利益。

中国共产党的第一个纲领和第一个决议，充分说明共产党自诞生之日起就是一个新型的以共产主义为目的、以马克思主义为行动指南的、统一的无产阶级革命的政党，这必然使中国革命的面貌焕然一新。

1922年7月16日至23日，中国共产党在上海召开了第二次全国代表大会。在为期8天的会议中，通过了《中国共产党第二次全国大会宣言》《中国共产党章程》及《关于共产党的组织章程决议案》等9个决议案。这意味着，中共二大与中共一大共同完成了党的创建任务，标志着中国共产党创建事业进入了一个崭新阶段。中共二大第一次提出党的民主革命纲领，第一次提出党的统一战线思想，制定了第一部《党章》，第一次公开发表了《中国共产党宣言》，第一次比较完整地对工人运动、妇女运动和青少年运动提出了要求，第一次决定加入共产国际，第一次提出了"中国共产党万岁"的口号。

在中共二大中通过的《关于共产党的组织章程决议案》《关于"工会运动

与共产党"的议决案》等议案,不仅阐明了中国共产党的性质,还精辟地阐明了党和群众的关系。为了把党建设成为一个群众性的无产阶级革命政党,大会还提出了两个重要的原则:一是党的一切活动都必须深入广大的群众中去;二是党的内部必须有适应于革命的组织和训练,并且要求"个个党员不应只是在言论上表示是共产主义者,重在行动上表现出来是共产主义者"①。这些规定表明,党在初创时期,就非常重视要求保持党员的先进性。文件还明确指出:"我们共产党,不是'知识者所组织的马克思学会',也不是'少数共产主义者离开群众之空想的革命团体''应当是无产阶级中最有革命精神的大群众组织起来为无产阶级之利益而奋斗的政党,为无产阶级做革命运动的急先锋'。"②

任何一个政党都有自己的宗旨,它代表谁的利益、为谁服务,最集中地体现了政党价值观。是为了最广大人民的根本利益而奋斗,还是贪图享乐,是马克思主义政党和资产阶级政党的显著区别之一。资产阶级的价值取向是享乐哲学,而无产阶级的价值取向则是奉献哲学。中国共产党始终是中国工人阶级的先锋队,是中国人民和中华民族的先锋队。党的阶级性和先进性,决定了它始终代表中国无产阶级和各族人民的意志和利益。中国共产党自成立之日起,就向全人类公开亮出自己"立党为公"的鲜明旗帜,就把为人民谋幸福作为自己一切活动的出发点和落脚点。

【延伸阅读3】

《中国共产党第一个纲领》

一、本党定名为"中国共产党"。

二、本党纲领如下:

(1)革命军队必须与无产阶级一起推翻资本家阶级的政权,必须支援工人阶级,直到社会的阶级区分消除为止;

---

① 中共中央文献研究室,中央档案馆.建党以来重要文献选编(一九二一——一九四九)(第一册)[M].北京:中央文献出版社,2011:163.

② 中共中央文献研究室,中央档案馆.建党以来重要文献选编(一九二一——一九四九)(第一册)[M].北京:中央文献出版社,2011:162.

（2）承认无产阶级专政，直到阶级斗争结束，即直到消灭社会的阶级区分；

（3）消灭资本家私有制，没收机器、土地、厂房和半成品等生产资料，归社会公有；

（4）联合第三国际。

三、本党承认苏维埃管理制度，要把工农劳动者和士兵组织起来，并承认党的根本政治目的是实行社会革命；中国共产党彻底断绝同黄色知识分子及其他类似党派的一切联系。

四、凡承认本党纲领和政策，并愿成为忠实党员的人，经党员一人介绍，不分性别、国籍，均可接收为党员，成为我们的同志。但在加入我们队伍之前，必须与企图反对本党纲领的党派和集团断绝一切联系。

五、接收新党员的手续如下：候补党员必须接受其所在地的委员会的考察，考察期限至少为两个月。考察期满后，经多数党员同意，始得被接收入党。如该地区设有执行委员会，应经执行委员会批准。

六、在党处于秘密状态时，党的重要主张和党员身份应保守秘密。

七、凡有党员五人以上的地方，应成立委员会。

八、委员会的成员经当地委员会书记介绍，可转到另一个地方的委员会。

九、凡是党员不超过十人的地方委员会，应设书记一人；超过十人的应设财务委员、组织委员和宣传委员各一人；超过三十人的，应从委员会的委员中选出一个执行委员会。执行委员会的章程另订。

十、工人、农民、士兵和学生的地方组织中党员人数多时，可派他们到其他地区去工作，但是一定要受地方执行委员会的严格监督。

（十一、遗漏——译者）

十二、地方委员会的财务、活动和政策，应受中央执行委员会的监督。

十三、委员会的党员人数超过五百，或同一地方设有五个委员会时，应由全国代表会议委派十人组成执行委员会。如上述要求不能实现，应成立临时中央执行委员会。关于执行委员会的工作和组织细则另订。

十四、党员除非迫于法律，不经党的特许，不得担任政府官员或国会议员。士兵、警察和职员不受此限（这一条在一九二二年第二次代表大会上曾引起激烈争论)。

十五、本纲领须经全国代表大会三分之二代表同意,始得修改。

资料来源:中共中央文献研究室,中央档案馆.建党以来重要文献选编(一九二一——一九四九)(第一册)[M].北京:中央文献出版社,2011:1-3.

二、用生命捍卫自己的信仰

早期共产党人不仅是党纲的制定者,也是党纲的执行者。他们中绝大多数毕其一生都在全心全意为人民谋幸福,为了这个理想而艰苦卓绝地奋斗,并不惜以生命捍卫了自己的信仰,邓中夏、彭湃、蔡和森就是其中的杰出代表。

邓中夏是我们党早期领导人中在发起与组织工人运动方面最为杰出的代表之一。他原名邓隆渤,字仲澥,1894 年 10 月 5 日出生于湖南省宜章县太平里乡邓家湾村的一个官僚地主家庭。1915 年夏,邓中夏改名邓康,考入湖南高等师范学校文史专修科文科乙班,与蔡和森是同学。在这里他受到新文化和新思想的影响,1917 年夏,邓中夏毕业并考入北京大学国文系。入校后,他一心攻读古文,是个幻想通"古"入仕的"古文迷"。经过北大新文化运动和新思潮的激荡,他认为不能再埋首书堆,应该勇敢地投身到火热的斗争中去。在北京大学学习期间,他受到了蔡元培、李大钊等人进步思想的影响,参加并组织学生团体,参与请愿运动以唤醒民众而奋斗。

1919 年 5 月 4 日,邓中夏和北大学生一起,参加了这次具有历史意义的反帝爱国运动。他参与了火烧赵家楼的斗争,险遭逮捕。5 月 4 日晚,为营救被捕学生,北大学生干事会宣告成立,邓中夏负责干事会文书股工作,编《五七》报。随后,北京中等以上学校学生联合会成立,邓中夏任北京学生联合会宣传股主任。从 5 月 5 日起,邓中夏率平民教育演讲团走向街头,连续讲演十多天。5 月下旬,邓中夏作为北京学生联合会代表前往湖南,和毛泽东一道组织了湖南学生联合会,发动并参加领导了全省学生的罢课斗争,有力地支援了北京等地的学生爱国运动。1919 年暑假,邓中夏回到湖南宜章故乡,向乡亲们进行反帝爱国和开展新文化运动的宣传,并且坚决拒绝了父亲为他在北洋政府农商部找到的一个待遇优厚的差事,明确地表示他要做公仆,为广大人民谋利益,他的父亲被激怒了,从此再也不出钱供他上学。

五四运动促进了马克思主义更为广泛深入的传播,邓中夏开始以主要精力学习马克思的学说。1920 年 3 月,在李大钊的领导下,邓中夏和高君宇等人发起组织北京大学马克思学说研究会。邓中夏通过参加该会的各类组织活动,加深了对马克思主义的了解。他还积极响应李大钊提出的号召,加强知识阶级与民众的联系并进一步推动民众教育运动。北京大学平民教育演讲团由邓中夏发起并组织,成立于 1919 年 3 月 22 日,为适应新形势发展需要,邓中夏领导同仁对平民教育演讲团的章程作了重大修改,强调除城市演讲之外,还要注重乡村和工厂演讲。1920 年 4 月 2 日至 8 日,邓中夏组织了平民教育演讲团的第一次乡村演讲。1920 年 5 月 1 日,我国工人阶级第一次纪念自己的节日。邓中夏又率平民教育演讲团赶到长辛店,向铁路工人演讲。通过和劳工朋友的深入接触,邓中夏等一批参加马克思学说研究会的优秀青年,已经转变成了具有初步共产主义思想的知识分子。1920年 9 月,在共产国际的帮助和李大钊的具体领导下,以邓中夏等北京大学马克思学说研究会的成员为骨干,发起组织了北京共产党早期组织,李大钊被选为书记。邓中夏作为小组成员之一,一开始就积极协助李大钊的工作,并介绍朱务善等人参加了北京共产党早期组织,这一阶段,邓中夏已经确立了坚定的共产主义世界观。

1921 年 1 月 1 日,邓中夏主办的长辛店劳动补习学校正式开学,免费招收学生,学生分日夜两班,日班为工人子弟,夜班为工人。邓中夏经常来劳动补习学校讲课。他以通俗的语言,生动的事例,向工人群众讲解阶级斗争、无产阶级政党和无产阶级专政等知识。在邓中夏等人的努力下,劳动补习学校为北方工人运动培养了大批骨干力量。4 月中旬,邓中夏受北京共产党早期组织的委托,赶到长辛店,在长辛店劳动补习学校的基础上创办长辛店工会。6 月初,根据斗争形势的需要,邓中夏与其他负责同志商议将长辛店工会改名为长辛店工人俱乐部。1922 年 5 月 1 日,邓中夏出席第一次全国劳动大会。他总结北方工人运动的经验与教训,以京汉铁路长辛店工人俱乐部代表邓重远的名义,向大会提出《工会组织原则案》。他特别提出今后应该加强产业工会和地方工会的联合,从此,产业和地方相结合的组织原则就成了中国工会的组织原则。在这次大会上,邓中夏被选为中国劳动组合书记部总主任。1922 年夏的直奉战争结束后,吴佩孚控制的北京政府发表宣言,宣布"重开国会,制定宪法"。邓中夏利用这一有利时机,领导各地工会积极开展劳动立法运动。他主持制定了《劳动法案大纲》19 条,要求以"保护劳工"为标榜的北京政府承认劳动者有集会结社权、同盟罢工权、缔结团体契约权、国际联合权。大纲还对劳动者和工时、工资、假日、教育等权利提出了具体要求。这个大纲既重视工人阶级的经济斗争,更重视工人阶级的政治斗争,成为大革命时期全国各地工人罢工斗争的纲领。

在京汉铁路工人大罢工失败以后,邓中夏还先后领导了 1925 年 2 月的上海工人反对日本纱厂的大罢工,最终罢工胜利结束。1925 年 5 月 1 日,第二次全国劳动大会在广州开幕。邓中夏出席了这次大会,并被大会选为中华全国总工会执行委员会委员,后又被执行委员会选为中华全国总工会秘书长兼宣传部部长,留在广州工作。1925 年 6 月开始,邓中夏领导了省港大罢工,同时还致力于工人罢工和工会运动的理论研究,并取得了一系列成果。邓中夏于 1929 年年初开始撰写的《中国职工运动史》就是他对长期从事工人运动实践经验的一个总结。1933 年 5 月 15 日,邓中夏在上海法租界不幸被捕。在狱中,邓中夏还坚持给狱中的同志们讲党课,讲马克思列宁主义,讲共产党员的理想和气节,讲工人运动。国民党当局用种种酷刑想使邓中夏屈服,但是邓中夏以一个共产党员的钢铁意志挺过了敌人的残酷摧残。1933 年 9 月 21 日清晨,按照南京政府的批示,国民党当局将邓中夏秘密杀害于南京雨花台,时年 39 岁。

彭湃是我党早期的无产阶级革命家、著名的农民运动领袖,被誉为"农民运动大王",他是广东海丰县人,1896 年 10 月 22 日出生于一个大地主家庭。彭湃乳名天泉,学名汉育,到日本留学时才改名为彭湃。少年时期,生母周凤对彭湃的影响很大,因为其母出生贫苦,当过婢女,嫁到彭家为庶母。她经常讲述贫苦农家的悲惨生活,使彭湃从小就同情受压迫受剥削的农民。10 岁那年,彭湃父亲因病去世,在母亲的影响下,彭湃对农民的同情心和正义感越发强烈。彭湃在十五六岁的时候,祖父就叫他去收租。到了佃户家里,他看到佃户们的穷苦生活,便空着手回家来了,祖父问他情况,他便说我家有吃有穿,佃户家没吃没穿,还要收他的租做什么?祖父听了大发脾气,把彭湃痛骂一顿。

1917年年初,彭湃在亲友的帮助下东渡日本求学,在为中国留学生进行预备教育的成城学校补习。1918年9月30日,他进入著名的早稻田大学,就读于专门部政治经济科(三年制)。在日本学习期间,彭湃受到日本无政府主义、社会主义等各种思潮的影响,并积极参加留日学生的爱国运动。彭湃在日本留学时期,还参加了几个社团和组织,以探索救国救民的道路。1921年5月,彭湃从日本回国,在广州参加了社会主义青年团。为了实践社会革命的理想,他回海丰后,发起组织了"社会主义研究社"。参加研究社的有70多人,大多是青年学生,其中的主要成员后来都成了彭湃从事农民运动的助手。不久,彭湃便在海丰等地进行教育实践,以探索社会革命之路。教育实践失败后,彭湃便准备深入农村开展农民运动,他为了接近农民,摘下白通帽,戴上尖顶竹笠,脱下鞋子,光着脚板,带着农民爱用的旱烟筒,到农民中去,用通俗的语言和农民交谈。彭湃越深入农民,他的地主家庭对他就越不满。他的大哥竟因此向他提出分家,分家以后,彭湃把分给自己的田契,亲自送给佃户,佃户们不敢要,彭湃便把他们召集到自己家中,将田契当众烧毁。从此,他和妻子蔡素屏过着俭朴的农民生活。在蔡素屏的支持下,他把全部精力都投入了农民运动。彭湃耐心细致地动员农民组织起来,参加农会,农会会员队伍逐渐壮大,1922年10月25日,召开了赤山约农会成立大会。赤山约农会的建立,对于长期饱受压迫剥削的海丰农民来说,是一个莫大的鼓舞,又是一个实际的榜样。1923年元旦,海丰总农会宣告成立。会员达2万户,人口约10万人,占全县人口的四分之一,彭湃被选为会长。海丰总农会的成立和发展,极大地鼓舞了毗邻的陆丰农民。为了适应形势的发展,海丰总农会扩展为惠州农民联合会,各县分设县联合会,最终广东省农会建立。以海丰为中心的粤东农民运动展开了与地方军阀和地主的长期斗争。

1924年4月,国共合作期间,国民党中央通过了成立"中国国民党农民运动讲习所"的议案,彭湃被委任为第一届农讲所主任。农讲所培养了大批农民运动的干部,后来彭湃继续领导海陆丰地区的农民运动以配合国民革命的东征并继续领导北伐时期的广东农运工作。从开辟海丰农民运动起,彭湃以全部精力投入农民运动,积累了丰富的经验,进行了理论的总结,在指导农民运动中发挥了重大的作用,被誉为"农民运动大王"。

1929年8月24日,彭湃在上海参加会议时被捕,在上海龙华警备司令部,彭湃等同志受尽严刑拷打,敌人使用铁杆把彭湃两个膝盖压得血肉模糊,血流满地。面临死亡的威胁,彭湃和另一位同志联名给党中央写下了最后一份秘密报告,真是字字千钧,表现了共产党人在敌人屠刀面前的浩然正气,视死如归。为了共产主义的伟大事业,为了人民的利益,彭湃献出了一切,包括自己宝贵的生命。

党的卓越的理论家蔡和森用自己的行动很好地诠释了早期中国共产党人为革命理想而献身的精神。蔡和森,湖南湘乡县(现双峰县)永丰镇人。1895年3月30日出生于上海。1928年,蔡和森在中共六大召开之后,由于受到联共(布)党内发动反对布哈林的斗争的波及,在中国共产党内遭到了错误的打击,中央政治局委员和中共中央宣传部部长的职务被撤销。蔡和森在受到严重打击后,毫不悲观失望,始终以马克思主义的正确态度,坚持革命,坚持斗争。这时,他的哮喘病发作,不得不离开中央机关,暂居上海,一边养病,一边继续从事党的理论宣传工作。1928年年底,蔡和森的病情加重,被党组织送至莫斯科疗养,并担任驻共产国际代表团的成员。他到达莫斯科后,仍然不顾重病,坚持为党工作。

1931年年初,蔡和森根据党中央的指示,从莫斯科回国开展新的斗争。蔡和森以党的利益为重,从不计较个人得失,他服从组织决定,离开上海前往香港。由于叛徒顾顺章的出卖,蔡和森被捕。在广州的监狱中,他受到国民党当局的种种酷刑。蔡和森横眉冷对,没有暴露党内的任何情况。他被打得血肉模糊,拖回监狱,躺在地上动弹不得。难友们见了都伤心地哭泣,他却鼓励大家坚持斗争,并说最后胜利一定是属于我们的。敌人的残酷折磨丝毫无损于蔡和森的坚强意志。他们终于使出了灭绝人性的一手,将蔡和森拉到监狱的墙边,将几颗长铁钉摆在他面前,进行最后一次威胁、恐吓。蔡和森无私无畏,宁死不屈。敌人残忍地用铁钉把他的四肢钉在壁上,然后用刺刀将他的胸脯戳得稀烂。为了党的事业,蔡和森就这样壮烈牺牲了,时年36岁。蔡和森以不屈不挠的献身精神,为坚定党的理想信念作了历史注脚。作为挚友的毛泽东,如是评价他:"一个共产党员应该做的,和森同志都做到了。"①

在中国共产党建立前后,党的早期领导人中为共产主义理想而献身的还有很多,如王尽美、陈延年等人,他们用生命践行了为人民解放而奋斗的誓言,用生命捍卫革命事业是奉献精神的最高升华。立党为公、忠诚为民的奉献精神,反映了中国共产党人全心全意为人民服务、为了党和人民的利益可以牺牲个人一切的高尚情操和优秀品质。

三、始终坚守党的根本宗旨

马克思在《法兰西内战》中总结巴黎公社斗争的经验时曾指出,以工人阶级为领导阶级的国家的一切公职人员应成为"社会的承担责任的勤务员""为了服务于组织在公社里的人民"②。中国共产党胜利领导中国革命和建设的先决条件就是在任何时候都不能脱离人民群众。如果我们的党背离了人民群众,就成为无源之水、无本之木。马克思主义告诉我们,实践是人类发展的基石,人民群众是实践的主体,是历史的创造者。作为无产阶级政党,我们必须顺应历史潮流,顺应社会历史发展的客观规律,以最广大人民的根本利益作为一切工作的出发点。

1920 年 11 月,由中国早期共产党组织制定的《中国共产党宣言》就明确表示:"要组织一个革命的无产阶级的政党——共产党。"③1921 年中共一大通过的《中国共产党第一个纲领》,第一条就写明党的名称叫"中国共产党",表明中国共产党是以马克思主义为指导思想,以共产主义为奋斗目标的无产阶级政党。1922 年,中共二大不仅第一次提出了明确的反帝反封建的民主革命纲领,而且还提出了建设党为"无产阶级大群众政党"的任务,将党和群众紧密结合在一起,说明这个党是以群众为基础,为群众谋利益的。中国共产党没有也不能有自己的私利,它的奋斗目标完全是为了人民群众的利益,完全是为人民服务的。

① 人民出版社.回忆蔡和森[M].北京:人民出版社,1980:91.
② 马克思恩格斯选集(第三卷)[M].北京:人民出版社,2012:100.
③ 中共中央文献研究,中央档案馆.建党以来重要文献选编(一九二一——一九四九)(第1册)[M].北京:中央文献出版社,2011:487.

延安时期,毛泽东对党与人民群众的关系进行了系统论述,他指出,"群众是真正的英雄"①,党离不开群众,党和群众的关系是鱼与水的关系。1939年12月21日,毛泽东在《纪念白求恩》一文中,号召每个共产党员都要学习白求恩同志毫不利己、专门利人的精神,学习他对工作的极端负责,对同志、对人民的极端热忱。毛泽东强调:"一个人能力有大小,但只要有这点精神,就是一个高尚的人,一个纯粹的人,一个有道德的人,一个脱离了低级趣味的人,一个有益于人民的人。"②他明确提出了共产党员应该做什么人的问题,这是坚持为人民服务的前提。1942年5月23日,毛泽东在《在延安文艺座谈会上的讲话》中,进一步向全党文艺工作者提出:"为什么人的问题,是一个根本的问题,原则的问题。"③他强调:"一切共产党员,一切革命家,一切革命的文艺工作者,都应该学鲁迅的榜样,做无产阶级和人民大众的'牛',鞠躬尽瘁,死而后已。"④

1944年9月5日,中央警备团战士张思德在安塞县(现延安市安塞区)石峡峪烧木炭时炭窑突然崩塌,他一把将战友推到窑洞口,自己献出了宝贵的生命,时年29岁。张思德虽然当时只是中央警备团的一名普通战士,但他经历过长征,负过伤,是一个忠实为人民利益献身的共产党员。毛泽东很为张思德的牺牲感到难过,9月8日,他题写了"向为人民利益而牺牲的张思德同志致敬"的挽词,出席了张思德的追悼会,并发表了著名的演讲《为人民服务》,阐述了为人民利益而牺牲的意义。毛泽东指出:"我们的共产党和共产党所领导的八路军、新四军,是革命的队伍。我们这个队伍完全是为着解放人民的,是彻底地为人民的利益工作的。""只要我们为人民的利益坚持好的,为人民的利益改正错的,我们这个队伍就一定会兴旺起来。"⑤

1945年,毛泽东在《论联合政府》的报告中指出,"人民,只有人民,才是

---

① 毛泽东选集(第三卷)[M].北京:人民出版社,1991:790.
② 毛泽东选集(第二卷)[M].北京:人民出版社,1991:660.
③ 毛泽东选集(第三卷)[M].北京:人民出版社,1991:857.
④ 毛泽东选集(第三卷)[M].北京:人民出版社,1991:877.
⑤ 毛泽东选集(第三卷)[M].北京:人民出版社,1991:1004-1005.

创造世界历史的动力"①。1945年，中共七大正式把"为人民服务"的思想写进党章，明确提出"中国共产党人必须具有全心全意为中国人民服务的精神，必须与工人群众、农民群众及其他革命人民建立广泛的联系，并经常注意巩固与扩大这种联系"②。全心全意为人民服务既是党的根本宗旨，也是共产党人的基本价值追求。中国共产党的核心价值观落实到每一个共产党人的身上，就是把大公无私，为最广大人民的根本利益而奋斗作为自己的基本价值追求。

习近平总书记指出："我们讲宗旨，讲了很多话，但说到底还是为人民服务这句话。我们党就是为人民服务的。"③在中国共产党百年的奋斗历程中，在革命、建设和改革的不同历史时期，都有许许多多全心全意为人民服务的优秀党员代表。在我国的历史上，从来没有一个政治组织，像中国共产党这样集中了那么多的优秀儿女和先进分子，为中国人民的利益和中华民族的伟大复兴，作出了那么大的奉献和牺牲。

红船精神与责任担当、牺牲精神

第三节　为民奉献是中国共产党的价值追求

全心全意为人民服务是中国共产党的宗旨，是每一个党员行为的规范性要求，同时也是中国共产党一切行动的出发点和落脚点，是指引、评价、检验我们党一切执政活动的最高标准。立党为公，忠诚为民，一切依靠人民，一切为了人民，是"红船精神"的灵魂，也是红船初心的思想魅力与强大生命

---

① 毛泽东选集(第三卷)[M].北京:人民出版社,1991:1031.

② 中共中央文献研究室,中央档案馆.建党以来重要文献选编(一九二一——一九四九)(第22册)[M].北京:中央文献出版社,2011:535.

③ 中共中央文献研究室.论群众路线——重要论述摘编[M].北京:中央文献出版社,党建读物出版社,2013:128.

力之所在。红船之所以能够从南湖驶向全中国,勇立潮头、破浪飞舟、扬帆远航,始终得到人民群众的信任和支持,最根本的原因就在于我们党坚持把人民群众的利益放在首位。

一、建党初期的工农群众运动

工人和农民是中国革命的核心力量,也是构成中国人民的主体成分。早期共产党人看到了人民群众在创造历史中的主体作用,相信人民群众是历史的创造者,相信人民群众的力量和智慧。所以,在中国共产党成立前后,他们就坚定地走向社会最底层,发动和依靠占中国人口绝大多数的劳动民众,并把团结和依靠工农群众作为中国共产党的事业不断前进的力量源泉。

在工人运动方面,各地共产党早期组织通过创办杂志来启蒙教育工人群众。例如,上海共产党早期组织创办了《劳动界》周刊,北京的共产党早期组织创办了《工人周刊》,中国劳动组合书记部创办了《劳动周刊》。这些杂志揭露资本家的剥削与压迫,刊登工人劳动、生活状况的调查,号召工人阶级联合起来斗争,去争取自身解放,维护自身权益。各地共产党早期组织还开办补习学校,培养工人运动的骨干。例如,北京共产党早期组织邓中夏、张国焘等人以"平民教育"的名义在长辛店铁路工厂开办了劳动补习学校,宣传马克思主义。在中共一大上通过的《关于当前实际工作的决议》中肯定了以工人补习学校为教育、组织工人的形式。早期共产党人还深入工人当中,启发他们的阶级觉悟,灌输阶级斗争的精神。例如,1921年冬天,毛泽东和李立三等人一起到安源考察了工人运动,他们深入矿井和工厂,和工人们促膝谈心,鼓励他们团结起来,反抗资本家。

在农民运动方面,号召农民组织起来,依靠自己的力量,争取翻身解放。1922年6月15日,在《中国共产党对于时局的主张》中提出了"没收军阀官僚的财产,将他们的田地分给贫苦农民""定限制租课率的法律"等为"我们目前奋斗的目标"[①]。1921年9月27日,沈玄庐在自己的家乡浙江萧山县

---

① 中共中央文献研究,中央档案馆.建党以来重要文献选编(一九二一——一九四九)(第1册)[M].北京:中央文献出版社,2011:98.

(现杭州市萧山区)衙前村成立了中国共产党创建的第一个农民协会——衙前村农民协会,宣读了《衙前农民协会宣言》和《衙前农民协会章程》,《衙前农民协会宣言》控诉了地主阶级、军阀统治者给农民带来的痛苦生活,发出了农民的怒吼:"我们的觉悟,才是我们的命运。我们有组织的团结,才是我们离开恶运交好运的途径。决定我们的命运,正是决定全中国人的命运。"①农民协会还提出破除迷信、解放妇女等口号,引起社会广泛的关注。我们党最早的农民运动领袖彭湃,在自己的家乡广东海丰深入农村,向农民宣传受痛苦的原因和解除痛苦的方法,号召农民团结起来,组织起来,反抗地主阶级的压迫和剥削。

在青年运动方面,中国共产党在创建时期就把青年工作作为党的工作的重要组成部分。中共各地党组织根据中央局的要求,大力开展整顿和重建青年团的工作。经过努力,各地青年团组织得到迅速的恢复和发展,到1922年5月为止,全国已有上海、北京、武昌、长沙、广州、南京、天津、保定、唐山、塘沽、安庆、杭州、潮州、梧州、佛山、新会、肇庆共17个地方建立了社会主义青年团组织,团员总数达到5000人。为了表明中国社会主义青年团是信仰马克思主义的革命组织,在纪念马克思诞辰104周年之际,1922年5月5日,中国社会主义青年团第一次全国代表大会在广州隆重开幕,出席这次大会的代表有蔡和森、邓中夏、张太雷、施存统等25人,来自15个地区。中共中央局书记陈独秀、少共国际代表达林出席并指导了这次大会。中共二大提出的《关于少年运动问题的决议案》是中国共产党制定的关于青年运动的第一个纲领性文件。《关于少年运动问题的决议案》明确了中国青年运动在中国共产党的领导下,以反对帝国主义、封建主义为奋斗目标,指明了青年运动发展的方向,同时对青年运动的组织发动等工作进行了指导。

在妇女运动方面,1921年9月,中华女界联合会在共产党的机关刊物《新青年》上刊登了改造宣言及章程。中华女界联合会的新纲领除继续高喊五四时期关于女性参政、接受高等教育的权利以及婚姻自由的诉求外,还提出女子"参加一切农民工人的组织运动""加入一切抵抗军阀财阀的群众运

---

① 衙前农民协会宣言、衙前农民协会章程[J].新青年,1921,9(4).

动""与外国帝国主义者之侵略奋斗"①等口号,鲜明地显示了在中国共产党领导下的妇女运动与阶级立场的紧密结合。1921年12月,党的第一份妇女刊物《妇女声》发行。该刊在创刊宣言中强调"'妇女解放',即是'劳动者的解放'",要求妇女"鼓起坚强的意志和热烈的精神,在阶级的历史和民众的本能中寻出有利的解放手段,打破一切掠夺和压迫",高呼"取得自由社会的生存权和劳动权"②!1922年7月,中国共产党第二次全国代表大会产生了党的第一个《关于妇女运动的决议》。决议指出,"妇女解放是要伴着劳动解放进行的,只有无产阶级获得了政权,妇女们才能得到真正的解放"③,充分显示了中国共产党对妇女运动的高度重视。

可见,中国共产党在创建时期就热爱人民、为了人民、服务人民。正是掌握了唯物史观,建立了对人民群众历史作用的科学认识,中国共产党开始采取以往任何政治派别和阶级都没有采取过的全新革命方法,即发动和依靠群众的方法,把蕴藏在人民群众之中的伟大创造力解放出来,开辟了中国革命的新纪元。

【延伸阅读4】

向警予:中国妇女运动的先驱

"人都应该珍惜自己的生命,然而到了不能珍惜的时候,只有勇敢地牺牲自己。人总是要死的,但要死得慷慷慨慨。"这是向警予1928年英勇就义前给她狱友留下的遗言。

向警予,原名向俊贤,1895年出生于湖南湘西溆浦县商会会长之家。在家中,向警予排行老九,她的几位兄长早年都曾留学日本,对向警予影响很大。8岁时,她进入长兄开办的新式小学学习,在校品学兼优,一度想成为花木兰式的英雄。她先后就读于湖南第三、第一女子师范和周南女校,因与蔡和森之妹蔡畅是同学的关系结识了蔡和森和毛泽东。

① 中华女界联合会改造宣言[J].新青年,1921,9(5).
② 中华全国妇女联合会妇女运动历史研究室.中国妇女运动历史资料(1921—1927)[M].北京:人民出版社,1986:28.
③ 中央档案馆.中共中央文件选集(第一集)[M].北京:中共中央党校出版社,1989:88.

1916年,毕业后的向警予回到溆浦老家,她四处奔走,克服重重困难,在县城西街文昌阁创办了男女合校的溆浦小学堂,并担任校长,她聘请进步青年任教员,试图打破当时"男尊女卑"的传统观念,走教育救国之路。在校内,向警予要求女生放脚,亲自为她们解开裹脚布,并一个个地陪她们回家向父母作解释。1919年夏,湘西镇守副使第五区司令周则范看中向警予并想娶她为妻,向警予的继母也想借此高攀,但向警予鄙视军阀的权势,反感无爱情的婚姻,于是她只身闯入周公馆,告知"以身许国,终身不嫁"。后来,为避开周则范的纠缠,她离开家乡,前往长沙,加入了毛泽东、蔡和森主办的"新民学会"。

1919年冬天,向警予与蔡和森、蔡畅、蔡母葛健豪等一同乘船赴法国勤工俭学。在漫长的旅途中,向警予与蔡和森二人一起观日出、讨论学术和政治问题,憧憬美好的未来,由于志同道合而萌发情愫。不过他们二人反对旧式婚姻,坚持实行新式爱情和理想的"同盟"。1920年6月,二人在法国蒙达尼结婚,其结婚照为二人同读一本打开的《资本论》。二人还将恋爱过程中互赠的诗作收集出版,题为《向上同盟》,人们把他们二人的结合称为"向蔡同盟"。向警予的继母得知此事后,气愤地说:"现成的将军夫人不做,却去找个磨豆腐的!"(蔡和森当时在法国的豆腐公司打工。)

在法期间,向警予一边在工厂做工,一边在蒙达尼女子公学攻读法文并学习马克思列宁主义,短短几个月后就能读法文版的《共产党宣言》《家庭、私有制和国家的起源》等著作,她也经常参加周恩来组织的"工学世界社"。1921年年底,旅法的蔡和森等人因参加学生运动被当局遣送回国,已怀孕的向警予也随之被遣返。翌年,她在上海加入中国共产党,成为最早的女共产党员之一。随后向警予参加中共二大,当选中央委员并担任中央妇女部长。此后,她在中共三大、四大继续当选为中央委员,并领导过上海14家丝厂1.5万名女工大罢工和南洋烟厂7000名工人罢工,还为党代会和报刊写过许多论述妇女解放运动的宣言和文章。

1925年,蔡和森赴苏联参加国际会议,向警予同往,并进入东方大学中国班学习。5月30日,上海发生了震惊世界的五卅惨案,向警予积极组织和领导上海妇女参加斗争,发表40多篇有关女权解放的文章,指导中国的妇女运动。她亲自带领妇女部的一些同志深入工厂、街道发动女工参加罢工,并到南京路等街头作宣传工作。向警予站在街头,挥舞着拳头,滔滔不绝地揭露帝国主义镇压工人运动的罪行。国民党左派柳亚子先生曾经赋诗一首,赞美向警予这位挥洒自如的女权革命家。1927年4月,向警予回国参加中共五大后,留在武汉先后负责武汉市总工会、汉口市宣传部和湖北省委、武汉市委的领导工作,在白色恐怖极其严重的形势下坚持地下斗争。

1928年春,因湖北省委交通员宋若林叛变,国民党当局勾结汉口法租界逮捕了向警予。在法庭审问中,向警予先用中文接着用流利的法语质问法租界当局:"这里是中国的土地,你们有什么权利来审问中国革命者?你们把法国大革命的历史都忘记了吗?你们法国人不是鼓吹自由、平等、博爱吗?不是说信仰自由吗?"法国领事听后,也对她产生了敬佩之情,认为作为政治犯不该引渡。然而,法国殖民当局与国民党政府在政治上串通一气,随之撤换了领事并将向警予交给国民党桂系军阀。

在狱中,向警予大义凛然,看守们都对她肃然起敬。武汉的许多工人因同她关系密切,计划劫狱营救。国民党当局恨怕交织,选择在1928年5月1日公开将其杀害。在去刑场的路上,向警予高唱《国际歌》并呼喊口号,敌人慌忙向她嘴里塞石子,并用皮带勒住她的双颊,这一惨烈的情景,使沿途送行的群众忍不住流下悲愤的泪水,英勇就义时,她年仅33岁。当夜,有工人冒着生命危险将她的遗体抬走安葬。此后,向警予烈士长眠于武汉龟山以西的"红色战士公墓"之中。

1939年在延安纪念三八妇女节大会上,毛泽东高度评价了向警予的一生。他说:"要学习大革命时代牺牲了的模范妇女领袖、女共产党员向警予。她为妇女解放、为劳动大众解放、为共产主义事业奋斗了一生。"

向警予是中国共产党历史上第一位女性中央委员,也是我们党第一任妇女部长,是中国最早的无产阶级妇女运动的主要领导人。向警予短暂而光辉的一生,崇高而壮美,热烈而伟大。作为一名女性,她冲破封建枷锁,追求自由恋爱,追求马克思主义真理,体现出无比坚定的革命奋斗精神,她的英勇事迹将永远铭刻在史册。

二、坚持践行好党的群众路线

群众路线坚持了马克思主义的世界观和方法论,是我们党的根本工作路线。我们党走过的百年历程充分证明,坚持人民立场、始终保持党同人民群众的血肉联系是我们党战胜一切艰难险阻、取得不断胜利的根本保证。在中国共产党成立以前,中国人民在与外国侵略者和封建统治者进行的长期斗争中存在着两个致命的弱点:一是没有搞清楚革命的对象,不能团结真正的朋友以攻击真正的敌人;二是没有广泛地发动群众,特别是没有深入底层的工农群众中去,未能形成有组织的、持久的群众运动。建党初期中国工人运动的蓬勃发展,初步显示了党的群众路线的威力。

毛泽东是中国共产党群众路线的倡导者、推进者和实践者。早在1929年12月,他在《中国共产党红军第四军第九次代表大会决议案》中批评单纯军事观点时就提出,红军存在的意义不是单纯地为了打仗,而是为了宣传群众、组织群众、武装群众,并帮助群众建设革命政权。脱离对群众的宣传、组织、武装和建设革命政权等目标,也就失去了打仗的意义。如果脱离群众,忽视对地方工农群众的组织,不愿做细致的群众工作,军队就有离开无产阶级领导的危险。他指出:"党对于军事工作要有积极的注意和讨论。一切工作,在党的讨论和决议之后,再经过群众去执行。"①

在1943年《关于领导方法的若干问题》一文中,毛泽东科学地阐述了群众路线的内容、实施步骤以及历史地位。他指出,在一切实际工作中,我们应该把群众分散的意见集中起来,经过研究化为集中的系统的意见;再把这些意见宣传到群众中去,付诸群众的行动,并在群众的实践中检验这些意见是否正确;然后再从群众中集中起来,再到群众中坚持下去;如此无限循环,一次比一次正确、生动、丰富,这符合马克思主义的认识论。因此,从群众中集中起来又到群众中坚持下去,以形成正确的领导意见,这是马克思主义的科学的领导方法,只有这样,才能彻底粉碎主观主义和官僚主义的领导方法。1945年中共七大通过的党章对群众路线的基本

---

① 毛泽东文集(第一卷)[M].北京:人民出版社,1993:80.

精神和内容作了明确的说明,并将群众路线确定为我们党的根本政治路线和组织路线。

正是因为很好地贯彻了群众路线,发动群众、紧紧依靠群众,中国共产党才取得了新民主主义革命的胜利,推翻了三座大山的统治,实现了民族独立、人民解放。改革开放之后,邓小平也多次强调,群众路线和群众观点是我们的传家宝,他总是把"人民拥护不拥护""人民赞成不赞成""人民高兴不高兴""人民答应不答应"作为制定各项方针、政策的出发点和落脚点,始终把人民群众的根本利益放在高于一切的位置。江泽民指出,我们党要始终代表中国最广大人民的根本利益。[①] 胡锦涛也强调,"相信谁、依靠谁、为了谁,是否始终站在最广大人民的立场上,是区分唯物史观和唯心史观的分水岭,也是判断马克思主义政党的试金石。"[②]习近平总书记指出,"我们要始终把人民立场作为根本政治立场,把人民利益摆在至高无上的地位,不断把为人民造福事业推向前进"[③]。总之,我们党正是坚持走群众路线,紧紧依靠人民,取得了革命建设改革的伟大胜利,把中国特色社会主义伟大事业不断推向前进。

得民心者得天下。坚持群众路线是中国共产党从胜利走向胜利的重要法宝。中国梦归根到底是人民的梦,必须紧紧依靠人民来实现,必须不断为人民造福。实现中国梦,必须凝聚中国力量。在新时代,我们要坚持不懈地把践行党的群众路线摆在更加突出的位置,高度重视群众工作,全面增强凝聚力,全面激发广大群众的创造力,凝聚起为实现中华民族伟大复兴中国梦而奋斗的磅礴力量。

"水可载舟,亦可覆舟。"红船之所以能够从南湖驶向全中国,历经风浪而不倒,千锤百炼更坚强,始终得到人民群众的信任和支持,最根本的原因就在于我们党坚持把群众利益放在第一位,在工作中自觉践行群众路线,一切为了群众,一切依靠群众,从群众中来,到群众中去,与群众一块苦、一块

① 江泽民文选(第三卷)[M].北京:人民出版社,2006:536.
② 中共中央文献研究室.十六大以来重要文献选编(上)[M].北京:中央文献出版社,2005:369.
③ 习近平.习近平谈治国理政(第二卷)[M].北京:外文出版社,2017:52.

干、一块过,把党的正确主张变为群众的自觉行动。百年来,我们党历经革命、建设和改革,从领导人民为夺取全国政权而奋斗的党成为领导人民掌握全国政权并长期执政的党。虽然党的历史方位有所变化,但是我们党始终载着红船的意愿,以立党为公、忠诚为民的奉献精神,把人民的利益放在第一位。

奉献精神与改革开放

三、坚持以人民为中心的理念

2012 年 11 月 15 日,习近平总书记在十八届中共中央政治局常委同中外记者见面时指出:"我们的人民热爱生活,期盼有更好的教育、更稳定的工作、更满意的收入、更可靠的社会保障、更高水平的医疗卫生服务、更舒适的居住条件、更优美的环境,期盼孩子们能成长得更好、工作得更好、生活得更好。人民对美好生活的向往,就是我们的奋斗目标。"[①]这番话立场鲜明地宣誓了中国共产党执政为民的决心。

坚持以人民为中心的理念,是践行党的根本宗旨的集中体现。党的根本宗旨是全心全意为人民服务。这一根本宗旨决定了党是最广大人民群众根本利益的忠实代表者和坚定维护者。从我们党百年的发展史可以看出,虽然我们党在不同历史时期有着不同的任务、面临着不同的挑战,但为中国人民谋幸福、为中华民族谋复兴的初心和使命始终没有改变;以人民为中心、为人民服务的工作导向始终没有改变。

坚持以人民为中心的理念,也是践行党的群众路线的体现。党的群众路线强调"一切为了群众,一切依靠群众,从群众中来,到群众中去",既是思想方法、工作方法,更是政治立场和价值理念。坚持以人民为中心的理念,就是在新时代背景下,不断发扬群众路线的真谛和精髓,不断完善党的群众路线的思想方法和工作方法。

---

① 习近平.习近平谈治国理政(第一卷)[M].北京:外文出版社,2018:4.

以人民为中心的理念鲜明地回答了"依靠谁发展、为了谁发展"这一发展中的根本问题、原则问题,彰显了党热爱人民、服务人民,坚持人民至上的立场和感情。党的十八届五中全会提出了"创新、协调、绿色、开放、共享"的发展理念,把共享作为发展的出发点和落脚点,充分体现了社会主义本质,体现了全心全意为人民服务的宗旨。人人共建、人人共享,是经济社会发展的理想状态。共享发展的关键就是,要通过有效的制度安排使全体人民在共建共享发展中有更多获得感,从而增强发展动力,增进人民团结,实现共同富裕的目标。为了增进人民福祉、促进人的全面发展,必须做到依靠人民,尊重人民的首创精神,充分调动广大人民群众的积极性和创造性。邓小平指出:"中国的事情要按照中国的情况来办,要依靠中国人自己的力量来办。"①人民既是共享的主体也是价值的创造主体。因此,实现共享发展,就要按照人人参与、人人尽力、人人享有的要求,通过优化民主机制、改进民生制度,激发人民群众的建设热情和创造活力,使全体人民在"共建"中各尽所能;保障各项权利的落实、切身利益的增进,让全体人民在"共享"中各得其所;在发展生产力基础上消除绝对贫困、减少相对贫困,使全体人民在"共富"进程中和谐相处。

共享发展、共同富裕是马克思主义关于社会主义社会的本质规定和发展目标。马克思明确指出,在社会主义制度中,"生产将以所有的人富裕为目的"②。邓小平强调:"社会主义财富属于人民,社会主义的致富是全民共同致富。社会主义原则,第一是发展生产,第二是共同致富……我们的政策是不使社会导致两极分化。"③因此,要实现社会主义发展的目标也即社会主义的价值目标,就必须从解决人民最关心、最直接、最现实的利益问题入手,让发展的成果惠及全体人民,使人的物质需要、人的精神需求、人的实践能力、人的社会关系、人的自由个性等充分发展。另一方面,从共享的主体角度来看,在社会发展的横向层面,发展不是少数人的发展,而是全体人民都应得到公平的发展。全面建成小康关键在全面,既包括发达地区的人民,

---

① 邓小平文选(第三卷)[M].北京:人民出版社,1993:3.
② 马克思恩格斯选集(第二卷)[M].北京:人民出版社,2012:787.
③ 邓小平文选(第三卷)[M].北京:人民出版社,1993:172.

也包括不发达地区的人民。从世界范围来说,共享发展既包括发达国家的人民,也包括发展中国家的人民。从人类发展的高度来认识,中国的开放、共享、共赢、共同合作的发展理念,不仅仅改变当代中国人的命运,也将改变全人类的命运。

习近平总书记在十九大报告中指出:"中国共产党人的初心和使命,就是为中国人民谋幸福,为中华民族谋复兴。"[①]为了完成"民族独立和人民解放"与"国家繁荣富强和人民共同富裕"这两大历史任务,中国共产党自诞生之日起,就没有自己的特殊利益,而是以全心全意为人民服务为根本宗旨。在新时代,我们要把以人民为中心的理念贯穿到经济社会发展各个环节之中,在继续推动发展的基础上,着力解决好不平衡不充分的问题,大力提升发展质量和效益,做到发展为了人民、发展依靠人民、发展成果由人民共享。

立党为公、忠诚为民的奉献精神是红船精神的本质

---

① 习近平.决胜全面建成小康社会 夺取新时代中国特色社会主义伟大胜利[M].北京:人民出版社,2017:1.

第五章　红船精神的历史地位

红船精神是中国共产党在创建过程中形成的伟大革命精神。作为与党同时诞生的革命精神,它在中国共产党革命精神谱系中具有特殊的历史地位:红船精神是中国共产党建党精神的集中体现,是中国共产党革命精神之源,也是中国共产党的先进性之源。

第一节　中国共产党建党精神的集中体现

习近平同志指出:"伟大的革命实践产生伟大的革命精神。"①中国共产党的创立,是开天辟地的大事变,建党过程必然凝聚出伟大的革命精神,即建党精神。红船精神的内涵生动诠释了建党过程中的伟大精神力量,集中体现了中国共产党的建党精神。

一、寻找正确道路的真实写照

1840 年鸦片战争之后,西方的坚船利炮一次次敲开中国封闭的大门。中国的先进分子开始觉醒,一代代仁人志士,开始苦苦寻求救民于水火之中的真理,救国于危亡之际的道路。以林则徐、魏源为代表的地主阶级中的革新派,他们发出"睁眼看世界"的声音,通过编撰《四洲志》《海国图志》,积极宣传西方的发展与世界之变化,希望能够引起国人特别是封建统治阶级的觉醒,能够赶上世界潮流,适应世界前所未有之变局。然而地主革新派的梦

---

① 习近平.弘扬"红船精神"　走在时代前列[N].光明日报,2005-06-21(A3).

想终究是幻想,封建地主阶级的阶级本质,决定了他们无法改变自我封闭的保守思想,作为这个阶级代表的封建统治者更是没有兴趣去了解世界之变,仍然在"普天之下莫非王土,率土之滨莫非王臣"的中央王朝的幻想中沉醉,连眨眼的愿望都没有。具有讽刺意味的是,《海国图志》传到日本之后,反倒对日本产生了警醒,让这个民族开始了自我变革。

在中国逐渐沦为半殖民地半封建国家的过程中,中国人民从之前的饱受地主阶级的剥削,变为了对内受到封建剥削、对外还要遭受资本主义的剥削。双重的剥削使中国人民的忍受力到了极点,在走投无路的境况下,一部分接触到西方思想的中国底层知识分子和农民,带领人民开始为一个新的梦想而奋斗,这就是建立起"凡天下田,天下人同耕""无处不均匀,无人不保暖"的太平天国之梦。但是,所谓的"天朝",最终走不出空想的陷阱,上千万人的牺牲,最终逃脱不掉农民作为一个小生产者的阶级局限性,这个"天朝"梦想最终断绝在金陵城下。这也证明,依靠农民阶级的领导,即便加上一点舶来的西方文化思想的点缀,中国人民追求美好生活的梦想是无法实现的。

经过两次鸦片战争的失败之辱,以及遭受太平天国运动重创后的封建统治阶级内部,终于出现了分化,他们当中的一部分人不再保守,转而做起了依靠西方先进的科学技术,在维护封建统治的同时实现富国强兵的梦想。这就是洋务派开创的以"自强""求富"为口号,以"中学为体、西学为用"为指导思想,以"师夷长技以自强"为目的的洋务运动。洋务运动历经30多年,曾经一度开创过所谓的"同治中兴"局面,但是这个梦想,很快就在甲午战争的惨败中被击得粉碎。

甲午战败,是中华民族千年来未有之国耻,一个4亿人口的大国,居然惨败给日本,这一耻辱使得国人意识到,不改变落后的封建制度,中国永远都无法改变落后挨打的局面。于是,一部分知识分子在此之后又开始追求一个新的梦想,即向西方学习实行君主立宪的改革,这就是康有为、梁启超等人所发动的戊戌变法运动。但是戊戌变法实行一百天即告失败的惨痛事实告诉他们,落后的中国,任何对封建统治者的幻想都是空想,都是不切实际的美梦。19世纪末在这个东方古国里一次次的尝试、一次次的梦想,最终都归于失败、归为梦碎,惨痛的历史事实告诉中国人,无论是地主阶级,还是农民阶级,都无法担当起实现中华民族复兴的梦想的历史重任。

在 19 世纪末中国饱受欺凌的历史过程中,中国社会逐渐产生了两个新的阶级,那就是民族资产阶级和无产阶级。中国的民族资产阶级率先登上了中国的政治舞台。他们出于维护自身阶级利益的需要,对封建地主阶级不再抱有任何期待,他们的梦想,就是效法西方,在中国建立一个崭新的资产阶级共和国,这就是以孙中山为代表的"共和梦"。1905 年同盟会的成立,标志着他们为实现这个梦想正式开始了奋斗。一次次的牺牲,终于换来了武昌起义,换来了中国两千多年封建统治的结束,换来了 1912 年民国历史的新纪元,"民国"的金字招牌给当时国人以幻觉,好像"共和梦"真的实现了。然而,袁世凯篡夺了辛亥革命的果实,中国除了换了个徒有虚名的"民国"招牌,一切如旧,国家陷入北洋军阀的黑暗统治中,甚至还出了洪宪改制、张勋复辟的闹剧。资产阶级共和国的"共和梦"很快就摔得粉碎。

中国的先进知识分子,迫不得已,再次反思这个悲惨民族的境遇,开始了新文化运动,他们把 19 世纪末以来各种梦想一次次破碎的原因从思想根源去寻找答案,他们反对中国的旧文化,开始追求西方的新文化,他们以科学、民主为旗帜,希望通过引入各种西方新文化来拯救这个灾难深重的民族。一时间,杜威的实用主义、基尔特社会主义、无政府主义、新村主义等各种思潮粉墨登场,都试图影响中国的发展方向,宣扬他们实现拯救国家的梦想。但是这些政治梦想,不过是当时中国知识分子的虚幻想象,他们除了苍白无力的著书立说,就是各种脱离国情、脱离人民的空洞尝试,他们的梦想在近乎绝望的中国大地上,甚至都没有能够压出几道痕迹,就消失在历史的漩涡中了。

苦难的中国究竟该怎么办?新文化运动中的部分领袖,以敏锐的眼光投向了遥远的俄国,他们看到了"庶民的胜利"和"布尔什维主义的胜利",他们看到了一种崭新的学说"马克思主义"。他们中的佼佼者,陈独秀、李大钊很快投身于对这一崭新思想的研究和宣传。他们在这个过程中,看到了中华民族伟大复兴梦想实现的希望,他们决心依靠中国的先进阶级无产阶级,走出一条"无论如何山穷水尽诸路皆走不通了的"[①]全新道路,这就是组建中国共产党,走社会主义道路。因此,中国共产党的创立,体现了在黑暗中

---

① 中央文献研究室.毛泽东书信选集[M].北京:中央文献出版社,2003:4.

寻求真理,在绝望中寻求道路而最终摆脱旧阶级的影响、摆脱既有世界资本主义发展道路束缚的建党精神,这就集中体现为开天辟地、敢为人先的首创精神。

二、把理想变现实的生动体现

马克思主义理论独有的理论特质就在于实践。"哲学家们只是用不同的方式解释世界,问题在于改变世界。"①马克思主义自诞生之日起,就不是一种空洞的说教,而是强调必须把理论和无产阶级的运动结合起来。早在1848年2月公开发表的《共产党宣言》中,马克思和恩格斯就明确指出:"在实践方面,共产党人是各国工人政党中最坚决的、始终起推动作用的部分;在理论方面,他们胜过其余无产阶级群众的地方在于他们了解无产阶级运动的条件、进程和一般结果。"②因此,信仰马克思主义,就必须要有为这种信仰而奋斗乃至牺牲的信念和决心。马克思主义政党绝不是资产阶级的"裴多菲俱乐部",不是供人在党内无休止争论,宣扬各种私人观点的政治辩论场,而是要求他的党员一旦确立这种信仰,就必须坚定信仰,服从组织,敢于牺牲,为理想而奋斗终身。

俄国十月革命胜利后,马克思主义在中国的传播曾经一度成为一种时尚。当时中国的知识分子们,一度热衷于宣传、讨论马克思主义。除了新文化运动的领袖李大钊、陈独秀进一步介绍马克思主义以外,也有很多的青年知识分子开始热衷于马克思主义,并逐步走上马克思主义道路,如毛泽东、蔡和森等人。此外,还有一些资产阶级的知识分子,如戴季陶、胡汉民等人也一度探讨马克思主义,更有一些无政府主义者以介绍马克思主义为时尚。虽然当时的知识分子都在讨论马克思主义,但是却有两种截然不同的立场。一种是把马克思主义作为真理而信仰,决心为之而奋斗;另一种是把马克思主义当作一种西方学说,加以讨论乃至批判。当时30岁不到的毛泽东,就属前者。1936年,毛泽东在同记者埃德加·斯诺谈话中说:"有三本书特别深地铭刻在我的心中,建立起我对马克思主义的信仰。我一旦接受了马克

---

① 马克思恩格斯选集(第一卷)[M].北京:人民出版社,2012:136.

② 马克思恩格斯选集(第一卷)[M].北京:人民出版社,2012:413.

思主义是对历史的正确解释以后,我对马克思主义的信仰就没有动摇过。这三本书是:《共产党宣言》,陈望道译,这是中文出版的第一本马克思主义的书;《阶级斗争》,考茨基著;《社会主义史》,柯卡普著。到了1920年夏天,在理论上,而且在某种程度的行动上,我已成为一个马克思主义者了,而且从此我也认为自己是一个马克思主义者了。"①

中国最早的马克思主义者李大钊,树立了坚定的马克思主义信仰并决心为之奋斗,他大胆预见:"由今以后,到处所见的,都是布尔什维主义战胜的旗。到处所闻的,都是布尔什维主义的凯歌的声。人道的警钟响了!自由的曙光现了!试看将来的环球,必是赤旗的世界!"②他曾经还表示:"自束发受书,即矢志努力于民族解放之事业,实践其所信,励行其所知。"③为了把他所坚信的理论变成现实,李大钊很早就认识到必须学习俄国,建立无产阶级政党,从而实现无产阶级革命。但反观当时也热衷于马克思主义的其他知识分子,则无非是把马克思主义当作一种西方理论加以探讨而已,他们当中很多人对于把马克思主义理论变为现实,走俄国道路更是报以极大恐惧,认为走俄国革命道路,会导致流血牺牲,与其流血牺牲,不如走社会改良道路,这就充分暴露了小资产阶级和资产阶级知识分子坐而论道,脱离实践,不敢从根本上解决中国问题的阶级弱点。

中国共产党的创立者为了创建无产阶级政党,除了积极宣传马克思主义外,更是从组织上、工农运动中为建党作充分的实践准备。李大钊率先在北京成立了北京大学马克思学说研究会,为建党作干部、宣传上的准备。陈独秀1920年8月即在上海成立党的早期组织,定名为"中国共产党",并且开设工人夜校,组织工人运动,为党的建立打下充分的阶级基础。毛泽东在长沙领导新民学会,为长沙党组织的建立作组织准备。1921年1月,毛泽东在新民学会的一次活动中,特意提到一部分留法会员在建党问题上的观点:"一部分会友主张组织共产党,一部分会友主张实行工学主

① [美]埃德加·斯诺.西行漫记[M].董乐山,译.北京:三联书店,1979:131.
② 李大钊全集(第二卷)[M].北京:人民出版社,2013:367.
③ 李大钊全集(第五卷)[M].北京:人民出版社,2013:301.

义及教育改造。"①而他在给蔡和森的回信中,对于蔡和森关于建立共产党的来信主张表示:"你这一封信见地极当,我没有一个字不赞成。"②这就充分体现了以毛泽东、蔡和森为代表的新民学会会员是立足于走俄国道路,通过建党来把马克思主义理论与中国实践结合,有别于当时一些知识分子对待马克思主义的叶公好龙心态,只敢在理论上探讨,在行动上止于教育、改良的心态。

在当时的历史背景下,建立共产党是一个在政治上被视为异端的行为,受到国内外反动政府的严格监控和防范,这也是中共一大上海会议被迫终止,转到嘉兴继续开会的原因。因此,对于中国共产党的创立者们来说,建党,就是在黑暗中把理想变为现实,把信仰付诸行动的伟大行为,就是意味着他们要抛弃原先所在的阶级,抛弃旧社会本可以给予他们的地位与荣誉,乃至抛弃自己的生命。他们以青春之我,成就青春之中国。总之,中国共产党的创建者们为理想信念而建党并为之奋斗的过程,充分体现了坚定理想、百折不挠的奋斗精神。

三、不为自身私利的充分表达

1848 年 2 月,马克思、恩格斯在公开发表的《共产党宣言》中明确指出,共产党人"他们没有任何同整个无产阶级的利益不同的利益""一方面,在无产者不同的民族的斗争中,共产党人强调和坚持整个无产阶级共同的不分民族的利益;另一方面,在无产阶级和资产阶级的斗争所经历的各个发展阶段上,共产党人始终代表整个运动的利益"。③ 也就是说,无产阶级政党区别于其他一切资产阶级政党的地方就在于,无产阶级政党不是代表某些特殊利益集团的政党,而是代表最广大人民的根本利益,除此以外没有任何自己的私利,也不允许有自己的私利。这就是马克思、恩格斯在无产阶级政党创立之初就明确了的党的性质。意味着加入共产党,就必须放弃个人的私利和某些社会小集团的利益,而把自身的一切奉献给人民,不计个人得失,

---

① 中国革命博物馆,湖南省博物馆.新民学会资料[M].北京:人民出版社,1980:17.
② 中共中央文献研究室.毛泽东书信选集[M].北京:中央文献出版社,2003:11.
③ 马克思恩格斯选集(第一卷)[M].北京:人民出版社,2012:413.

这才是一个共产党人应有的党性。

中国共产党的创立者们，就是严格按照这一基本要求来建立无产阶级政党的。他们建党的初心，就在于为了人民幸福、民族复兴，而不在于谋取个人的私利。这与当时中国的其他一些政治组织，包括国民党，形成鲜明对比。中国共产党自成立之日起，就代表了最广大人民的根本利益。相反，即使是当时中国最大的革命政党国民党，内部也是派系林立，各自代表不同的利益集团，派系之间相互倾轧。利益纷争，决定了国民党在性质上的不纯洁，也就决定了国民党在革命中的不彻底，更决定了国民党在政治上的不团结，从而从根本上决定了国民党无法担负起挽救国家和民族的历史重任。而中国共产党自成立之日起，就把一切献给了人民。立党为公、忠诚为民是党的宗旨的真实写照。

正是靠着这种大公无私的奉献精神，五四运动时期才会有那么多先进知识分子本着对马克思主义的信仰，放弃上流社会的地位，冒着白色恐怖，组建起这样一个伟大的党。

正是因为中国共产党自诞生之日起就没有受到各种私利的束缚，而是把立党为公、忠诚为民作为自己的政治属性，所以中国共产党虽然从诞生时间上看晚于中国的资产阶级政党，但其在政治上的成熟远远快于国民党等各个资产阶级政党。中共一大即制定了党的第一个纲领、第一个决议，确立了党当前的工作重心在于领导工人运动。1921年8月，为贯彻中共一大的会议精神，中国共产党在上海成立中国劳动组合书记部，承担起发动工人、教育工人、领导工人的重任。真正做到把党的工作与争取和维护无产阶级的利益紧密结合起来，正如中共一大决议中指出的："在政治斗争中，在反对军阀主义和官僚制度的斗争中，在争取言论、出版、集会自由的斗争中，我们应始终站在完全独立的立场上，只维护无产阶级的利益。"①一年之后，中共二大即通过了"反帝反封建"的纲领，解决了"谁是我们的朋友，谁是我们的敌人"这样一个革命的首要问题。这种在政治上的成熟和对中国革命问题的深刻认识，正是得益于摆脱了各种利益关系的束缚，这是站在全民族、特别是全体劳动人民的利益高度思考问题才能得出的结论，而这也恰恰是中

---

① 中央档案馆.中共中央文件选集（第一册）[M].北京:中共中央党校出版社,1982:5.

国的资产阶级政党始终不能解决的问题。

总之，正是因为中国共产党的创立者们自建党之日起，就确立了立党为公、忠诚为民的无私奉献精神，才使得中国共产党真正能够成为中国最广大人民的根本利益的代表，成为中国革命的真正领导核心，从而开辟了中国革命的新道路。

早期共产党人的建党实践充分体现了红船精神

第二节　中国共产党的初心使命之源

红船精神反映了建党时期中国共产党人的理想信念和价值追求，寄托着共产党人的初心，承载着共产党人的使命，是共产党人的精神家园。

一、中国共产党的建党初心

中国早期共产党人在组织酝酿、筹备建党时，就党的性质、指导思想、奋斗目标、建党目的等问题进行了热烈的讨论，就立党为公的问题进行了初步阐释。

辛亥革命后，组党热潮风靡一时，各种政党和政治团体如雨后春笋纷纷成立，数量繁多，有共和急进会、中国保全会、国民协会、国民协进会、中华民国联合会、中华民国竟进会、政群社、中华进步党、公民急进党、统一国民党、共和党、统一党、自由党、统一共和党、中央集贤会、南北共和宪政统一会、中华民国工党、国民公党、民社、工党、帝国党、中华民国实业协会等。据不完全统计，自武昌起义至 1913 年年底，新成立的公开团体就有682 个，其中政治类的团体 312 个，主要集中在京、津、沪、南京、广州等地，而京、沪两地又占了 1/2 以上。[①] 因为缺乏政治社会基础，形成了千奇

---

① 朱建华.中国近代政党史［M］.长春：吉林大学出版社,1990:247.

百怪的政党政治乱象。

民国初年的政党政治乱象曾使陈独秀对政党政治不以为然,认为政党仅是代表特定阶级利益的私党,他认为政党政治,不适用于中国。当他接受了马克思主义,在转变为马克思主义者的过程中,他关于政党的思想也发生了变化,他开始运用马克思主义的阶级分析方法去分析社会现实问题。他认为,因为中国依然处于阶级社会,所以必须有政党,工人阶级的存在自然需要能够代表工人阶级利益,为工人阶级服务的政党。因为工人阶级的觉悟还比较低,还没有完全成为自为的阶级,所以需要成立共产党。陈独秀还指出,政党应该为全社会人民的幸福而努力,而不是为少数人谋利益。

李大钊也认为,在中国建立无产阶级政党非常重要。他认为,十月革命的胜利是马克思主义在俄国的胜利,是俄国无产阶级政党的胜利,中国要真正实现国家独立和人民解放,只有借鉴俄国革命的经验,以列宁领导的俄国布尔什维克党为参照,建立代表最广大人民的根本利益的政党。李大钊强调,中国所要建立的政党要与民国以来的旧式政党或政治派别严格区别开来,即无产阶级政党。无产阶级政党是工人阶级的先锋队,是工人阶级自己的组织,应当体现先进阶级的特性,具有"组织更精密""势力更强大""团体训练""真能表现民众势力"①。

蔡和森到法国后,研究共产国际和各国共产党的理论和经验,翻译马克思主义著作,认识到只有马克思主义的科学社会主义才能救中国,因此,他提出"组织共产党"的主张。蔡和森提出了关于组建中国共产党的一些设想,主张学习俄国布尔什维克建党的方法。他希望毛泽东在中国"准备做俄国的十月革命",并说:"我意中国于二年内须成立一主义明确,方法得当和俄一致的党,这事关系不小,望你注意。"②毛泽东对于蔡和森提出的用俄国式的方法建党,实行无产阶级专政的主张,"表示深切的赞同"③。李达也认为,政党是代表一定阶级并为本阶级利益服务的,是以一定的阶级为基础

---

① 李大钊全集(第三卷)[M].北京:人民出版社,2006:269-271.
② 蔡和森文集(上)[M].北京:人民出版社,2013:58.
③ 中共中央文献研究室.毛泽东书信选集[M].北京:人民出版社,1983:8.

的，"共产党是无产阶级的柱石，是无产阶级的头脑"①。

从上可见，早期共产党人一致认为，创建中国共产党是为了最广大人民的根本利益而奋斗。中国共产党的成立，绝不是为了谋取一党之私利，而是把为中国人民谋幸福、为中华民族谋复兴作为自己的目的。

二、红船精神彰显为民初心

红船精神不仅是建党实践的产物，而且有着深厚的文化根基。红船精神是在马克思主义的指导下，对中华民族优秀传统文化继承与超越而形成的革命精神。中华民族优秀传统文化不仅为马克思主义在中国的传播和发展提供了思想文化基础，而且也为红船精神的形成提供了文化条件。

中华民族拥有五千多年的悠久历史，积淀了深厚的文化底蕴。其中民本主义思想就是中国古代政治文明的重要理念。早在殷商之际，一些杰出的思想家和政治家从桀、纣亡国的教训中看到了民众的力量。《尚书·盘庚》篇记载了"施实德于民""重我民"的思想；《尚书·夏书·五子之歌》也提到"皇祖有训：民可近，不可下。民惟邦本，本固邦宁"；西周大政治家、思想家周公鉴于商朝灭亡的历史教训中深刻认识到民众的重要性，提出"敬德保民"的思想，劝诫国君要"怀抱小民""用康保民"。春秋战国时期，孔子提出的德治思想，充分发挥了以"仁"为核心的民本学说。孟子则进一步将孔子的德治思想发展为仁政学说，在中国历史上第一次提出"民贵君轻"的政治卓见。荀子继承了孟子的民本思想，提出君民"舟水"关系说。秦汉以后，民本思想得到了继承和发扬。朱熹在《四书集注》中反复引用并阐释"民为邦本、本固邦宁"的古训，并强调"天下之务、莫大于恤民"。明末清初，传统民本思想达到顶峰，黄宗羲宣扬"天下为主，君为客"的思想。

虽然中国传统民本思想具有一定的历史进步性，但从根本上说，传统民本思想只是作为统治阶级的统治经验提出来的，它始终无法跳出君主专制主义的制约，不可能真正以人民为本位，更不能真正为人民谋福利。一个政

① 李达全集(第二卷)[M].北京：人民出版社，2016：178.

党是否坚持"立党为公",归根结底要看它是否代表最广大人民的根本利益。马克思主义政党,说到底就是维护和实现人民利益的政党。早期的共产党人牢固树立了马克思主义的群众观,看到了人民群众在创造历史中的主体作用,他们深入工农群众中去宣传马克思主义,以唤起工农群众的阶级觉悟,推动革命的发展。

一是创办杂志,启蒙教育工农群众。1918年年底,陈独秀和李大钊创办了著名刊物《每周评论》,设有"国内劳动状况"专栏,专门报道工人、农民、人力车夫、城市佣工等劳动人民的生活以及他们的抗争情况。1920年5月,陈独秀主编的《新青年》出版了《劳动节纪念号》,以大量篇幅登载各地工人阶级状况的调查材料,其中有上海、天津、无锡、唐山等工业城市的产业工人的情况。1920年8月15日,上海的早期共产党组织创办了《劳动界》周刊,陈独秀在《劳动界》第一期第一篇文章中,说明了劳动创造世界的真理,歌颂工人阶级的伟大创造力量。在陈独秀的领导下,广州共产党早期组织于1921年2月13日创办《劳动与妇女》周刊,宣传无产阶级的解放与妇女的解放。1921年7月,北京的共产党早期组织创办了《工人周刊》,大量介绍国外劳动消息和各国工人进行斗争的情况,着重报道了各地工人受压迫受剥削的悲惨境遇及团结斗争的情况,启迪工人的阶级觉悟,被誉为"劳动者的喉舌""北方劳动界的言论机关"。1921年8月20日,中国劳动组合书记部创办了《劳动周刊》,以触目惊心的事实对资本主义制度进行控诉,启发工人阶级要结成团体来保护自己,号召工人阶级联合起来去争取自身解放和人类解放的道路。

二是开办补习学校,培养工人运动的骨干。毛泽东于1920年秋开办了湖南一师民众夜校和失学青年补习班,向工人进行启蒙教育。在他的争取和帮助下,湖南劳工会先后创办了两所工人夜校和其他学校。他还经常深入长沙各工厂进行调查研究,宣传、组织工人开展斗争。1920年秋天,为培养工人骨干和妇女运动人才,工人领袖李启汉选择了在上海纺织工人最为集中的沪西小沙渡地区,创办工人学习组织——半日学校。1921年1月,北京共产党早期组织中的邓中夏、张国焘等人以"平民教育"的名义在长辛店开办了劳动补习学校,宣传马克思主义。1921年9月,京汉铁路郑州工人俱乐部成立。李大钊亲自到郑州铁路工人夜校视察并接见夜校学员,还发表了热情洋溢的讲话。工人们在学习文化的同时，也接受革命道理，觉悟提高很快。1921年10月，李达等人在上海创办妇女学习组织——平民女校，王会悟负责学校行政事务。这是中国共产党创办的第一所培养妇女干部的学校，办校目标是培养妇女运动人才。

三是深入工人当中，启发他们的阶级觉悟。1920年11月，在上海共产党发起组织领导下，上海工人阶级成立了第一个自己的工会——上海机器工会。上海机器工会的成立标志着中国工人阶级的觉醒，标志着以近代产业工人为主导的工人运动的兴起，标志着中国工人阶级以独立姿态登上了中国革命的历史舞台。1921年8月在上海成立了领导全国工人运动的公开机构——中国劳动组合书记部，并在北京、武汉、长沙、广州、济南建立了分部。在中国劳动组合书记部的领导下，中国工人阶级的觉悟很快得到提高，工人运动开始出现蓬勃兴起的局面。从1922年1月开始到1923年2月，中国共产党领导的工人运动形成了第一次高潮，前后持续时间达13个月之久。1921年10月10日领导全省工作的中共湖南支部成立，毛泽东任书记。他换上粗布短褂，穿上草鞋，深入工厂矿山，同工人交朋友，和他们促膝谈心，鼓励他们团结起来，反抗资本家。毛泽东和中共湘区委员会先后领导了安源路矿、粤汉铁路、水口山铅锌矿和长沙泥木工人大罢工。安源大罢工成为中国工人运动第一次高潮中"绝无而仅有"的成功范例。这些工人运动显示了中国工人阶级的力量，扩大了中国共产党在全国人民中的影响。

从上可见，中国共产党在创建时期就热爱人民、为了人民、服务人民。一切为了人民，这是中国共产党永不褪色的赤子情怀；一切依靠人民，这是中国共产党立于不败之地的坚固根基。正因为如此，习近平总书记强调，"坚信党的根基在人民、党的力量在人民，坚持一切为了人民、一切依靠人民，充分发挥广大人民群众积极性、主动性、创造性，不断把为人民造福事业推向前进"[①]。

---

① 习近平.在庆祝中国共产党成立95周年大会上的讲话[M].北京:人民出版社,2016:18.

三、红船精神推动民族复兴

中国共产党自诞生之日起,就带领全国各族人民开始了追梦之旅,并且找到了一条实现中华民族伟大复兴中国梦的中国道路。红船精神是我们党自身发展壮大以及党的事业取得辉煌成就的精神动力,也是新时代完成党的历史使命的力量源泉。

开天辟地、敢为人先的首创精神为推动民族复兴提供了不竭动力。创新是我们党保持先进性、增强创造力的思想武器。高度重视理论创新,用新的理论指导党的工作,及时转化为各级党组织和党员的行动,是党的先进性的重要表现。习近平总书记指出:"坚持问题导向是马克思主义的鲜明特点。问题是创新的起点,也是创新的动力源。只有聆听时代的声音,回应时代的呼唤,认真研究解决重大而紧迫的问题,才能真正把握住历史脉络、找到发展规律,推动理论创新。"[①]在革命、建设、改革各个历史时期,我们党不断推进马克思主义中国化,相继创立了毛泽东思想、中国特色社会主义理论体系。党的十八大以来,以习近平同志为核心的党中央,紧紧围绕"坚持和发展什么样的中国特色社会主义,如何坚持和发展中国特色社会主义"这一时代问题,提出一系列重大思想理论,作出一系列重大决策部署,形成了习近平新时代中国特色社会主义思想,实现了党的指导思想又一次与时俱进。

坚定理想、百折不挠的奋斗精神为推动民族复兴提供了信念支撑。只有树立了远大的理想,才能有前进的动力。1939 年 5 月,毛泽东在延安庆祝"五一"国际劳动节大会上说:"坚定正确的政治方向,是与艰苦奋斗的工作作风不能脱离的,没有坚定正确的政治方向,就不能激发艰苦奋斗的工作作风;没有艰苦奋斗的工作作风,也就不能执行坚定正确的政治方向。"[②]这里所说的政治方向,就是指中国共产党所要达到的最终理想和奋斗目标。理想信念问题,不仅是一个思想认识、理论修养问题,更是一个实践问题。立志为共产主义奋斗的共产党人,要经得起挫折和失败的考验,要有百折不

---

① 习近平.在哲学社会科学工作座谈会上的讲话[M].北京:人民出版社,2016:14.
② 中共中央文献研究室.毛泽东专题著作摘编(下)[M].北京:中央文献出版社,2003:1229.

挠的毅力和脚踏实地的实干精神,为共产主义的早日实现奋斗到底。我们党领导中国人民革命、建设和改革的发展史,也就是一部艰苦奋斗的创业史。中华民族伟大复兴,绝不是轻轻松松、敲锣打鼓就能实现的。只有在全社会大力弘扬艰苦奋斗精神,才能完成"两个一百年"的历史任务,实现中华民族伟大复兴的中国梦。

立党为公、忠诚为民的奉献精神为推动民族复兴提供了价值追求。中国共产党没有自己的特殊利益,有的只是人民的利益、民族的利益和国家的利益。习近平总书记强调指出:"人民立场是中国共产党的根本政治立场,是马克思主义政党区别于其他政党的显著标志。党与人民风雨同舟、生死与共,始终保持血肉联系,是党战胜一切困难和风险的根本保证,正所谓'得众则得国,失众则失国'。"[①]正是在无私的奉献精神的指引下,我们党领导全国人民在革命、建设和改革的伟大实践中,为共产主义的崇高事业和最广大人民的根本利益而不懈努力,在实现中国梦的道路上取得了一个又一个重大胜利,创造了一个又一个伟大成就。

在红船精神的指引下,中国共产党领导中国人民"实现了中国从几千年封建专制政治向人民民主的伟大飞跃,实现了中华民族由不断衰落到根本扭转命运、持续走向繁荣富强的伟大飞跃,实现了中国人民从站起来到富起来、强起来的伟大飞跃"[②]。

红船精神与不忘初心的内在联系

---

① 习近平.在庆祝中国共产党成立95周年大会上的讲话[M].北京:人民出版社,2016:18.

② 习近平.在庆祝中国共产党成立95周年大会上的讲话[M].北京:人民出版社,2016:3-4.

第三节　中国共产党的革命精神之源

习近平同志指出："'红船精神'正是中国革命精神之源:中国共产党历史上形成的优良传统和革命精神,无不与之有着直接的渊源关系。"[①]中国共产党在百年的革命进程中,形成了一系列气壮山河的革命精神,构成了中国共产党独有的革命精神谱系,成为中华民族的不竭精神动力。作为中国共产党革命精神的开篇,红船精神蕴含着厚重的历史文化。正是在红船精神的指引下,中国共产党在领导人民群众进行革命、建设和改革实践过程中,在特定的历史时期和特殊的历史环境下形成了一系列革命精神。

一、红船精神指引前进方向

红船精神指引了中国共产党人的前进方向,从而也明确了其他革命精神的目标指向,其他革命精神都是在这一基本方向指引下探索进一步前进的具体道路和具体方向。红船精神的首要作用在于其明确了中国共产党人的前进方向,就是马克思主义的真理所指引的方向。中国共产党人自从选择了这个真理所指引的方向,就再也没有任何徘徊,义无反顾,奋勇向前,从而形成了一系列革命精神。如果说红船精神体现了真理所指引的方向,那么井冈山精神则是进一步明确了在真理指引的方向下,究竟如何走的问题。真理规定的是大方向,方向对了,还需要明确具体的道路。井冈山精神就是在探索具体革命道路中形成的精神。

中国共产党人自选择了马克思主义后,很长一段时间把俄国革命道路作为实现这一真理的唯一正确道路,在武装打响反对国民党反动统治第一枪之后,一直把夺取中心城市视为唯一正确的革命道路。但南昌起义、秋收起义、广州起义以及之后的"立三路线"等,都证明在一个工人阶级人数极少的落后的农业国家,靠夺取大城市从而实现革命胜利的俄国革命道路是行

---

① 习近平.弘扬"红船精神"走在时代前列[N].光明日报,2005-06-21(A3).

不通的。以毛泽东为代表的一部分中国共产党人,在惨痛的失败教训面前逐步认识到这个问题。在秋收起义部队上了井冈山之后,毛泽东逐渐意识到中国革命道路正确的方向,写下了《井冈山的斗争》,初步诠释了中国革命的道路问题。

苏区精神是在探索革命道路中形成的精神。毛泽东带领红军在开辟江西苏区过程中,同样面临党内很多质疑。红军怎么建设,红军的出路在哪里,等等。面对这些质疑,毛泽东写下了《关于纠正党内的错误思想》《星星之火可以燎原》,系统地回答了怎么建设红军、红军应当选择农村包围城市的道路问题,从而为苏区的大发展奠定了道路基础。王明、博古的"左"倾教条主义,使得中国共产党"白区的力量几乎损失百分之百,苏区的力量损失百分之九十"[1],不得已放弃苦心经营的苏区,被迫走上战略转移的道路,从而在绝境中形成了伟大的长征精神。

长征精神是在选择走怎样的道路中形成的精神,是坚持教条主义的军事路线,还是坚持以毛泽东为代表的军事路线。党中央和广大红军,在付出巨大牺牲的情况下,终于认识到教条主义军事路线的危害,认识到毛泽东所代表的军事路线的正确性,从而通过遵义会议,开始确立毛泽东在党和军队中的领导地位,指明了红军长征的正确道路,就是北上抗日,从而使得红军脱离险境,一改之前被动挨打地位,取得军事上的主动权,四渡赤水,巧渡金沙,翻越雪山,度过草地,北出甘肃,终达陕北,为中国革命保留了最后的火种。

延安精神解决了具体的道路问题。面对日本帝国主义的侵略,中国共产党人以极大的政治担当和胸怀,力促西安事变的和平解决,从反蒋、逼蒋到最后联蒋,选择了建立抗日民族统一战线的正确道路。全面抗战期间,党中央在陕北运筹帷幄,确立了国共合作前提下,独立开展游击战争的正确路线,从而避免国民党借国共合作的框架来约束甚至蚕食中国共产党有生力量的野心。八路军、新四军从开始的5万多人发展到上百万人的规模,成为抗战胜利的坚强保障。抗战胜利后,国民党当局选择把内战强加到中国共产党和广大人民头上,毛泽东和党中央在陕北制定了夺取东北的正确战略

---

① 周恩来选集(下卷)[M].北京:人民出版社,1984:310.

抉择,为之后的解放战争胜利奠定了重要基础。延安,成为中国共产党从弱小到强大的关键转折,之所以能够实现这一转折,就在于以毛泽东为代表的中国共产党人在延安时期确立了中国革命的正确路线、方针和政策,为中国革命指明了清晰的前进方向。

西柏坡精神解决了前进方向问题。西柏坡精神是在全国革命即将夺取最后胜利的关键阶段形成的革命精神,行百里者半九十,越是胜利在望,越是要保持头脑清醒,目标明确。毛泽东同志在七届二中全会上的讲话明确指明了中国共产党人在全国革命即将取得胜利之时进一步前进的方向,就是要把全党的工作重心从农村转向城市,就是实现中国从新民主主义向社会主义的转变。

由上可见,红船精神指引了中国革命的基本方向,此后的革命精神在遵循这一基本方向的前提下,进一步明确了前进的具体道路和具体方向。因此,从引领中国革命的方向这一问题看,红船精神毫无疑问是中国革命精神的源头。

二、红船精神铸就理想信念

红船精神铸就了中国共产党人坚定的共产主义理想信念,并为之矢志不渝的奋斗终身。中国共产党的第一代党员中绝大部分人在创立这个党、加入这个党之时,就庄严许下了为实现共产主义理想信念奋斗终身的承诺,并用自己的一生兑现了这个承诺。如果说红船精神铸就了共产党人坚定的理想信念,那么之后的革命精神都是进一步在共产党人身上铸牢共产主义理想信念并为之而努力奋斗、不懈奋斗。

井冈山精神就是以毛泽东为代表的中国共产党人,在极端困难的环境下,仍然坚持对革命必胜的无比坚定信念的真实反映。在井冈山下,毛泽东对不到800人的红军战士作了一个生动的比喻,我们共产党人好比小石子,蒋介石国民党反动集团好比大水缸,石子虽小,但终究能够打破那口大水缸。一个简单的比喻,却反映出毛泽东等共产党人心中无比坚定的革命信念。苏区精神同样进一步筑牢共产党人的理想信念。面对"红旗可以打多久"的疑问,面对红军前途命运悲观的质疑,毛泽东写下名篇《星星之火可以燎原》,回答了质疑者们的问题,他指出,中国革命的胜利"它是站在海岸遥望海中已经看得见桅杆尖头了的一只航船,它是立于高山之巅远看东方已见光芒四射喷薄欲出的一轮朝日,它是躁动于母腹中的快要成熟了的一个婴儿"①。毛泽东用其深刻的理论分析和独有的文学描述,给共产党人的心中再次巩固了对于革命必胜的坚定信念。

二万五千里长征途中,无论是面对国民党湘江边的铁血封锁,还是乌江边的围追堵截,抑或是大渡河边安顺场的绝境,都没有让共产党人和他所领导的红军放弃理想、放弃信念,放弃斗争,而是坚忍不拔地在绝境中杀出一条血路,这是理想信念所铸就的血路。延安精神也蕴含了共产党人的理想信念。在皖南事变后国民党的反动高潮下,延安被国民党进行严格的物资封锁,国民党也不再给八路军发放军饷。当时的陕甘宁边区,由于受自然条件的限制,人民本身十分困苦,根本不可能缴纳更多的税收。在这样一种极端困难的环境下,共产党人自己动手,丰衣足食,开展轰轰烈烈的大生产运动。共产党人凭着对事业的无比坚定的信念,扫除一切横亘在共产党人面前的困难,打破国民党困死、饿死共产党人的企图。

西柏坡时期,面对国民党最后的疯狂,以毛泽东为代表的中国共产党人,秉持对革命必胜的信念树立起"敢于斗争、敢于胜利"的精神,在三大战场上和国民党展开战略决战,特别是淮海战役,以60万人对80万人,吃一锅"夹生饭"的决心,将国民党精锐力量消灭殆尽。以"将革命进行到底"的气魄,指挥百万大军,突破国民党苦心经营的长江防线,占领南京,彻底摧毁国民党反动统治。"宜将剩勇追穷寇,不可沽名学霸王",越是在胜利时刻,越不可忘记胜利来之不易,越不可忘记初心,忘记必胜信念,必须将敌人彻底消灭。在胜利之时,毛泽东再次向全党告诫"两个务必",就是在提醒全党,越是胜利之时,越不能忘了初心,忘了我们共产党人最终的理想信念,千万不能因为眼前的胜利,就沾沾自喜,甚至骄傲自满,迷失最终的奋斗目标,丧失不断奋斗的动力。

由上可见,红船精神铸就了中国共产党人为共产主义奋斗终身的理想信念,而之后的革命精神都是进一步筑牢这一理想信念,因此,从共产党人

---

① 毛泽东选集(第一卷)[M].北京:人民出版社,1991:106.

理想信念的形成与巩固这一角度而言,红船精神同样是中国革命的精神之源。

三、红船精神奠定价值取向

红船精神奠定了中国共产党人为民奉献的价值取向,从而也明确了其他革命精神的价值取向。自第一代中国共产党人在嘉兴南湖红船上宣告中国共产党诞生的那一刻起,就把他们自身的一切毫无保留地献给了党,献给了人民,献给了国家。这就是红船精神在共产党人身上所展现的为民奉献的价值取向。

井冈山时期,毛泽东利用打仗间隙开展社会调查,发现湘赣边界地主人口不到5%,却占有60%以上的土地。毛泽东为了解决广大贫困农民对土地的渴求,制定《井冈山土地法》,使得贫农成为土地的主人。共产党红军的力量在如此弱小的情况下,就坚定地为广大农民争取最根本的利益而斗争,这就是共产党人的价值取向。在中央苏区同样是如此,一心为民是苏区精神的本质特征。中国共产党通过建立苏维埃政权,使得广大工农群众在政治上、经济上获得从未有过的权利。苏区时期最能体现共产党人为民奉献的就是"苏区干部好作风",共产党领导下的各级政权工作人员,不再是过去封建社会的老爷,而是为工农群众办事的公仆,广大工作人员自带干粮去办公成为苏区干部作风的集中体现,贪污腐败在苏维埃政权中零容忍,苏维埃中央政府发布规定:"贪污公款五百元以上者,处以死刑。"正是因为苏区时期共产党人为了人民而努力工作,从而赢得了苏区人民的拥护,使得苏区人民踊跃参加红军,为中国革命作出了巨大贡献。

在长征途中,虽然面临极其艰难的环境和条件,但共产党人及其领导的红军,仍然视人民的利益高于一切。1934年11月,红军在通过湖南省汝城县沙洲村时,3名女红军借宿在一位叫徐解秀的农妇家中。晚上睡觉时发现农妇家中只有一块烂棉絮,于是在第二天离开时,三位女红军把她们仅有的一床被子剪了一半送给了这位农妇。农妇感叹道,什么是共产党,共产党就是只剩一条被子,也要剪下半条给老百姓的人。半条被子的故事,集中体现了长征精神中蕴含的党紧紧依靠人民,人民利益高于一切的价值取向。

延安精神更是孕育出"全心全意为人民服务"的共产党人的根本宗旨。张思德同志的事迹就是这一根本宗旨的生动体现。毛泽东在《为人民服务》一文中指出："我们的共产党和共产党所领导的八路军、新四军,是革命的队伍。我们这个队伍完全是为着解放人民的,是彻底地为人民的利益工作的。张思德同志就是我们这个队伍中的一个同志。"①延安时期,共产党人为人民服务的精神,还体现在共产党人在政权建设中的民主政治、清廉政治。1945年,民主人士黄炎培在延安当面向毛泽东提出疑问,中国共产党人能不能走出中国历史"其兴也勃焉,其亡也忽焉"的历史周期律,毛泽东对此回答"我们已经找到新路,我们能跳出这周期律。这条新路,就是民主。只有让人民来监督政府,政府才不敢松懈。只有人人起来负责,才不会人亡政息"②。这一回答深刻体现了中国共产党为了人民、依靠人民、相信人民的价值取向。

西柏坡精神筑牢了共产党人为民奉献的价值取向。西柏坡时期,我们党除了领导决定国共命运的决战之外,还领导了涉及上亿人口的农村土地改革运动,把亿万农民从封建压迫中解放出来,从根本上摧毁了中国封建统治的经济基础,从根本上实现了中国农民几千年来最关心最关切的利益,实现了中国亿万农民千百年来最根本最彻底的翻身解放,充分体现了中国共产党人革命、执政的根本目的就是为了最广大人民的根本利益。

总之,从红船起航,到井冈山,到延安,再到西柏坡,新中国从这里出发,中国共产党人28年的浴血奋斗,一切都是为了最广大人民的根本利益,这就是由红船精神铸就、其他革命精神共同筑牢的中国共产党人的价值取向。所以说,红船精神是中国共产党的革命精神之源。

红船精神是中国共产党的革命精神历史起点

---

① 毛泽东选集(第三卷)[M].北京:人民出版社,1991:1004.

② 中共中央文献研究室.毛泽东年谱(1893—1949)(中卷)[M].北京:中央文献出版社,1993:610.

【延伸阅读】

中国共产党革命精神的历史演进

在红船精神的指引下,中国共产党领导中国人民取得了革命、建设和改革的巨大成就,同时培育形成了一系列彰显党的性质和宗旨,体现先进性和纯洁性,反映人民和时代要求,凝聚各方力量的伟大精神。新民主主义革命时期的革命精神,主要是在1919—1949年,中国共产党带领全国人民进行新民主主义革命实践中形成的革命精神,有红船精神、井冈山精神、苏区精神、长征精神、延安精神、西柏坡精神等。

1. 井冈山精神

井冈山是中国革命的摇篮。以毛泽东为代表的中国共产党人在井冈山创建了中国第一块农村革命根据地,点燃了中国革命的星星之火,开辟了"农村包围城市,武装夺取政权"的道路,培育了伟大的井冈山精神。2001年6月,在建党80周年前夕,江泽民在江西考察时多次强调坚持和发扬井冈山精神,明确指出:"井冈山精神,最重要的方面就是坚定信念、艰苦奋斗、实事求是、敢闯新路,依靠群众、勇于胜利。"这个概括,后来被定格为井冈山精神的科学内涵[①]。2016年2月1日至3日,习近平总书记在春节前夕赴江西看望慰问广大干部群众时指出:"井冈山是中国革命的摇篮。井冈山时期留给我们最为宝贵的财富,就是跨越时空的井冈山精神。今天,我们要结合新的时代条件,坚持坚定执着追理想、实事求是闯新路、艰苦奋斗攻难关、依靠群众求胜利,让井冈山精神放射出新的时代光芒。"[②]

2. 苏区精神

在土地革命战争时期,苏区是党和红军得以生存和发展的主要基地,是开辟中国特色革命道路的根本支点。苏区精神是中国共产党领导广大军民在创建、发展和保卫苏区的革命实践中培育而成的伟大革命精神。它凝聚

---

① 高等学校中国共产党革命精神与文化资源研究中心.中国共产党革命精神史读本(新民主主义篇)[M].北京:人民出版社,2014:93,103.

② 习近平春节前夕赴江西看望慰问广大干部群众 祝全国各族人民健康快乐吉祥 祝改革发展人民生活蒸蒸日上[N].人民日报,2016-02-04(1).

了中国共产党执政的初始经验,是各个苏区的广大红军指战员和人民群众进行革命斗争的强大精神力量。2011 年 11 月,习近平同志在《纪念中央革命根据地创建暨中华苏维埃共和国成立 80 周年座谈会上的讲话》中用"坚定信念、求真务实、一心为民、清正廉洁、艰苦奋斗、争创一流、无私奉献"28 个字对"苏区精神"作了精辟和高度的概括,完整、准确地表述了苏区精神的基本内容①。2019 年 5 月 20 至 22 日,习近平总书记在江西考察时指出:江西是一片充满红色记忆的红土地。以百姓心为心,与人民同呼吸、共命运、心连心,是党的初心,也是党的恒心。井冈山精神和苏区精神,承载着中国共产党人的初心和使命,铸就了中国共产党的伟大革命精神。这些伟大革命精神跨越时空、永不过时,是砥砺我们不忘初心、牢记使命的不竭精神动力。要深刻认识红色政权来之不易、新中国来之不易、中国特色社会主义来之不易,教育党员、干部特别是领导干部牢固树立立党为公、执政为民的理念,增进群众感情,践行群众路线,锤炼忠诚干净担当的政治品格,当好人民勤务员,为完成新时代党的历史使命而努力奋斗。要把井冈山精神和苏区精神继承和发扬好,教育引导广大党员、干部增强"四个意识"、坚定"四个自信"、做到"两个维护",自觉做共产主义远大理想和中国特色社会主义共同理想的坚定信仰者和忠实实践者②。

3. 长征精神

长征是一部伟大的革命英雄主义的史诗。它向全中国和全世界宣告,中国共产党及其领导的人民军队,是一支不可战胜的力量。伟大的长征精神是党和人民军队坚不可摧、勇往直前革命风范的生动体现。1996 年,江泽民在纪念红军长征胜利 60 周年大会上指出:"伟大的长征给党和人民留下了伟大的长征精神。这种精神,就是把全国人民和中华民族的根本利益看得高于一切,坚定革命的理想和信念,坚信正义事业必然胜利的精神;就

---

①　高等学校中国共产党革命精神与文化资源研究中心.中国共产党革命精神史读本(新民主主义篇)[M].北京:人民出版社,2014:127,133.

②　习近平在江西考察并主持召开推动中部地区崛起工作座谈会时强调 贯彻新发展理念推动高质量发展 奋力开创中部地区崛起新局[EB/OL].(2019-05-22)[2021-06-06].http://news.cctv.com/2019/05/22/ARTIyRjmrsFTafiPrHpRbzJy190522.shtml.

是为了救国救民,不怕任何艰难险阻,不惜付出一切牺牲的精神;就是坚持独立自主、实事求是,一切从实际出发的精神;就是顾全大局、严守纪律、紧密团结的精神;就是紧紧依靠人民群众,同人民群众生死相依、患难与共、艰苦奋斗的精神。"①2016 年 10 月 21 日,在纪念红军长征胜利 80 周年大会上的讲话中,习近平总书记再一次阐述了长征精神,并指出:"伟大长征精神,是中国共产党人及其领导的人民军队革命风范的生动反映,是中华民族自强不息的民族品格的集中展示,是以爱国主义为核心的民族精神的最高体现。"②2019 年 5 月 20 至 22 日,习近平总书记在江西考察时指出:革命理想高于天。理想信念之火一经点燃,就永远不会熄灭。在中央苏区和长征途中,党和红军就是依靠坚定的理想信念和坚强的革命意志,一次次绝境重生,愈挫愈勇,最后取得了胜利,创造了难以置信的奇迹。我们不能忘记党的初心和使命,不能忘记革命理想和革命宗旨,要继续高举革命的旗帜,弘扬伟大的长征精神,朝着中华民族伟大复兴的目标奋勇前进。今天,在新长征路上,我们要战胜来自国内外的各种重大风险挑战,夺取中国特色社会主义新胜利,依然要靠全党全国人民坚定的理想信念和坚强的革命意志。③

4. 延安精神

延安,既是中国工农红军万里长征胜利的落脚点,也是中国共产党领导全国人民建立抗日民族统一战线,赢得抗日战争胜利,进而夺取全国解放战争伟大胜利的出发点。中国共产党在 13 年艰苦卓绝的斗争中,不断推进马克思主义中国化,壮大人民力量,逐渐走向成熟。在坚持敌后抗日、开展延安整风和进行大生产运动中形成了伟大的延安精神。2002 年 4 月,江泽民在陕西考察工作时把延安精神的内容概括为四个方面:坚定正确的政治方向;解放思想、实事求是的思想路线;全心全意为人民服务的根本宗旨;自力

---

① 江泽民文选(第一卷)[M].北京:人民出版社,2006:590.
② 习近平.习近平谈治国理政(第二卷)[M].北京:外文出版社,2017:47.
③ 习近平在江西考察并主持召开推动中部地区崛起工作座谈会时强调 贯彻新发展理念推动高质量发展 奋力开创中部地区崛起新局[EB/OL].(2019-05-22)[2021-06-06].http://news.cctv.com/2019/05/22/ARTIyRjmrsFTafiPrHpRbzJy190522.shtml.

更生、艰苦奋斗的创业精神。① 2015 年 2 月 13 日至 16 日,习近平总书记在考察陕西时指出:"我们党是一个具有长期奋斗历史和优良革命传统的党,也是一个紧跟时代步伐、善于与时俱进的党。党的建设必须坚持继承和创新相结合,结合时代条件发扬党的光荣传统和优良作风。老一辈革命家和老一代共产党人在延安时期留下的优良传统和作风,培育形成的延安精神,是我们党的宝贵精神财富。今天,全面从严治党要继续从延安精神中汲取力量。要把抓理想信念贯穿始终,提高辩证思维、系统思维能力,保持党同人民群众的血肉联系,始终为党和人民事业艰苦奋斗、不懈奋斗。"②

5.西柏坡精神

西柏坡是解放战争时期中国革命的重要指挥中枢,是中共中央的"最后一个农村指挥所"。党中央在这里召开了全国土地会议,颁布了第一部《中国土地法大纲》,撼动了整个封建制度的根基;继续指挥了摧枯拉朽的解放战争,推翻了蒋家王朝;召开了中共中央政治局"九月会议"和党的七届二中全会,制定了新中国的建国方略。形成了以"敢于斗争、敢于胜利"和"两个务必"为主要内容的西柏坡精神。西柏坡精神集中表现为:敢于斗争、敢于胜利的彻底革命精神;一切为了人民、一切依靠人民的以民为本精神;善于破坏旧世界、善于建设新世界的立国兴邦精神;务必谦虚谨慎、不骄不躁,务必艰苦奋斗的不懈"赶考"精神。③ 2013 年 7 月 11 日至 12 日,习近平总书记在河北省调研时指出:"对我们共产党人来说,中国革命历史是最好的营养剂。多重温我们党领导人民进行革命的伟大历史,心中就会增添很多正能量。""全党同志要不断学习领会'两个务必'的深邃思想,始终做到谦虚谨慎、艰苦奋斗、实事求是、一心为民,继续把人民对我们党的'考试'、把我们党正在经受和将要经受各种考验的'考试'考好,使我们的党永远不变质、我

---

① 高等学校中国共产党革命精神与文化资源研究中心. 中国共产党革命精神史读本(新民主主义篇)[M].北京:人民出版社,2014:169,188.

② 赴陕西看望慰问广大干部群众 习近平向全国人民致新春祝福[N].人民日报,2015-02-17.

③ 高等学校中国共产党革命精神与文化资源研究中心. 中国共产党革命精神史读本(新民主主义篇)[M].北京:人民出版社,2014:211,221.

们的红色江山永远不变色。"①

　　除了上述在新民主主义革命时期形成的革命精神外,社会主义革命和建设时期的革命精神,主要是在 1949—1978 年,中国共产党带领全国人民完成社会主义革命、确立社会主义基本制度以及开展社会主义建设的实践中形成的革命精神,如抗美援朝精神、兵团精神、北大荒精神、大庆精神、红旗渠精神、"两弹一星"精神、焦裕禄精神、雷锋精神等。改革开放与社会主义现代化建设新时期的革命精神,主要是 1978—2012 年,中国共产党带领全国人民进行改革开放伟大实践,开辟中国特色社会主义道路中形成的革命精神,如深圳特区精神、抗洪精神、航天精神、抗震救灾精神、北京奥运精神等。

　　党的十八大以来,面对世情、国情、党情的深刻变化,以习近平同志为核心的党中央以巨大的政治勇气和强烈的历史担当,带领全党全国各族人民披荆斩棘,砥砺奋斗,开启了中国特色社会主义新时代。在 2020 年春天抗击新冠肺炎的战役中,习近平总书记亲自指挥、亲自部署,他多次强调要把人民群众的生命安全和身体健康放在第一位,历时三个多月,打赢了这场抗击新冠肺炎的人民战、总体战、阻击战,取得了抗击疫情的重大胜利,突出显示了中国特色社会主义制度的巨大优越性。在这场惊心动魄的抗疫大战和艰苦卓绝的历史大考中孕育形成了生命至上、举国同心、舍生忘死、尊重科学、命运与共的伟大抗疫精神。

　　这些革命精神是中华民族弥足珍贵的精神财富,是中国共产党和中国人民创造辉煌业绩的精神支柱。

红船精神是中国共产党革命精神的实践开篇

---

① 习近平在河北调研指导党的群众路线教育实践活动[EB/OL].(2013-07-12)[2021-06-06].http://www.gov.cn/ldhd/2013-07/12/content_2446501.htm.

第四节　中国共产党的先进性之源

习近平同志指出："'红船精神'就充分体现了走在时代前列的精神,这也就集中体现了党的先进性,是党的先进性之源。"①红船精神,正是中国先进知识分子在寻找马克思主义的科学真理,认识到工人阶级的伟大力量,在创建中国共产党的过程中形成的革命精神。因此,红船精神生动体现了中国共产党的先进性,成为党的先进性之源。

一、彰显了党的理论先进性

马克思主义是科学的理论,创造性地揭示了人类社会发展规律。在马克思提出科学社会主义之前,空想社会主义者早已存在,他们怀着悲天悯人的情感,对理想社会有很多美好的设想,但由于没有揭示社会发展规律,没有找到实现理想的有效途径,因而也就难以真正对社会发展发生作用。马克思创建了唯物史观和剩余价值学说,揭示了人类社会发展的一般规律,揭示了资本主义运行的特殊规律,为人类指明了从必然王国向自由王国飞跃的途径,为人民指明了实现自由和解放的道路。

唯物史观揭示了人类社会发展的秘密。马克思主义认为,物质生产力是全部社会生活的物质前提,同生产力发展一定阶段相适应的生产关系的总和构成社会经济基础。生产力是推动社会进步最活跃、最革命的要素。一定历史阶段的生产力总和决定着社会状况。生产力和生产关系、经济基础和上层建筑相互作用、相互制约,支配着整个社会发展进程。唯物史观的发现,使人类对人类社会的认识实现了科学的革命性突破,摆脱了几千年来唯心史观对人类社会的统治,是人类社会历史领域最先进的理论。

马克思主义发现了资本主义社会剥削的秘密。马克思从商品出发,揭示了商品经济的普遍规律,并进而从商品当中发现了资本主义剥削的秘密,

---

① 习近平.弘扬"红船精神"　走在时代前列[N].光明日报,2005-06-21(A3).

创立了剩余价值理论。马克思主义所揭示的剩余价值规律,从根本上帮助人们认识到资本主义剥削的本质,认识到资本主义自身不可克服的矛盾,认识到资本主义必将走向灭亡的历史必然性。

马克思主义通过发现唯物史观和剩余价值理论,从而实现了社会主义从空想到科学的转变,使得我们真正认识到人类社会的发展趋势。科学社会主义告诉我们,资本主义绝不是人类社会的顶峰,人类社会必定会按照"两个必然"的发展趋势,最终走向共产主义。

以李大钊、陈独秀为代表的早期共产党人,在比较了各种思潮后,最终选择马克思主义,并在嘉兴南湖红船上将马克思主义确立为中国无产阶级政党的指导思想,从而开创了马克思主义这一先进理论指导中国实践、实现马克思主义中国化的历史进程。因此,红船精神的形成体现了党的理论的先进性。正是在红船精神的指引下,在革命、建设、改革各个历史时期,我们党坚持马克思主义基本原理同中国具体实际相结合,运用马克思主义立场、观点、方法研究解决各种重大理论和实践问题,不断推进马克思主义中国化,产生了毛泽东思想、邓小平理论、"三个代表"重要思想、科学发展观、习近平新时代中国特色社会主义思想等重大成果,指导党和人民取得了新民主主义革命、社会主义革命和社会主义建设、改革开放的伟大成就。

习近平总书记关于红船精神与党的先进性的论述

二、展现了党的阶级先进性

马克思指出:"批判的武器当然不能代替武器的批判,物质的力量只能用物质力量来摧毁;但是理论一经掌握群众,也会变成物质力量。"①红船精神是在中国共产党的创建过程中形成的,也就是把马克思主义真理与中国工人阶级的实际运动相结合,这就从阶级基础上体现了党的先进性。

---

① 马克思恩格斯文集(第一卷)[M].北京:人民出版社,2009:11.

工人阶级是近代工业革命以来,与先进生产力紧密结合的阶级,因而和过去一切阶级相比,工人阶级是最先进的阶级。在马克思主义产生的19世纪三四十年代,欧洲工人阶级以三大运动为标志,登上了历史舞台。1848年《共产党宣言》发表以后,欧洲工人阶级运动逐步接受马克思主义的指导,使得这个先进的阶级以先进的理论为指南,从而拉开了国际共产主义运动的序幕。欧洲工人阶级这一先进阶级,先后建立第一国际、第二国际,发动巴黎公社革命,以及在欧洲各民族国家独自成立工人阶级政党领导各国工人运动,使得19世纪下半叶的欧洲工人运动高潮迭起。但是,受到第二国际修正主义思潮的影响,欧洲工人阶级运动在19世纪末发生了重大分裂,很多国家的工人阶级政党背叛了马克思主义,从而使得欧洲工人阶级的先进性大打折扣。

中国工人阶级诞生于鸦片战争后的外国在华企业,之后随着洋务运动的发展以及民族工商业的发展而逐渐发展起来。中国工人阶级形成的这一特点,决定了中国工人阶级所遭受的剥削和压迫远远高于欧洲工人阶级,中国的工人阶级要受到本国资本主义、西方资本主义以及本国封建主义的三重压迫,苦难尤其深重。这就决定了中国工人阶级的革命性特别强。中国工人阶级一方面同先进生产力紧密相连,一方面又具有极强的革命性,所以,中国工人阶级的先进性尤为明显。中国工人阶级所处的这一环境,也使得中国工人阶级避免受到第二国际修正主义的错误思潮的影响,这又进一步巩固了中国工人阶级的先进性。

中国共产党人自筹建党伊始,就把发动工人、开展工人运动作为建党的基础性工作。李大钊领导北京共产党早期组织,通过创办《劳动者》周刊和《工人周刊》等,在工人中间进行启蒙教育。他们还在长辛店建立工会组织,兴办工人学校。陈独秀在《新青年》出版的《劳动节纪念号》中发表了《上海厚生纱厂湖南女工问题》调查报告。1920年4月中旬,他联合中华工业协会等7个工界团体筹备召开"世界劳动节纪念大会"。在他的指导下,上海各业5000多名工人在"五一"劳动节这天集会,喊出"劳工万岁"口号,通过了《上海工人宣言》等。因此,中国共产党的建立,红船精神的形成,是紧紧依靠工人阶级,是和中国工人阶级的自觉斗争紧密结合在一起的。红船精神从阶级基础上体现了党的先进性。

三、体现了党的实践先进性

五四运动前后,中国理论界发生了"问题与主义"的著名争论。当时中国的一部分先进知识分子,一方面希望挽救和改变这个黑暗落后的国家,另一方面又害怕革命,害怕人民。他们只是希望改良,从点滴方面来加以改变。但是对于当时的中国而言,已经是病入膏肓,深入骨髓。辛亥革命仅仅是从政治上推翻了封建王朝,并没有从社会层面改变这个腐朽的中国。所以,要改变中国的面貌,必须实行彻底的社会革命。

中国共产党人从一开始就认识到这个问题,在"问题与主义"的争论上,以李大钊为代表的早期中国共产党人,鲜明地回答了挽救中国,非彻底革命不可。针对胡适的论调:"多多研究这个问题如何解决,那个问题如何解决,不要高谈这种主义如何新奇,那种主义如何奥妙,因为'主义'的大危险,就是能使人心满意足,自以为寻着包医百病的'根本解决',从此用不着费心力去研究这个那个具体问题的解决法了。"①李大钊运用马克思主义的唯物史观,指出:"经济问题的解决,是根本解决。经济问题一旦解决,什么政治问题、法律问题、家庭制度问题、女子解放问题、工人解放问题,都可以解决。"尤其是对于中国"必须有一个根本解决,才有把一个一个的具体问题都解决了的希望"。李大钊特别强调马克思主义阶级斗争学说的重要性,"丝毫不去用这个学理作工具,为工人联合的实际运动,那经济的革命,恐怕永远不能实现"②。

因此,中国共产党人从筹划建党起,就以实行彻底革命作为手段。中国共产党第一次全国代表大会通过的第一个党纲就是立志要彻底打破旧世界,建立新世界。这是中国共产党比当时中国其他一切政党都先进的重要标志。例如,自己号称革命的国民党,也不敢进行彻底的革命,对当时中国的各个阶级,无论是民族资产阶级,还是买办阶级,乃至地主阶级,都不敢提出明确的彻底的革命方案。而中国共产党的先进性就在于她彻底的革命性。因此,从建党的实践层面而言,红船精神体现了这样一种彻底的革命精

---

① 胡适文存(第一集)[M].合肥:黄山书社,1996:252.
② 李大钊全集(第三卷)[M].北京:人民出版社,2013:55.

神,集中体现了党的先进性。

　　总之,中国共产党的先进性,在于中国共产党是以马克思主义这一科学真理为指导的党,从而使得中国共产党始终在理论上能够保持先进性;中国共产党的先进性,在于中国共产党是工人阶级的先锋队,工人阶级是和最先进生产力紧密结合在一起的阶级,这就使得中国共产党从阶级基础上保持先进性;中国共产党的先进性,在于共产党是一个彻底的革命党,从诞生之日起就立志于彻底改造旧世界,建立新世界,这就使得中国共产党始终在实践上保持先进性。

中国共产党的先进性特征

第六章　红船精神与青年大学生成长

　　红船精神集中展现了中国共产党人坚定的政治品格、崇高的理想信念和无私的奉献精神,不仅具有重大的历史意义,也具有重大的教育意义和育人价值,是新时代高校立德树人的宝贵财富。青年大学生是国家的希望、民族的未来。把青年大学生培养成为社会主义建设者和接班人,是我们党的教育方针,是高校的重要使命。习近平总书记指出,我们要结合时代特点大力弘扬红船精神。从新时代特点和高校实际出发,充分发挥红船精神的育人价值和作用,落实立德树人根本任务,提高大学生的思想水平、政治觉悟、道德品质、文化素养,意义十分重大。

第一节　弘扬红船精神,树立理想信念

　　习近平总书记指出:"中国共产党之所以叫共产党,就是因为从成立之日起我们党就把共产主义确立为远大理想。"[1]共产主义是人类历史上最美好、最进步、最合理的社会制度。中国共产党自成立之日起,就把这一全人类最崇高、最美好、最远大的理想——实现共产主义,浓墨重彩地写在了自己的旗帜上。作为新时代的大学生,要坚定共产主义远大理想和中国特色社会主义共同理想,不断把为崇高理想奋斗的伟大实践推向前进。

---

　　① 习近平.习近平谈治国理政(第二卷)[M].北京:外文出版社,2017:34.

一、扣好人生的第一粒扣子

法国文豪雨果曾说:"生活好比旅行,理想是旅行的路线,失去了路线,只好停止前进。"古今中外成大事者很多都是凭借着远大的志向和坚定的理想信念。青年正处于世界观、人生观与价值观形成的关键期,能否及时意识到理想信念的重要价值,并尽其所能地应用到实践中,对青年来说至关重要。

共产主义远大理想和中国特色社会主义共同理想,奠基于马克思主义的科学理论,指明了中华民族伟大复兴的前进方向,昭示着为人民利益而奋斗的根本宗旨,彰显了共产党人无私忘我的崇高境界。正是在这一理想信念的激励和引领下,我们党才具有高度的理论自觉、政治自觉和实践自觉,始终担当起工人阶级的先锋队、中国人民和中华民族的先锋队,带领中国人民谱写中华民族发展史上的壮丽篇章。青年大学生是国家的希望,民族的未来,是最富有活力和理想的群体,承担着振兴中华的责任和使命。青年大学生的理想信念、精神状态、综合素质,是一个国家发展活力的重要体现,也是影响一个国家核心竞争力的重要因素。回顾历史,正是有坚定理想信念的一代代青年人开创了中华民族的辉煌发展史。作为民族复兴、祖国建设的主力军,青年大学生要志存高远,真正肩负起时代赋予的伟大使命,将青春梦融入中国梦,在追梦圆梦的道路上砥砺奋斗,不断前行。

习近平总书记多次强调青年树立正确价值观的必要性,他指出:"青年的价值取向决定了未来整个社会的价值取向,而青年又处在价值观形成和确立的时期,抓好这一时期的价值观养成十分重要。"他形象地用穿衣服扣扣子来比喻青年树立正确价值观的重要性,他说:"就像穿衣服扣扣子一样,如果第一粒扣子扣错了,剩余的扣子都会扣错。人生的扣子从一开始就要扣好。"①理想信念能够帮助青年铸就优秀的个人品格,提高青年的道德素质,能够让他们在学习、生活中充盈正气,保持青年人的活力和朝气。

当今社会环境复杂多变,不同文化多元渗透。只有坚定理想信念,才能

---

① 习近平.青年要自觉践行社会主义核心价值观——在北京大学师生座谈会上的讲话[M].北京:人民出版社,2014:9.

坚持正确的政治方向,才能很好地防范各种风险挑战,抵制利益诱惑,不断净化自己的精神世界,时刻提醒自己不忘初心,坚守自己的精神家园。"千磨万击还坚劲,任尔东南西北风。"一个人能够坚定正确的理想信念,就一定能披荆斩棘、攻坚克难,走向成功之路。党的十八大以来,习近平总书记高度重视理想信念教育,多次强调要切实解决好"总开关"问题。他指出:"广大青年一定要坚定理想信念。'功崇惟志,业广惟勤。'理想指引人生方向,信念决定事业成败。没有理想信念,就会导致精神上'缺钙'。"①

青年大学生要深刻认识到理想信念对人生的指引作用。中共一大13位代表的迥异人生说明,革命出现逆境甚至倒退的时候,也是对共产党人考验的关键时期。一些意志薄弱的不坚定分子,他们曾经在革命高潮时充满美妙的幻想,但当革命遭受严重挫折、生存条件异常艰难时,就开始心灰意冷、悲观失望,逃跑甚至背叛。相反,在那些真正的革命者和共产党人身上,更加突出地表现了对理想信念的执着追求。毛泽东在自己的回忆中说:"我一旦接受了马克思主义是对历史的正确解释以后,我对马克思主义的信仰就没有动摇过。"②坚定了理想信念,就有了奋斗的目标和方向;就有了长期坚持奋斗并战胜千难万险的毅力。青年大学生要树立正确的世界观、人生观、价值观,把远大理想和现实目标结合起来,在实现中国梦的生动实践中放飞青春梦想。

二、理想信念指引人生方向

习近平总书记对青年寄予厚望,他指出:"青年一代有理想、有担当,国家就有前途,民族就有希望,实现我们的发展目标就有源源不断的强大力量。"③红船精神彰显了早期中国共产党人崇高的理想信念,体现了他们对理想信念的执着追求,是引领青年学子坚定理想信念、勇于担当作为的重要精神力量。

---

① 习近平.习近平谈治国理政(第一卷)[M].北京:外文出版社,2018:50.
② [美]埃德加·斯诺.西行漫记[M].董乐山,译.北京:三联书店,1979:131.
③ 中共中央文献研究室.十八大以来重要文献选编(上)[M].北京:中央文献出版社,2014:277.

首先,弘扬红船精神,引领青年大学生树立理论自信,把理想信念建立在对科学理论的理性认同之上。习近平总书记要求广大青年"要把理想信念建立在对科学理论的理性认同上,建立在对历史规律的正确认识上,建立在对基本国情的准确把握上"①。早期先进分子正是在对世界范围内的多种理论的追求、探索和比较中选择了马克思主义,确立了理论自信,坚定了共产主义的信念,创建了中国共产党。中国共产党自成立之日起就高举马克思主义旗帜,将马克思主义作为科学的指导理论。中国共产党在长期的革命、建设、改革实践中,坚持把马克思主义基本原理同中国具体实际相结合,创立了毛泽东思想、邓小平理论、"三个代表"重要思想、科学发展观等一系列重大战略思想,在新时代又创立了习近平新时代中国特色社会主义思想,生动而具体地坚持和发展了马克思主义,不断赋予马克思主义新的时代内涵。习近平总书记指出:"马克思主义奠定了共产党人坚定理想信念的理论基础。我们要全面掌握辩证唯物主义和历史唯物主义的世界观和方法论,深刻认识实现共产主义是由一个一个阶段性目标逐步达成的历史过程,把共产主义远大理想同中国特色社会主义共同理想统一起来、同我们正在做的事情统一起来,坚定中国特色社会主义道路自信、理论自信、制度自信、文化自信,坚守共产党人的理想信念,像马克思那样,为共产主义奋斗终身。"②因此,青年大学生应该加强理论学习,坚持用马克思主义中国化的理论成果武装头脑,始终坚持学而信、学而思、学而行,把学习成果转化为不可撼动的理想信念,不断增强道路自信、理论自信、制度自信和文化自信,增强对坚持党的领导的信念,永远紧跟党高高举起的中国特色社会主义伟大旗帜。

其次,弘扬红船精神,引领青年大学生把理想信念建立在对历史规律的正确认识上。马克思主义理想信念区别于传统中国"大同"理想和空想社会主义的地方,正在于其建立在历史规律的正确认识上。李大钊指出,空想社

---

① 中共中央文献研究室.十八大以来重要文献选编(上)[M].北京:中央文献出版社,2014:278.

② 习近平.在纪念马克思诞辰 200 周年大会上的讲话[M].北京:人民出版社,2018:16-17.

会主义与科学社会主义的不同点就在于两者历史观的相异,空想社会主义"主张依人间理性的力量能以实现社会主义的社会",而"科学社会主义,把他的根据置在唯物史观的上面,依人类历史上发展的过程的研究,于其中发见历史的必然的法则"①。马克思把共产主义理想的实现建立在社会发展的客观规律基础上,共产主义社会是社会基本矛盾即生产力与生产关系、经济基础与上层建筑矛盾运动的必然结果。李大钊说:"社会主义的社会,无论人愿要他不愿要他,他是运命的必然的出现,这是历史的命令。"②历史发展有其规律,但人在其中不是完全消极被动的。只要把握住历史发展大势,抓住历史变革时机,奋发有为,锐意进取,人类社会就能更好前进。

最后,弘扬红船精神,引领青年大学生把理想信念建立在对基本国情的准确把握上。百年来,中国共产党运用马克思主义的立场、观点、方法,将其与中国革命、建设、改革的实际相结合,探索出符合我国国情的中国特色社会主义道路、理论、制度和文化,实现了中华民族由站起来到富起来和强起来的转变。而苏联解体、东欧剧变,正是因为这些国家放弃了马克思主义的指导,没有很好地把马克思主义与本国实际国情相结合,最终导致失败。中国特色社会主义是当代中国发展进步必须始终坚持的正确政治方向,是党和人民将马克思主义同我国的具体实际相结合,经过历史的艰辛探索和实践得出的符合我国国情的正确道路,也是广大青年应该牢固确立的人生信念。我们正在进行的伟大事业都是以坚持中国特色社会主义为前提和条件的,青年大学生要认识到坚持中国共产党的领导、坚持中国特色社会主义的必要性和必然性,不断增强道路自信、理论自信、制度自信和文化自信。

总之,共产主义远大理想和中国特色社会主义共同理想的实现离不开一代代青年的艰苦奋斗,青年大学生要做马克思主义信仰的坚定拥护者、传播者和实践者。青年大学生要高举中国特色社会主义伟大旗帜,自觉地把人生理想融入国家和民族的事业之中,在新的机遇和挑战面前,主动把握机遇,迎接挑战,展现"长江后浪推前浪,一浪更比一浪强"的气势。

---

①② 李大钊全集(第四卷)[M].北京:人民出版社,2013:408.

【延伸阅读 1】

习近平总书记谈理想信念

理想信念是胜利之"钥"

95 年来,共产主义远大理想激励了一代又一代共产党人英勇奋斗,成千上万的烈士为了这个理想献出了宝贵生命。"砍头不要紧,只要主义真""敌人只能砍下我们的头颅,决不能动摇我们的信仰",这些视死如归、大义凛然的誓言生动表达了共产党人对远大理想的坚贞。理想之光不灭,信念之光不灭。

——2016 年 7 月 1 日,习近平在庆祝中国共产党成立 95 周年大会上的讲话

长征胜利启示我们:心中有信仰,脚下有力量;没有牢不可破的理想信念,没有崇高理想信念的有力支撑,要取得长征胜利是不可想象的。

——2016 年 10 月 21 日,习近平在纪念红军长征胜利 80 周年大会上的讲话

理想信念是精神之"钙"

形象地说,理想信念就是共产党人精神上的"钙",没有理想信念,理想信念不坚定,精神上就会"缺钙",就会得"软骨病"。

——2012 年 11 月 17 日,习近平在十八届中共中央政治局第一次集体学习时的讲话

理想信念是共产党人的精神之"钙",必须加强思想政治建设,解决好世界观、人生观、价值观这个"总开关"问题。

——2014 年 1 月 20 日,习近平在党的群众路线教育实践活动第一批总结暨第二批部署会议上发表重要讲话

对马克思主义、共产主义的信仰,对社会主义的信念,是共产党人精神上的"钙"。没有理想信念,理想信念不坚定,精神上就会得"软骨病",就会在风雨面前东摇西摆。

——2015 年 6 月 12 日,习近平在纪念陈云同志诞辰 110 周年座谈会上的讲话

理想信念是共产党人的根本

坚定理想信念,坚守共产党人精神追求,始终是共产党人安身立命的根本。对马克思主义的信仰,对社会主义和共产主义的信念,是共产党人的政治灵魂,是共产党人经受住任何考验的精神支柱。

——2012 年 11 月 17 日,习近平在十八届中共中央政治局第一次集体学习时的讲话

我们共产党人的根本,就是对马克思主义的信仰,对共产主义和社会主义的信念,对党和人民的忠诚。立根固本,就是要坚定这份信仰、坚定这份信念、坚定这份忠诚,只有在立根固本上下足了功夫,才会有强大的免疫力和抵抗力。

——2015 年 9 月 11 日,习近平在中央政治局第二十六次集体学习时强调

不忘初心,方得始终。对马克思主义的信仰,对社会主义和共产主义的信念,是共产党人的政治灵魂,是共产党人经受住各种考验的精神支柱。只有理想信念坚定的人,才能始终不渝、百折不挠,不论风吹雨打,不怕千难万险,坚定不移为实现既定目标而奋斗。

——2016 年 11 月 29 日,习近平在纪念朱德同志诞辰 130 周年座谈会上的讲话

理想信念是思想的"总开关"

对党员、干部来说,思想上的滑坡是最严重的病变,"总开关"没拧紧,不能正确处理公私关系,缺乏正确的是非观、义利观、权力观、事业观,各种出轨越界、跑冒滴漏就在所难免了。

——2014 年 10 月 8 日,习近平在党的群众路线教育实践活动总结大会上的讲话

只有理想信念坚定,心中有党、对党忠诚才能有牢固思想基础。理想信念动摇了,那是不可能心中有党的。大家要把学习掌握马克思主义理论作为看家本领,深入学习马克思列宁主义、毛泽东思想,深入学习邓小平理论、"三个代表"重要思想、科学发展观,深入学习十八大以来党的理论创新成果,不断领悟,不断参透,做到学有所得、思有所悟,注重解决好世界观、人生

观、价值观这个"总开关"问题,真正做到对马克思主义虔诚而执着、至信而深厚。

　　——2015年1月12日,习近平同中央党校县委书记研修班学员座谈时强调

　　"志不立,天下无可成之事。"理想信念动摇是最危险的动摇,理想信念滑坡是最危险的滑坡。一个政党的衰落,往往从理想信念的丧失或缺失开始。我们党是否坚强有力,既要看全党在理想信念上是否坚定不移,更要看每一位党员在理想信念上是否坚定不移。

　　——2016年7月1日,习近平在庆祝中国共产党成立95周年大会上的讲话

红船精神源于中国先进青年创党建党的伟大实践

第二节　弘扬红船精神,善于开拓创新

　　创新是民族进步的灵魂,是一个国家兴旺发达的不竭源泉,也是中华民族最深沉的民族禀赋。青年大学生是社会上最富活力、最具创造性的群体,理应走在创新创造前列。

一、生活从不眷顾因循守旧者

　　高校是向社会培育、输送创新型人才的基地,培养大学生的创新意识、锻炼大学生的创新能力是高校思想政治教育工作的重要内容。习近平总书记告诫广大青年一定要勇于创新创造。他说:"生活从不眷顾因循守旧、满足现状者,从不等待不思进取、坐享其成者,而是将更多机遇留给善于和勇于创新的人们。"新时代带来新气象,新气象激发新作为,新作为需要新奋斗。新时代的青年大学生思维敏捷,富有创新的热情和灵感,应当成为创新创造的主力军。但不可否认的是,青年大学生创新意识不足、创新能力不

强、创新目标不明等问题也是客观存在的。因此,激发青年大学生的创新意识和创新潜能,加强青年大学生创新能力的培养,已成为当前高校教育教学改革面临的一项紧迫任务。

中国人民是具有伟大创造精神的人民,中华民族优秀传统文化蕴含着丰富的创新精神。根据《大学》的记述,汤之《盘铭》上便有"苟日新,日日新,又日新"的文辞,反映了华夏先贤崇尚进取求新、不抱残守缺的文化气质。《易经》始终贯穿着创新这一永恒的主题,昭示了变化、创新是事物产生和发展的普遍现象。历代有作为的政治家和思想家都反对因循守旧,泥古不化,始终在变革创新中寻求社会发展的道路。中国古代四大发明"造纸术、指南针、火药和印刷术"正是这种伟大创造精神的体现。正是在这种精神的指引下,长期以来,中华文明以其独有的特色和辉煌,走在世界文明发展的前列。但是到了近代,因为因循守旧,中华民族落伍了。

为了对中国社会进行彻底改造,一批仁人志士把目光投向西方,以寻求救国真理。五四运动前后,我国一批先进知识分子和革命青年,在追求真理中传播新思想新文化,勇于打破封建思想的桎梏,猛烈冲击了几千年来的封建旧礼教、旧道德、旧思想、旧文化。以李大钊、陈独秀等为代表的先进知识分子,创办进步刊物,讴歌和宣传革命新思想,翻译出版马克思主义刊物,成立以马克思主义学说研究会为代表的革命团体,大力推动了马克思主义在中国的传播。在此影响下,许多进步青年接受了马克思主义,走上了革命道路。五四运动改变了以往只有觉悟的革命者而缺少觉醒的人民大众的斗争状况,实现了中国人民和中华民族自鸦片战争以来第一次全面觉醒。经过五四运动的洗礼,越来越多的中国先进分子集合在马克思主义旗帜下,1921年中国共产党正式成立,中国历史掀开了崭新一页。回顾党的创建史,我们可以发现,青年知识分子的创新意识关系着国家和民族的命运。参加中国共产党第一次全国代表大会的毛泽东、董必武等 13 名青年知识分子,平均年龄 27.5 岁,25 岁以下的接近一半。

从五四运动到今天,青年都是社会变革和发展的中流砥柱。一代又一代中国共产党人,大多数都是在青年时代就满怀信仰和豪情加入了党组织,并为党和人民奋斗终身。党的队伍中始终活跃着怀抱崇高理想、充满奋斗精神的青年人,这是我们党历经百年风雨而始终充满生机活力的一个重要原因。中国共产党立志于中华民族千秋伟业,必须始终代表广大青年、赢得广大青年、依靠广大青年,用极大力量做好青年工作,确保党的事业薪火相传,确保中华民族永续发展。

二、让青春在创新中绽放光芒

习近平总书记指出:"我们面临的新时代,既是近代以来中华民族发展的最好时代,也是实现中华民族伟大复兴的最关键时代。""对广大青年来说,这是最大的人生际遇,也是最大的人生考验。"①青年大学生富有想象力和创造力,是创新创业的有生力量。他们精力旺盛,很少受经验束缚,创新意识强,敢于标新立异,有不懈的拼搏精神和追求。青年大学生是社会最有朝气、活力和最富创造力的群体,创新是青年大学生为社会作贡献、实现社会价值的最佳途径,也是实现自我价值的最佳途径。青年大学生要大力弘扬开天辟地、敢为人先的首创精神,切实增强创新意识,参加创新实践,提高创新能力,为实现"两个一百年"目标和中华民族伟大复兴的中国梦作出应有的贡献。

弘扬红船精神,激励青年大学生要有敢为人先的锐气,勇于解放思想、与时俱进。"敢为人先"就是敢于走前人没有走过的路,敢于做别人没有做过的事,它体现着勇立时代潮头、善开风气之先的胆识魄力。在中国共产党创建的历史实践中,从播撒马克思主义革命思想的火种,建立马克思主义学说研究组织,到"南陈北李"相约建党,各地共产党早期组织的建立,再到中国共产党成立"这一开天辟地的大事变""在中国历史上破天荒第一次向中国人民提出了反帝反封建的纲领"②,无不彰显着开天辟地、敢为人先的首创精神。1916 年 8 月 15 日,在《晨钟报》创刊号上,李大钊吹响"青春中华之创造"的号角,他希望青年能够承担起创造"青春中华"的历史使命,"冲决历史之桎梏,涤荡历史之积秽,新造民族之生命,换回民族之青春,固莫不惟其青年是望"③。他号召青年一定要摆脱旧思想的束缚,成为旧有社会制度的

---

① 习近平.在北京大学师生座谈会上的讲话[M].北京:人民出版社,2018:11.
② 毛泽东文集(第三卷)[M].北京:人民出版社,1996:46.
③ 李大钊全集(第一卷)[M].北京:人民出版社,2013:313.

反抗者与新社会的创造者,"以青春之我,创建青春之家庭,青春之国家,青春之民族,青春之人类,青春之地球,青春之宇宙,资以乐其无涯之生"①。青年是社会中最富有朝气、最富有想象力和创造力的社会力量。正是一批具有新思想的年轻知识分子领导了五四爱国运动。早期共产主义者从一开始就举起马克思主义的大旗,并将其确立为指导思想,敢于与反马克思主义思潮进行激烈的论战,充分展现了他们敢为人先的锐气和独到的政治远见。共产党人之所以能够勇担民族复兴之重任,就在于其拥有果敢的胆略和非凡的创新能力。马克思为了全人类的解放事业,始终保持他那极高的革命热情和青春般的活力,他总是"满腔热情、坚韧不拔和卓有成效地进行斗争"②。马克思主义与时俱进的理论品质赋予了中国共产党不断开拓创新的强大动力。新时代的青年大学生要大力弘扬红船精神,保持一种敢为人先的锐气,尤其是在困难和曲折面前,更要秉持这么一股韧劲和激情,不断提高自己的创新品质和能力。

弘扬红船精神,激励青年大学生要有锐意创新的勇气,敢于上下求索、开拓进取。问题是时代的号角。敢于担当就要敢于直面问题,解决问题。早期的先进分子具有强烈的问题意识和创新精神。打破旧观念,树立新理念,改造旧社会,创造新社会,是他们的共同心声。周恩来等人组织的天津觉悟社创办的《觉悟》杂志,强调办刊的宗旨是"革心""革新"。袁玉冰等人组织的改造社创办的《新江西》杂志,也声明"改造社的宗旨,是主张'改造社会'的。发行本刊,就是改造社会的一种方法"。③ 由陈独秀起草的《新青年》第7卷第1号发表的宣言:"我们想求社会进化,不得不打破'天经地义''自古如斯'的成见,决计一面抛弃此等旧观念,一面综合前代贤哲、当代贤哲和我们自己所想的,创造政治上、道德上、经济上的新观念,树立新时代的精神,适应新社会的环境。"④正是树立了创新意识、创新观念,使得中国先进分子开始宣传各种新思潮,并在实践上进行了许多方面的创新。在此过

---

① 李大钊全集(第一卷)[M].北京:人民出版社,2013:318.

② 马克思恩格斯选集(第三卷)[M].北京:人民出版社,2012:1003.

③ 本刊宣言[J].新江西,1921,1(1).

④ 陈独秀文集(第一卷)[M].北京:人民出版社,2013:506.

程中,一部分先进分子转而信仰马克思主义,"用无产阶级的宇宙观作为观察国家命运的工具,重新考虑自己的问题"①,决心走俄国人的路,才有中国共产党的创建。自从有了中国共产党,中国革命的面貌就焕然一新了。中国共产党自成立以来之所以能走在时代前列,就在于其能够不断推进实践创新和理论创新,不断开创马克思主义中国化的新境界。中华民族伟大复兴离不开创新,迫切需要广大青年认清世界发展的形势,深刻理解创新的时代意义,以直面困难的勇气、不断创新的精神切实担当起历史使命。

党的十八大以来,习近平总书记多次强调创新的重要意义。党的十八届五中全会提出的新发展理念中,创新发展居于首位。大学生是创新的主力军。创新和青春相碰撞,会擦出让人意想不到的火花。大学生要将红船精神转化为推动创新创业的强大动力,坚持用创新发展的理念规划自己的人生目标,心系祖国人民,努力在改革开放中闯新路、创新业,不断开辟事业发展的新天地,让青春梦与中国梦交相辉映。

红船精神为青年大学生成长成才提供了丰富的涵养(上)

第三节　弘扬红船精神,乐于无私奉献

作为新时代最具有活力的青年大学生,要有宽阔的胸怀,要有高远的志向,要有为民的理念,要有奉献的精神。要把为民奉献当作人生的追求,要把实干尽责当作工作的要求,在奉献中实现人生价值,在实现中华民族伟大复兴的实践中奉献青春。

---

① 毛泽东选集(第四卷)[M].北京:人民出版社,1991:1471.

一、引领风气之先的社会力量

青年大学生是社会的希望、国家的栋梁。青年大学生有没有奉献精神，是社会道德风气好坏的"晴雨表"。习近平总书记指出："青年是引风气之先的社会力量。一个民族的文明素养很大程度上体现在青年一代的道德水准和精神风貌上。"①

实现中华民族的伟大复兴需要广大青年在实践中奉献青春。青年学生是新时代中国特色社会主义建设的生力军，他们的政治思想、道德品质和科学文化素质状况，对我们党和国家的前途和命运有着深远的、决定性的影响。当前，多样化的志愿服务活动正在广泛深入地开展，为青年大学生锻炼自我、提高自我，增强奉献意识和社会责任感搭建了有效的平台，涌现了一大批无私奉献的先进青年和优秀志愿者团体。但由于受实用主义、拜金主义、享乐主义、功利主义等价值观的影响，也有少数青年大学生心理扭曲、情感冷漠、缺乏正义，甚至出现善恶不分、道德败坏的典型案例。因此，培养青年大学生的奉献精神是当前高校思想政治教育的重要内容，关系着家庭的和谐、社会的稳定、国家的繁荣昌盛。我们的社会呼唤奉献精神，国家的发展需要奉献精神，深化改革、破除改革坚冰也需要奉献精神。在大学校园，唱响奉献之歌，无疑是凝练大学精神、提高大学生素质，培育合格人才的重要举措。只有甘于奉献，才能胸怀祖国，服务人民；只有乐于奉献，才能热忱服务，恪尽职守；只有善于奉献，才能精益求精，开拓创新。

无私奉献有助于青年大学生实现自己的人生价值。奉献精神是指个人与他人、集体、国家之间存在着的一种纯洁高尚的道德义务关系，是用来评价人生价值的基本标准之一。马克思主义认为，实践是人的存在方式。人只有在实践活动中，才能占有和发挥自己的本质。人的一生是不断实践的一生。只有在为他人、集体、社会创造价值中去追求自身的价值，人才能实现对自我本质、自我价值的确认和肯定，获得人之为人的高尚地位和尊严，获得人自身存在意义的证明。共产党人的为民奉献是一种高度自律的行

---

① 中共中央文献研究室.十八大以来重要文献选编(上)[M].北京：中央文献出版社，2014：280.

为,它不是出自外在力量的压制,而是完全出自行为者自我的主动选择,体现了共产党人对赖以生存的共同体以及共同体中其他成员的认同和责任心。

全心全意为人民服务,是我们党的服务宗旨,更是青年应担负的责任。在人生价值的天平上,奉献是永远不变的砝码。只有热爱自己的祖国,才能更好地去爱自己的家庭;只有为国家的发展奉献自己的力量,才是真正的爱国主义。雷锋曾说:"人的生命是有限的,可是,为人民服务是无限的,我要把有限的生命,投入到无限的为人民服务之中去。"[①]新时代的青年大学生要增强民族自尊心、自信心和自豪感,把个人的成长进步与国家发展紧密结合,把整个社会的共同利益放在个人利益之上,把中国特色社会主义的理想信念根植心中。要从国家和民族的高度出发,把个人奋斗融入社会发展的历史洪流中,在实现中华民族伟大梦想的实践中寻找和确定个人成长的方向,把爱国之情、报国之志转化为报答祖国的具体行动。要坚定理想信念,在共产党的旗帜指引下,发挥青年大学生的青春力量,在奉献中担起时代责任。

立党为公、忠诚为民的奉献精神是红船精神的根本内涵,是中国共产党能够长期生存发展和执政的根基,是中国共产党同其他任何一切剥削阶级性质的政党的根本区别之所在,它实质上是一种崇高的人文精神,是敢于牺牲、为民服务的精神,体现了共产党的人民性。弘扬红船精神,要求青年大学生增强奉献意识,践行奉献精神,传承奉献传统。

二、在奉献社会中找到青春方向

弘扬红船精神,要求青年大学生树立高尚的道德情操,自觉养成为国为民的人文情怀。中国共产党的成立不是为了少数人的私利,而是为了最广大人民的根本利益而奋斗,是为了实现民族独立和人民解放。中国共产党在创建时期就通过自己的纲领,公开表明这一政治主张。

为国为民的人文情怀是一种崇高的马克思主义人文精神。人民群众是

---

① 　雷锋日记选[M].北京:人民出版社,1973:57.

历史的创造者。人民群众的实践创造了满足人类社会发展的物质文明、精神文明、政治文明和生态文明等。因此,人民群众的主体地位,人民群众的至高无上的尊严和平等、自由、全面的发展,当然值得我们珍视,值得我们去为之奋斗! 李大钊指出,"现在最苦痛最悲惨的人,恐怕就是这些劳动的人",因此,青年要明确努力的方向,"要打起精神来,寻着那苦痛悲惨的声音走。我们要晓得痛苦的人,是些什么人? 痛苦的事,是些什么事? 痛苦的原因,在什么地方? 要想解脱他们的苦痛,应该用什么方法"①? 瞿秋白深怀忧国忧民之心。为了追求真理,改造中国,他怀着"担一份中国再生时代思想发展的责任"的心情,到新生的苏维埃国家去寻找救国的真理,"为大家辟一条光明的路"。虽然这光源所在的地方,现在是"冰天雪窖饥寒交迫的去处",也情愿"受罚",就是为了"略尽一份引导中国社会新生路的责任"②。正是怀着这份为国为民的奉献精神,瞿秋白为早期的革命事业作出了突出的贡献。青年大学生应该自觉体验和领悟立党为公、忠诚为民的奉献精神,养成良好的道德品质,让为国为民的人文情怀内化为信仰、外化为行动。

弘扬红船精神,要求青年大学生进行积极的道德实践,以实际行动奉献自己的青春。习近平总书记指出:"广大青年要把正确的道德认知、自觉的道德养成、积极的道德实践紧密结合起来,自觉树立和践行社会主义核心价值观,带头倡导良好社会风气。"③人虽然具有自然属性,但社会性却是人的根本属性。这是人与动物之区别的根本所在。如果社会停滞不前,个人的发展就无从谈起,社会需要每个个体的参与与推动。李大钊说:"一个个人,除去他与全体人民的关系以外,全不重要,就是此时,亦是全体人民是要紧的,他不过是附随的。生长与活动,只能在人民本身的性质中去寻,决不在他们以外的什么势力。"④李大钊为自己确定的人生目标,就是要为后人谋利益、造幸福。他说:"人生本务,在随实在之进行,为后人造大功德,供永远

---

① 李大钊全集(第二卷)[M].北京:人民出版社,2013:439.

② 王铁仙,刘福勤.瞿秋白传[M].北京:人民出版社,2011:72.

③ 中共中央文献研究室.十八大以来重要文献选编(上)[M].北京:中央文献出版社,2014:280.

④ 李大钊全集(第三卷)[M].北京:人民出版社,2013:220.

的'我'享受,扩张,传袭,至无穷极。"①他一生俭朴清廉,淡泊名利,克己奉公,经常接济贫寒青年和支持革命活动,成为道德楷模。当代青年大学生应该像早期共产党人那样,从我做起,从身边做起,增强自身的道德践行能力,为实现中国梦奉献自己的青春和热血。

党的十八大以来,习近平总书记多次号召广大青年要坚持与祖国同行、为人民奉献,以青春梦想、用实际行动为实现中国梦作出新的更大贡献。2013年5月4日,在同各界优秀青年代表座谈时的讲话中,他说:"青年时代,选择吃苦也就选择了收获,选择奉献也就选择了高尚。""只有进行了激情奋斗的青春,只有进行了顽强拼搏的青春,只有为人民作出了奉献的青春,才会留下充实、温暖、持久、无悔的青春回忆。"②2013年12月5日,在给华中农业大学"本禹志愿服务队"回信中,他称赞青年志愿者队伍"在服务他人、奉献社会中收获了成长和进步,找到了青春方向和人生目标"③。2014年1月28日,在回复给大学生村干部张广秀的信中,他勉励她"促农村发展,让农民受益,让青春无悔"④。2014年3月4日,在回复给"郭明义爱心团队"的信中,他深情地表示"当有人需要帮助时,大家搭把手、出份力,社会将变得更加美好"⑤。2014年五四青年节前夕,在回复给保定学院西部支教毕业生的信中,他强调,"同人民一道拼搏、同祖国一道前进,服务人民、奉献

---

①　李大钊全集(第二卷)[M].北京:人民出版社,2013:287.

②　中共中央文献研究室.十八大以来重要文献选编(上)[M].北京:中央文献出版社,2014:282.

③　习近平给华中农业大学"本禹志愿服务队"回信(全文)勉励青年志愿者以青春梦想用实际行动为实现中国梦作出新的更大贡献[EB/OL].(2013-12-06)[2021-06-06].http://theory.people.com.cn/n/2013/1206/c49171-23763101.html.

④　习近平给大学生村官张广秀复信:对全国大学生村官提出殷切期望[EB/OL].(2014-02-14)[2021-06-06].http://cpc.people.com.cn/n/2014/0214/c64094-24355763.html.

⑤　习近平给"郭明义爱心团队"回信 勉励他们以实际行动书写新时代的雷锋故事[EB/OL].(2014-03-04)[2021-06-06].http://www.xinhuanet.com//politics/2014-03/04/c_119605919.htm.

祖国,是当代中国青年的正确方向"①。

中国梦是全国各族人民的共同理想,也是青年大学生应该牢固树立的远大理想。广大青年应当弘扬红船精神,拥护党的领导,热爱祖国,热爱人民,始终坚定走中国特色社会主义道路,把中国梦同自己的青春梦结合起来,在为党和人民事业的奋斗中实现青春价值、创造人生辉煌!

红船精神为青年大学生成长成才提供了丰富的涵养(下)

第四节　弘扬红船精神,担当时代责任

习近平总书记指出:"青年兴则国家兴,青年强则国家强。青年一代有理想、有本领、有担当,国家就有前途,民族就有希望。"②青年的责任担当与国家前途、民族命运、人民幸福紧密相关。在新时代,青年要担当起中华民族伟大复兴的历史使命,还要担当起为社会谋发展、为人民谋幸福的时代责任。

一、让青春梦与中国梦同频共振

青年大学生是有理想信念、有知识、有希望的群体,肩负着实现中华民族伟大复兴中国梦生力军的重任。加强青年大学生责任担当教育,帮助他们坚定理想信念,提高责任意识,无论是对国家的发展还是对个人自身的发展,都具有重要的意义。

担当精神作为中华民族精神的重要内容,根植于中华优秀传统文化,内

---

① 习近平给河北保定学院西部支教毕业生群体代表回信 勉励青年人到基层和人民中去建功立业在实现中国梦的伟大实践中书写别样精彩的人生[EB/OL].(2014-05-04)[2021-06-06].http://politics.people.com.cn/n/2014/0504/c1024-24968468.html.

② 习近平.决胜全面建成小康社会 夺取新时代中国特色社会主义伟大胜利——在中国共产党第十九次全国代表大会上的报告[M].北京:人民出版社,2017:70.

涵丰富、源远流长。"修身齐家治国平天下""为天地立心,为生民立命,为往圣继绝学,为万世开太平""先天下之忧而忧,后天下之乐而乐"等至理名言都很好地诠释了中华民族的担当精神。正是在担当精神的指引下,面对中华民族遭受的深重苦难,中华儿女历尽艰难寻求救亡图存的道路。无数仁人志士和青年才俊上下求索、前仆后继,为了民族独立和国家富强付出了毕生的努力,筚路蓝缕,斗志弥坚。

五四运动,爆发于民族危难之际,是一场以先进青年知识分子为先锋、广大人民群众参加的彻底反帝反封建的伟大爱国革命运动,是一场中国人民为拯救民族危亡、捍卫民族尊严、凝聚民族力量而掀起的伟大社会革命运动,是一场传播新思想新文化新知识的伟大思想启蒙运动和新文化运动,以磅礴之力鼓舞了中国人民和中华民族实现民族复兴的志向和信心。在五四运动中,中国青年英勇挺立在反帝反封建运动的历史潮头,为祖国的前途和命运奔走呼号,为救国救民和变革中国社会探索新路径,如黑暗中的平地惊雷,为中华民族的生存和中华文明的延续点燃了希望的火种。通过五四运动,中国青年发现了自己的力量,中国人民和中华民族发现了自己的力量。

在革命战争年代,广大青年率先觉醒,满怀革命理想,为争取民族独立、人民解放、维护国家主权和领土完整冲锋陷阵,抛洒热血,表现出了高尚的爱国情操和大无畏的革命英雄主义。社会主义革命和建设时期,广大青年积极响应党的号召,为改变国家一穷二白面貌而勇挑重担、艰苦创业,向困难进军,向荒野进军,保卫祖国,建设祖国,在新中国的广阔天地发愤图强,忘我劳动。改革开放以来,我国发展的成就也得益于一代有知识、有闯劲、敢于开拓的青年人的刻苦钻研和努力奋斗,他们在建设中国特色社会主义实践中发挥中坚力量的作用,在经济、科技、文化、教育等方面作出重大贡献。

习近平总书记多次强调当代青年要担当起党和人民赋予的历史重任。青年大学生拥有美好的青春年华,黄金的学习时光,既要"一心只读圣贤书"勤于钻研学问,又要有"家事国事天下事,事事关心"的家国情怀。习近平总书记勉励青年大学生"要勤于学习、敏于求知,注重把所学知识内化于心,形成自己的见解,既要专攻博览,又要关心国家、关心人民、关心世界,学会担当社会责任"。习近平总书记指出:"展望未来,我国青年一代必将大有可为,也必将大有作为。这是'长江后浪推前浪'的历史规律,也是'一代更比一代强'的青春责任。广大青年要勇敢肩负起时代赋予的重任,志存高远,脚踏实地,努力在实现中华民族伟大复兴的中国梦的生动实践中放飞青春梦想。"①青年大学生是新时代强国之路的建设者、接班人,最富有朝气和梦想,只有坚持走在时代前列,坚定理想信念,敢于担当、乐于奉献,担负起实现"中国梦"的神圣使命,才能无愧于人生、无愧于时代。

二、在激情奋斗中绽放人生光彩

当代青年要有所作为,必须投身中国梦的伟大实践,幸福是奋斗出来的,奋斗也是一种幸福。青年大学生应当积极参与中国特色社会主义建设,同人民一起奋斗、一起前进、一起梦想,青春才能无悔。青年大学生要忠于祖国,忠于人民;立鸿鹄志,做奋斗者;求真学问,练真本领;知行合一,做实干家。

弘扬红船精神,引领青年大学生敢于担当,为实现共产主义理想不断奋斗。艰苦奋斗是与崇高的理想信念联系在一起的,两者相辅相成,相互促进。有了崇高的理想信念,才有敢于担当的勇气,才有艰苦奋斗的精神。正是坚定了理想信念,1921 年 8 月初,一群年轻人在南湖红船上通过了党的第一个纲领和第一个决议,选举产生了党的第一个中央领导机构,庄严宣告了党的诞生。显然,在当时的历史情境中,创建中国共产党"在中国的环境里不仅是具备了发展的可能性,简直是具备了发展的必然性"②。正如马克思指出,在社会发展的每一个阶段上,都存在着不同的客观趋势和可能性,而人则需要确定自己对待它们的态度并作出选择。也就是说,需要有担当精神。李大钊告诫青年,人生的目的要为改造旧社会、创造新生活而努力,为世界进文明,为人类造幸福,要抛弃悲观厌世的人生观,自觉形成马克思主义世界观,树立"乐天努力"的人生观。他满怀激情地说:"青年之文明,奋

---

① 中共中央文献研究室.十八大以来重要文献选编(上)[M].北京:中央文献出版社, 2014:278.

② 毛泽东选集(第一卷)[M].北京:人民出版社,1991:99.

斗之文明也,与境遇奋斗,与时代奋斗,与经验奋斗。故青年者,人生之王,人生之春,人生之华也。"①中国人民实现真正的解放,"要靠自己的力量,抗拒冲决""要靠自己的努力,打出一道光明来"。而不是央求人家网开三面,或仰赖权威的恩典,把我们解放出来。② 青年毛泽东说:"天下者我们的天下。国家者我们的国家。社会者我们的社会。我们不说,谁说? 我们不干,谁干?"③实现中国梦任重道远,需要我们付出辛勤劳动和艰苦努力。当代青年大学生要明确自己肩负着实现中华民族伟大复兴的历史使命,敢于担当起时代赋予的崇高使命,志存高远,在激扬青春、开拓人生、奉献社会的进程中书写无愧于时代的壮丽篇章。

弘扬红船精神,引领青年大学生做"实践的唯物主义者",为实现共产主义理想苦干实干。马克思、恩格斯说:"我们所称为共产主义的是那种消灭现存状况的现实的运动。"④就是说,共产主义不是抽象的逻辑推演,而是不断改变当下、超越现状的现实的实践运动。正是在这个意义上,马克思、恩格斯才把共产主义者称之为"实践的唯物主义者"。⑤ 共产主义信仰不是仅仅停留在精神和观念层面,而是要表现在实践中。没有行动的表现不能构成真正的信仰。李大钊、瞿秋白、叶挺、方志敏、夏明翰等无数的革命先烈用自己的行动践行着共产主义信仰。正是一代又一代共产党人不惜流血牺牲,苦干、实干,完成了新民主主义革命,实现了民族独立、人民解放;完成了社会主义革命,确立了社会主义基本制度;进行了改革开放新的伟大革命,开创、坚持、发展了中国特色社会主义,实现了中国人民从站起来到富起来、强起来的伟大飞跃,书写了人类发展史上惊天地、泣鬼神的壮丽史诗。实干意味着责任、奋斗,它是连接理想与现实的桥梁。有没有担当精神,不在于怎么说,而在于怎么做。脱离实干,国家富强、民族振兴、人民幸福只能是空话。习近平总书记告诫广大青年"要牢记'空谈误国、实干兴邦',

① 李大钊全集(第一卷)[M].北京:人民出版社,2013:330.
② 李大钊全集(第二卷)[M].北京:人民出版社,2013:492.
③ 中共中央文献研究室,中共湖南省委《毛泽东早期文稿》编辑组.毛泽东早期文稿(一九一二年六月——一九二〇年十一月)[M].长沙:湖南人民出版社,1990:390.
④ 马克思恩格斯选集(第一卷)[M].北京:人民出版社,2012:166.
⑤ 马克思恩格斯选集(第一卷)[M].北京:人民出版社,2012:155.

立足本职、埋头苦干,从自身做起,从点滴做起,用勤劳的双手、一流的业绩成就属于自己的人生精彩"①。青年大学生必须认识到自己所肩负的时代重任,点燃自己的青春梦,用满腔热血和激情铸就伟大的中国梦,用"青春梦"托起"中国梦"。

中国梦是历史的、现实的,也是未来的;中国梦是国家的、民族的,是每一个中国人的,更是青年一代的。秀水泱泱,红船依旧,时代变迁,精神永恒。百年来,承载着民族希望的小小红船,如今已经变成了承载着 14 亿中国人民希望的巨轮。百年前,一代有志青年还在为争取民族独立、人民解放苦苦求索;百年后,当代青年有幸生活在一个信仰奋斗、鼓励拼搏的和平时期,有幸融入波澜壮阔、春潮滚滚的改革进程,不仅充分享有人生出彩的机会,更积淀起为梦想执着奋斗的深厚底气与信心。在新时代,"中国号"巨轮驶入新的辽阔水域,当代青年建功立业的舞台空前广阔、梦想成真的前景空前光明。只要青年大学生敢为人先,善于创造,勤奋求实,勇于开拓,在青春梦与中国梦的交融中,定会弹奏出中华民族走向伟大复兴的最强音。

新时代青年大学生要做弘扬红船精神的先锋

【延伸阅读 2】

习近平寄语青年

每一代青年都有自己的际遇和机缘

★勇敢肩负起时代赋予的重任

展望未来,我国青年一代必将大有可为,也必将大有作为。这是"长江后浪推前浪"的历史规律,也是"一代更比一代强"的青春责任。广大青年要勇敢肩负起时代赋予的重任,志存高远,脚踏实地,努力在实现中华民族伟大复兴的中国梦的生动实践中放飞青春梦想。

---

① 中共中央文献研究室.十八大以来重要文献选编(上)[M].北京:中央文献出版社,2014:280.

——在同各界优秀青年代表座谈时的讲话(2013 年 5 月 4 日)

★时代的光荣属于青年

时间之河川流不息,每一代青年都有自己的际遇和机缘,都要在自己所处的时代条件下谋划人生、创造历史。青年是标志时代的最灵敏的晴雨表,时代的责任赋予青年,时代的光荣属于青年。

——《青年要自觉践行社会主义核心价值观》(2014 年 5 月 4 日)

★同人民一起梦想,青春才能无悔

一代青年有一代青年的历史际遇。我们的国家正在走向繁荣富强,我们的民族正在走向伟大复兴,我们的人民正在走向更加幸福美好的生活。当代中国青年要有所作为,就必须投身人民的伟大奋斗。同人民一起奋斗,青春才能亮丽;同人民一起前进,青春才能昂扬;同人民一起梦想,青春才能无悔。

——致全国青联十二届全委会和全国学联二十六大的贺信(2015 年 7 月 24 日)

★青年是祖国的未来、民族的希望

青年是祖国的未来、民族的希望,也是我们党的未来和希望。中国共产党的创始人之一李大钊同志说过,青年要"为世界进文明,为人类造幸福,以青春之我,创建青春之家庭,青春之国家,青春之民族,青春之人类,青春之地球,青春之宇宙,资以乐其无涯之生"。九十五年来,我们党取得的所有成就都凝聚着青年的热情和奉献。

——在庆祝中国共产党成立 95 周年大会上的讲话(2016 年 7 月 1 日)

★中国的未来属于青年

中国的未来属于青年,中华民族的未来也属于青年。青年一代的理想信念、精神状态、综合素质,是一个国家发展活力的重要体现,也是一个国家核心竞争力的重要因素。

——在中国政法大学考察时的讲话(2017 年 5 月 3 日)

★广大青年既是追梦者,也是圆梦人

每一代青年都有自己的际遇和机缘。我记得,1981 年北大学子在燕园一起喊出"团结起来,振兴中华"的响亮口号,今天我们仍然要叫响这个口号,万众一心为实现中国梦而奋斗。广大青年既是追梦者,也是圆梦人。追梦需要激情和理想,圆梦需要奋斗和奉献。广大青年应该在奋斗中释放青春激情、追逐青春理想,以青春之我、奋斗之我,为民族复兴铺路架桥,为祖国建设添砖加瓦。

——在北京大学师生座谈会上的讲话(2018 年 5 月 2 日)

梦想从学习开始,事业靠本领成就

★努力成为可堪大用、能担重任的栋梁之材

广大青年要坚持面向现代化、面向世界、面向未来,增强知识更新的紧迫感,如饥似渴学习,既扎实打牢基础知识又及时更新知识,既刻苦钻研理论又积极掌握技能,不断提高与时代发展和事业要求相适应的素质和能力。要坚持学以致用,深入基层、深入群众,在改革开放和社会主义现代化建设的大熔炉中,在社会的大学校里,掌握真才实学,增益其所不能,努力成为可堪大用、能担重任的栋梁之材。

——在同各界优秀青年代表座谈时的讲话(2013 年 5 月 4 日)

★人生的黄金时期在青年

"人才有高下,知物由学。"梦想从学习开始,事业靠本领成就。广大青年要自觉加强学习,不断增强本领。人生的黄金时期在青年。青年时期学识基础厚实不厚实,影响甚至决定自己的一生。广大青年要如饥似渴、孜孜不倦学习,既多读有字之书,也多读无字之书,注重学习人生经验和社会知识。"纸上得来终觉浅,绝知此事要躬行。"所有知识要转化为能力,都必须躬身实践。要坚持知行合一,注重在实践中学真知、悟真谛,加强磨练、增长本领。

——在知识分子、劳动模范、青年代表座谈会上的讲话(2016 年 4 月 26 日)

★知识是每个人成才的基石

"玉不琢,不成器;人不学,不知道。"知识是每个人成才的基石,在学习阶段一定要把基石打深、打牢。学习就必须求真学问,求真理、悟道理、明事理,不能满足于碎片化的信息、快餐化的知识。要通过学习知识,掌握事物发展规律,通晓天下道理,丰富学识,增长见识。人的潜力是无限的,只有在不断学习、不断实践中才能充分发掘出来。建设社会主义现代化强国,发展是第一要务,创新是第一动力,人才是第一资源。希望广大青年珍惜大好学习时光,求真学问,练真本领,更好为国争光、为民造福。

　　——在北京大学师生座谈会上的讲话(2018 年 5 月 2 日)

　　★成为有理想、有学问、有才干的实干家

　　"纸上得来终觉浅,绝知此事要躬行。"学到的东西,不能停留在书本上,不能只装在脑袋里,而应该落实到行动上,做到知行合一、以知促行、以行求知,正所谓"知者行之始,行者知之成"。每一项事业,不论大小,都是靠脚踏实地、一点一滴干出来的。"道虽迩,不行不至;事虽小,不为不成。"这是永恒的道理。做人做事,最怕的就是只说不做,眼高手低。不论学习还是工作,都要面向实际、深入实践,实践出真知;都要严谨务实,一分耕耘一分收获,苦干实干。广大青年要努力成为有理想、有学问、有才干的实干家,在新时代干出一番事业。我在长期工作中最深切的体会就是:社会主义是干出来的。

　　——在北京大学师生座谈会上的讲话(2018 年 5 月 2 日)

理想指引人生方向,信念决定事业成败

　　★没有理想信念,就会导致精神上"缺钙"

　　理想指引人生方向,信念决定事业成败。没有理想信念,就会导致精神上"缺钙"。中国梦是全国各族人民的共同理想,也是青年一代应该牢固树立的远大理想。中国特色社会主义是我们党带领人民历经千辛万苦找到的实现中国梦的正确道路,也是广大青年应该牢固确立的人生信念。

　　——在同各界优秀青年代表座谈时的讲话(2013 年 5 月 4 日)

　　★"从善如登,从恶如崩"

　　广大青年要把正确的道德认知、自觉的道德养成、积极的道德实践紧密结合起来,自觉树立和践行社会主义核心价值观,带头倡导良好社会风气。要加强思想道德修养,自觉弘扬爱国主义、集体主义、社会主义思想,积极倡导社会公德、职业道德、家庭美德。要牢记"从善如登,从恶如崩"的道理,始终保持积极的人生态度、良好的道德品质、健康的生活情趣。要倡导社会文明新风,带头学雷锋,积极参加志愿服务,主动承担社会责任,热诚关爱他人,多做扶贫济困、扶弱助残的实事好事,以实际行动促进社会进步。

　　——在同各界优秀青年代表座谈时的讲话(2013 年 5 月 4 日)

★每个时代都有每个时代的价值观念

每个时代都有每个时代的精神，每个时代都有每个时代的价值观念。国有四维，礼义廉耻，"四维不张，国乃灭亡"。这是中国先人对当时核心价值观的认识。在当代中国，我们的民族、我们的国家应该坚守什么样的核心价值观？这个问题，是一个理论问题，也是一个实践问题。经过反复征求意见，综合各方面认识，我们提出要倡导富强、民主、文明、和谐，倡导自由、平等、公正、法治，倡导爱国、敬业、诚信、友善，积极培育和践行社会主义核心价值观。富强、民主、文明、和谐是国家层面的价值要求，自由、平等、公正、法治是社会层面的价值要求，爱国、敬业、诚信、友善是公民层面的价值要求。这个概括，实际上回答了我们要建设什么样的国家、建设什么样的社会、培育什么样的公民的重大问题。

——《青年要自觉践行社会主义核心价值观》(2014年5月4日)

★青年的价值取向决定了未来整个社会的价值取向

我为什么要对青年讲讲社会主义核心价值观这个问题？是因为青年的价值取向决定了未来整个社会的价值取向，而青年又处在价值观形成和确立的时期，抓好这一时期的价值观养成十分重要。这就像穿衣服扣扣子一样，如果第一粒扣子扣错了，剩余的扣子都会扣错。人生的扣子从一开始就要扣好。"凿井者，起于三寸之坎，以就万仞之深。"青年要从现在做起、从自己做起，使社会主义核心价值观成为自己的基本遵循，并身体力行大力将其推广到全社会去。

——《青年要自觉践行社会主义核心价值观》(2014年5月4日)

★胸怀理想、志存高远

广大青年要自觉践行社会主义核心价值观，不断养成高尚品格。要以国家富强、人民幸福为己任，胸怀理想、志存高远，投身中国特色社会主义伟大实践，并为之终生奋斗。要加强思想道德修养，自觉弘扬爱国主义、集体主义精神，自觉遵守社会公德、职业道德、家庭美德。要坚持艰苦奋斗，不贪图安逸，不惧怕困难，不怨天尤人，依靠勤劳和汗水开辟人生和事业前程。

——在知识分子、劳动模范、青年代表座谈会上的讲话(2016年4月26日)

★要正确对待一时的成败得失

青年在成长和奋斗中，会收获成功和喜悦，也会面临困难和压力。要正确对待一时的成败得失,处优而不养尊,受挫而不短志,使顺境逆境都成为人生的财富而不是人生的包袱。广大青年人人都是一块玉,要时常用真善美来雕琢自己,不断培养高洁的操行和纯朴的情感,努力使自己成为高尚的人。

——在中国政法大学考察时的讲话(2017 年 5 月 3 日)

★爱国是第一位的

爱国,是人世间最深层、最持久的情感,是一个人立德之源、立功之本。孙中山先生说,做人最大的事情,"就是要知道怎么样爱国"。我们常讲,做人要有气节、要有人格。气节也好,人格也好,爱国是第一位的。我们是中华儿女,要了解中华民族历史,秉承中华文化基因,有民族自豪感和文化自信心。要时时想到国家,处处想到人民,做到"利于国者爱之,害于国者恶之"。爱国,不能停留在口号上,而是要把自己的理想同祖国的前途、把自己的人生同民族的命运紧密联系在一起,扎根人民,奉献国家。

——在北京大学师生座谈会上的讲话(2018 年 5 月 2 日)

【延伸阅读 3】

新时代中国青年的历史使命

新时代中国青年运动的主题,新时代中国青年运动的方向,新时代中国青年的使命,就是坚持中国共产党领导,同人民一道,为实现"两个一百年"奋斗目标、实现中华民族伟大复兴的中国梦而奋斗。

青年是整个社会力量中最积极、最有生气的力量,国家的希望在青年,民族的未来在青年。今天,新时代中国青年处在中华民族发展的最好时期,既面临着难得的建功立业的人生际遇,也面临着"天将降大任于斯人"的时代使命。新时代中国青年要继续发扬五四精神,以实现中华民族伟大复兴为己任,不辜负党的期望、人民期待、民族重托,不辜负我们这个伟大时代。

第一,新时代中国青年要树立远大理想。青年的理想信念关乎国家未来。青年理想远大、信念坚定,是一个国家、一个民族无坚不摧的前进动力。青年志存高远,就能激发奋进潜力,青春岁月就不会像无舵之舟漂泊不定。正所谓"立志而圣则圣矣,立志而贤则贤矣"。青年的人生目标会有不同,职业选择也有差异,但只有把自己的小我融入祖国的大我、人民的大我之中,与时代同步伐、与人民共命运，才能更好实现人生价值、升华人生境界。离开了祖国需要、人民利益，任何孤芳自赏都会陷入越走越窄的狭小天地。

新时代中国青年要树立对马克思主义的信仰、对中国特色社会主义的信念、对中华民族伟大复兴中国梦的信心，到人民群众中去，到新时代新天地中去，让理想信念在创业奋斗中升华，让青春在创新创造中闪光！

第二，新时代中国青年要热爱伟大祖国。孙中山先生说，做人最大的事情，"就是要知道怎么样爱国"。一个人不爱国，甚至欺骗祖国、背叛祖国，那在自己的国家、在世界上都是很丢脸的，也是没有立足之地的。对每一个中国人来说，爱国是本分，也是职责，是心之所系、情之所归。对新时代中国青年来说，热爱祖国是立身之本、成才之基。当代中国，爱国主义的本质就是坚持爱国和爱党、爱社会主义高度统一。

新时代中国青年要听党话、跟党走，胸怀忧国忧民之心、爱国爱民之情，不断奉献祖国、奉献人民，以一生的真情投入、一辈子的顽强奋斗来体现爱国主义情怀，让爱国主义的伟大旗帜始终在心中高高飘扬！

第三，新时代中国青年要担当时代责任。时代呼唤担当，民族振兴是青年的责任。鲁迅先生说，青年"所多的是生力，遇见深林，可以辟成平地的，遇见旷野，可以栽种树木的，遇见沙漠，可以开掘井泉的"。在实现中华民族伟大复兴的新征程上，应对重大挑战、抵御重大风险、克服重大阻力、解决重大矛盾，迫切需要迎难而上、挺身而出的担当精神。只要青年都勇挑重担、勇克难关、勇斗风险，中国特色社会主义就能充满活力、充满后劲、充满希望。青年要保持初生牛犊不怕虎、越是艰险越向前的刚健勇毅，勇立时代潮头，争做时代先锋。一切视探索尝试为畏途、一切把负重前行当吃亏、一切"躲进小楼成一统"逃避责任的思想和行为，都是要不得的，都是成不了事的，也是难以真正获得人生快乐的。

新时代中国青年要珍惜这个时代、担负时代使命，在担当中历练，在尽责中成长，让青春在新时代改革开放的广阔天地中绽放，让人生在实现中国梦的奋进追逐中展现出勇敢奔跑的英姿，努力成为德智体美劳全面发展的社会主义建设者和接班人！

第四，新时代中国青年要勇于砥砺奋斗。奋斗是青春最亮丽的底色。"自信人生二百年，会当水击三千里。"民族复兴的使命要靠奋斗来实现，人生理想的风帆要靠奋斗来扬起。没有广大人民特别是一代代青年前赴后继、艰苦卓绝的接续奋斗，就没有中国特色社会主义新时代的今天，更不会有实现中华民族伟大复兴的明天。千百年来，中华民族历经苦难，但没有任何一次苦难能够打垮我们，最后都推动了我们民族精神、意志、力量的一次次升华。今天，我们的生活条件好了，但奋斗精神一点都不能少，中国青年永久奋斗的好传统一点都不能丢。在实现中华民族伟大复兴的新征程上，必然会有艰巨繁重的任务，必然会有艰难险阻甚至惊涛骇浪，特别需要我们发扬艰苦奋斗精神。奋斗不只是响亮的口号，而是要在做好每一件小事、完成每一项任务、履行每一项职责中见精神。奋斗的道路不会一帆风顺，往往荆棘丛生、充满坎坷。强者，总是从挫折中不断奋起、永不气馁。

新时代中国青年要勇做走在时代前列的奋进者、开拓者、奉献者，毫不畏惧面对一切艰难险阻，在劈波斩浪中开拓前进，在披荆斩棘中开辟天地，在攻坚克难中创造业绩，用青春和汗水创造出让世界刮目相看的新奇迹！

第五，新时代中国青年要练就过硬本领。青年是苦练本领、增长才干的黄金时期。"青春虚度无所成，白首衔悲亦何及。"当今时代，知识更新不断加快，社会分工日益细化，新技术新模式新业态层出不穷。这既为青年施展才华、竞展风采提供了广阔舞台，也对青年能力素质提出了新的更高要求。不论是成就自己的人生理想，还是担当时代的神圣使命，青年都要珍惜韶华、不负青春，努力学习掌握科学知识，提高内在素质，锤炼过硬本领，使自己的思维视野、思想观念、认识水平跟上越来越快的时代发展。

新时代中国青年要增强学习紧迫感，如饥似渴、孜孜不倦学习，努力学习马克思主义立场观点方法，努力掌握科学文化知识和专业技能，努力提高人文素养，在学习中增长知识、锤炼品格，在工作中增长才干、练就本领，以真才实学服务人民，以创新创造贡献国家！

第六，新时代中国青年要锤炼品德修为。人无德不立，品德是为人之本。止于至善，是中华民族始终不变的人格追求。我们要建设的社会主义现代化强国，不仅要在物质上强，更要在精神上强。精神上强，才是更持久、更深沉、更有力量的。青年要把正确的道德认知、自觉的道德养成、积极的道德实践紧密结合起来，不断修身立德，打牢道德根基，在人生道路上走得更正、走得更远。面对复杂的世界大变局，要明辨是非、恪守正道，不人云亦云、盲目跟风。面对外部诱惑,要保持定力、严守规矩,用勤劳的双手和诚实的劳动创造美好生活,拒绝投机取巧、远离自作聪明。面对美好岁月,要有饮水思源、懂得回报的感恩之心,感恩党和国家,感恩社会和人民。要在奋斗中摸爬滚打,体察世间冷暖、民众忧乐、现实矛盾,从中找到人生真谛、生命价值、事业方向。

新时代中国青年要自觉树立和践行社会主义核心价值观,善于从中华民族传统美德中汲取道德滋养,从英雄人物和时代楷模的身上感受道德风范,从自身内省中提升道德修为,明大德、守公德、严私德,自觉抵制拜金主义、享乐主义、极端个人主义、历史虚无主义等错误思想,追求更有高度、更有境界、更有品位的人生,让清风正气、蓬勃朝气遍布全社会!

资料来源:习近平.在纪念五四运动 100 周年大会上的讲话[N].人民日报,2019-05-01(2).

红船精神的当代价值取向

后　记

　　作为红船旁的高校,嘉兴学院始终坚持以红船精神为引领,通过推动红船精神进教材、进课堂、进学生头脑,把红船精神融入思想政治教育教学全过程,着力培养学生的首创、奋斗和奉献精神。为贯彻落实党的二十大精神,本着"讲好红船故事,传承红船精神"的初心,我们先后编写了《红船精神》《红船精神领航中国梦》等读本。为了更好地贯彻落实习近平总书记南湖重要讲话精神,结合新时代特点大力弘扬红船精神,充分发挥红船精神的育人价值,更好促进新时代大学生健康成长成才,嘉兴学院党委决定在全校开设"红船精神与时代价值"课程,并组织编写了这本配套教材。

　　本教材是集体创作的成果,编写团队成员主要是嘉兴学院马克思主义学院的教师。具体分工如下:由嘉兴学院原党委书记黄文秀教授、嘉兴学院马克思主义学院彭冰冰教授担任主编,负责全书的总体框架设计和提纲确定。绪论由黄文秀和彭冰冰编写;第一章由李庆喜编写;第二章由邱辰禧编写;第三章由李云波和邱辰禧编写;第四章由王磊和彭冰冰编写;第五章第一、三、四节由马赛编写,第二节由彭冰冰编写;第六章由彭冰冰和许惠芬编写;全书由黄文秀和彭冰冰负责统稿。

　　本教材是浙江省普通高校"十三五"第二批新形态教材建设项目,也是浙江省高校思政课名师工作室(主持人:彭冰冰)教研成果。为了让学生更深刻地理解课程内容,我们把"红船精神与时代价值"在线课程的部分授课视频以二维码的形式嵌入教材中。这些授课专家是浙江省中国特色社会主义理论体系研究中心顾问胡坚教授,中共浙江省委党史研究室原主任金延锋研究员,嘉兴学院原党委副书记、教育部人文社科重点基地"嘉兴学院中国共产党革命精神与文化资源研究中心"主任吕延勤研究员,嘉兴学院原党委委员富华教授,浙江大学马克思主义学院段治文教授,嘉兴教育学院张志松教授,以及嘉兴学院红船精神研究中心孙宝根教授和杨晓伟副教授。中共浙江省委党史研究室金延锋研究员和包晓峰研究员,浙江大学马克思主义学院刘召峰教授审阅了书稿,并提出了宝贵的修改意见,我们对此表示感谢!

在本教材编写过程中,我们参考了一些专家学者的研究成果,得到了嘉兴市委宣传部的大力支持,在此深表感谢!本教材的责任编辑黄娟琴、汪荣丽付出了大量心血,在此向她们表示衷心感谢。因我们水平有限,书中难免有不当之处,恳请各位同行专家和广大读者批评指正。

本书编写组

2023 年 5 月 16 日

图书在版编目(CIP)数据

红船精神与时代价值 / 黄文秀，彭冰冰主编. — 杭州：浙江大学出版社，2021.6(2025.2重印)

ISBN 978-7-308-21415-5

Ⅰ.①红… Ⅱ.①黄… ②彭… Ⅲ.①爱国主义教育－高等学校－教材 Ⅳ.①G641.4

中国版本图书馆 CIP 数据核字(2021)第 097616 号

红船精神与时代价值

黄文秀　彭冰冰 主编

责任编辑	黄娟琴　汪荣丽
责任校对	高士吟
封面设计	续设计
出版发行	浙江大学出版社
	（杭州市天目山路 148 号　邮政编码 310007）
	（网址：http://www.zjupress.com）
排　　版	杭州朝曦图文设计有限公司
印　　刷	杭州高腾印务有限公司
开　　本	710mm×1000mm　1/16
印　　张	13
字　　数	202 千
版 印 次	2021 年 6 月第 1 版　2025 年 2 月第 6 次印刷
书　　号	ISBN 978-7-308-21415-5
定　　价	36.00 元